Sammlung Vandenhoeck

V&R

Martin Schloemann

Luthers Apfelbäumchen?

Ein Kapitel deutscher Mentalitätsgeschichte seit dem Zweiten Weltkrieg

Vandenhoeck & Ruprecht
in Göttingen

Unsern Kindern
und Enkeln

Die Deutsche Bibliothek – CIP-Einheitsaufnahme

Schloemann, Martin:
Luthers Apfelbäumchen?: Ein Kapitel deutscher Mentalitätsgeschichte seit dem Zweiten Weltkrieg / Martin Schloemann. – Göttingen: Vandenhoeck und Ruprecht, 1994
(Sammlung Vandenhoeck)
ISBN 3-525-01617-4

Zur Umschlagabbildung siehe S. 84f. und 92f.

Druck und Bindearbeiten: Hubert & Co., Göttingen

Inhalt

Vorwort

Wer in der Kriegs- und Nachkriegszeit herangewachsen ist, in den 1950er Jahren studiert und sich dabei zunehmend mit dem Denken Martin Luthers befaßt hat, dem hat schon früh das immer wieder im Zusammenhang mit dessen Namen zitierte Wort vom Pflanzen eines Apfelbäumchens vor dem Weltuntergang zu denken gegeben. Ab wann die damals in Deutschland sehr verbreitete und auch längst eigene Fasziniertheit durch das Diktum mich dann zunehmend vorsichtig gestimmt hat, vermag ich nicht genau zu sagen, vermutlich war es 1957/58 in Schweden. Später drängten sich historische Neugier und kritische Reflexion häufiger nach vorn. Erst allmählich wurde mir bewußt, wie sehr die genetische, die systematische, die kirchliche, die frömmigkeitliche oder sonstwie lebenspraktische und die öffentlich-politische, ja auch gesamtdeutsche Seite der Probleme dieses Ausspruchs zusammengehören. Die ganze Geschichte war ja zunächst eigentlich nur eine Beiläufigkeit meiner Lutherforschung gewesen.

Eine erste etwas genauere Erkundung des Feldes habe ich bei Gelegenheit meiner Wuppertaler Antrittsvorlesung am 10. Juni 1975 versucht. Seither hat mich die Sache nicht losgelassen. Im März 1976, die Rede war jetzt erschienen, startete ich eine Umfrageaktion, die mit einem - auch danach noch oft verschickten - Fragebogen nicht nur noch einmal ernsthaft die Suche bei Luther anstieß, sondern sich auch nach Zeitpunkt und Art der ersten Begegnung mit diesem Wort erkundigte, mit Hilfe eines detaillierten Rasters. Ebenso sollte beantwortet werden, für wann und wie man sich sein Aufkommen vorstellte. Abschließend wurde gefragt, ob man es für Luther gemäß hielte. Diese Umfrage im einzelnen hier zu dokumentieren und aufzuschlüsseln, ist nicht angebracht, da sie keine methodisch begleitete und abgrenzbare Repräsentativbefragung war und auch nur einen Teil einer umfassenderen Suchaktion darstellte. Ausgegeben wurden vor allem in die beiden deutschen Staaten etwa 150 Fragebogen, von denen mehr als die Hälfte wieder einlief und zum Teil auch brieflich, telefonisch oder auf andere Weise beantwortet wurde. Nicht wenige meldeten sich auch spontan, nachdem sie von dem Unternehmen gehört hatten.

In den Jahren seither kam noch eine weit größere Menge allgemeiner oder auf bestimmte Einzelfragen gezielt abgestellter Nachforschungen und gelegentlich abenteuerlicher Erkundigungen hinzu. Bei manchen schlossen sich Interviews und z.T. jahrelange Korrespondenzen an. Die ersten Partner waren meist Theologen, überwiegend Kirchenhistoriker und Lutherforscher, dazu trat bald eine Anzahl von Vertretern anderer Disziplinen, ältere Pfarrer, Persönlichkeiten des kirchlichen, kulturellen und politischen Lebens und von wem sonst etwas zu erhoffen war. Nicht wenige von ihnen sind inzwischen verstorben, darunter z.B. Hanns Lilje und Gustav Heinemann, besonders wichtige Multiplikatoren. Viele damals noch, aber jetzt nicht mehr zu bekommende Auskünfte über die Kriegs- und Nachkriegszeit konnten so festgehalten und ausgewertet werden. Bei aller höchst gebotenen Vorsicht gegenüber der Erinnerungsgenauigkeit von Zeitzeugen ergeben diese Daten miteinander und zusammen mit der Fülle des sonstigen im Laufe der Jahre angesammelten Materials, das hier nur zum Teil ausgebreitet werden kann, nun ein einigermaßen überschaubares Bild.

Daß die Sache sich viel länger hingezogen hat, als anfangs zu erahnen war, hat einige äußere, aber auch innere Gründe. Bei einem solchen überwiegend zeitgeschichtlichen, nur anscheinend kleinen und ausgefallenen Problem brauchen auch die hartnäckigsten Bemühungen, welche jedoch immer wieder an unscheinbaren, aber störrischen Details festsitzen, schon ihre Jahre. Das hat aber auch den Vorteil mit sich gebracht, das Urteil nun auf die Beobachtung eines viel größeren Zeitraumes, mit zum

Ende hin auch noch überraschenden Wendungen, gründen zu können.

Von allen, denen ich hierbei unendlich viel selbstlose Hilfe und auch Ermutigung zu danken habe, sollen hier nur Erwin Mülhaupt, Theodor Mahlmann und Reinhard Breymayer ausdrücklich erwähnt werden, dazu für das Manuskript Karin Bramann, nicht zuletzt auch Arndt Ruprecht als Verleger. Der Kreis der "Lutherpomologen" ist im übrigen nicht sehr groß und weiß doch nur relativ wenig voneinander. Noch einige wird es vermutlich unter den geneigten Lesern geben. Ihrem Wohlwollen und vielleicht auch noch ihrer Gesprächsbereitschaft sei dies Buch besonders empfohlen.

Bochum, Pfingsten 1994 Martin Schloemann

1. Die leitende Frage: Luthers Apfelbäumchenwort?

Lieb und wert, mindestens sympathisch ist unzähligen Menschen der als Lutherwort immer wieder so oder ähnlich zitierte Satz:

> "Wenn ich wüßte, daß morgen die Welt unterginge, würde ich heute noch mein Apfelbäumchen pflanzen."

Es genügt oft, von "Luthers Apfelbäumchen" zu sprechen, und man weiß Bescheid. Setzt jemand nun aber ein Fragezeichen dahinter, wird zweierlei Nachdenken angestoßen. Entweder stellt sich die historische Frage, ob das Wort wirklich von Martin Luther stamme, oder - damit zusammenhängend oder nicht - die systematische Frage, wie es verstanden und gebraucht wird oder werden könnte.

Was die Frage der Autorschaft des Ausspruchs betrifft, so hat sich mehr und mehr herumgesprochen, daß seine Herkunft von Luther sich nicht hat nachweisen lassen. Dennoch sperrt man sich oft noch dagegen, bei manchem wird hier sogar ein Tabu verletzt. Tiefsitzende Hemmungen bestehen fort, sich dieses in so vielen Situationen bewährte und brauchbare Lutherwort rauben zu lassen. Eher klammert man sich an die Hoffnung, es könne doch noch bei Luther gefunden werden. Oder man postuliert einfach ohne jeden Anhaltspunkt eine bislang unbekannte Nebenüberlieferung vom 16. zum 20. Jahrhundert.

Auf andere Weise sucht man das Wort und seine Legitimation zu bewahren, indem man nahelegt: "Martin Luther soll gesagt haben...". Oder man erinnert mit einer gewissen Bedeutungsschwere regelmäßig daran, es werde Luther "zugeschrieben", und behandelt es dann einfach weiter wie einen authentischen Ausspruch. Zu eng ist es ja auch mit dem heutigen Bild des Reformators verwachsen, hat dies für viele gar erst geprägt oder durch Umwandlung älterer Vorstellungen aufgehellt, für manchen vielleicht erst erträglich gemacht, als daß nicht wenigstens Gewißheit darüber herrschen müßte, das Zitat sei immerhin "gut erfunden" und passe so bruchlos zu Luther, daß die Zuschreibung voll berechtigt sei.

Am meisten aber beunruhigt wohl der noch dahinter auftauchende Verdacht, man müsse, wenn nicht nur die Authentizität bestritten, sondern sogar die innere Luthergemäßheit des Diktums in Frage gestellt wird, dann womöglich auch dessen Christlichkeit, ja Allgemeingültigkeit in Zweifel ziehen. Zu viel hat ja doch dies Wort in unserem Jahrhundert bedeutet, zu vielen Menschen, zumal deutschen, hat es in ihrem Leiden und Handeln, Urteilen und Empfinden geholfen, für zu viele Menschen in der Weltchristenheit und darüber hinaus ist es zu einer befreienden und ermutigenden Botschaft geworden, als daß eine kritische Erörterung dazu überall auf emotionslose Unbefangenheit rechnen könnte.

Hier ist zugleich eine ganze Generation in Frage gestellt, so erscheint es manchmal speziell im Blick auf die deutsche Situation. Wer sich einige Zeit mit diesem Thema befaßt und dabei mit vielen Leuten gesprochen oder korrespondiert hat, kann sich an manche Traurigkeit erinnern, die auch beim behutsamsten Anrühren der Echtheitsfrage aufkommt, und an bemühte Rückfragen, die nicht eher zur Ruhe kommen, bis man zugesteht, es könne natürlich nicht mit absoluter Sicherheit ausgeschlossen werden, daß ein Beleg von Luther selber irgendwo noch auftauchen könnte. Immer wieder trifft man auf solche, die sich hier sehr schwer tun, seltener freilich jetzt unter den Theologen und Predigern, bei denen das Vorhandensein jenes Fragezeichens seit längerem bekannt ist - es begleitet ja den Gebrauch des Lutherwortes fast seit seinem Öffentlichwerden. Weit mehr Not bereitet es - mit Recht - manchem ältergewordenen Gemeindeglied und anderen Zeitgenossen, die die ermutigende, ja einstmals geradezu zündende Kraft dieses Wortes, oft aus dem Munde vollmächtiger Zeugen, an sich selbst erlebt und dankbar bewahrt haben. Nicht zufällig wohl häufen sich in meiner Belegsammlung gerade aus den achtziger Jahren die Todesanzeigen mit diesem Wort als Motto und auch Bekräftigungen wie: "So lebte mein über alles geliebter Mann..." oder: "Sein ganzes Leben stand unter dem Satz...".

Dennoch muß die kritische Aufarbeitung der verwickelten Geschichte und der gegenwärtigen Funktion des Apfelbäumchenwortes[1] nach nun etwa einem halben Jahrhundert unternommen werden. Hierbei geht es nicht

---

1 Mein erster Versuch damit stammt aus dem Jahre 1975: Martin *Schloemann*: Luthers Apfelbäumchen. Bemerkungen zu Optimismus und Pessimismus im christlichen Selbstverständnis, Wuppertal 1976 = Wuppertaler Hochschulreden 7. - In die Zeit vorher fielen (außer Leserbriefen u.ä.): Theodor *Knolle*: Legendäre Luther-Worte. In: Luther. Mitteilungen (jetzt: Zeitschrift) der Luthergesellschaft 30. 1959, S. 114-120 und zwei mir damals noch unbekannte Arbeiten: Ernst *Bammel*: Das Wort vom Apfelbäumchen. In: Novum Testamentum 5. 1962, S. 219-228, hier zitiert nach dem leicht ergänzten Wiederabdruck in: *Ders.*: Judaica. Kleine Schriften I. Tübingen 1986, S. 140-147, sowie die unveröffentlichte Magisterarbeit von Reinhard *Breymayer*: Untersuchungen zur Rhetorik pietistischer Texte. Magisterarbeit, Phil. Fak. Univ. Bonn 1971 (Masch.). - In die Zeit danach fallen: Erwin *Mülhaupt*: Das "Apfelbäumchen". In: Aufbruch. Evangelische Kirchenzeitung für Baden Nr. 39, 26. Sept. 1986, S. 7 und Gottfried *Adam*: "Und wenn ich wüßte, daß morgen die Welt unterginge..." In: Deutsches Pfarrerblatt 87. 1987, S. 410-412 sowie Reinhard *Breymayer*: "Gnomon typusque vitae Christianae". Zum emblematischen Hintergrund des "Gnomon"-Begriffs bei Heinrich Oraeus (1584-1646) und bei Johann Albrecht Bengel (1687-1752). In: Blätter für Württembergische Kirchengeschichte 88. 1988, S. 289-325, bes. 292-296 und Nikolaus *Walter*: Die Botschaft vom Jüngsten Gericht im Neuen Testament. In: Eschatologie und Jüngstes Gericht. Hannover 1991 = Bekenntnis. Fuldaer Hefte 32, S. (10-48) 33-35, Anm. 27.

bloß um ein kleines, aber nicht unwichtiges Stückchen Lutherforschung, vielmehr eigentlich um ein aufklärungsbedürftiges Kapitel kirchlicher und allgemeiner Geistes-, Frömmigkeits- und Mentalitätsgeschichte[2] besonders der Nachkriegszeit bis in die jüngste Gegenwart hinein, schließlich bei beidem zugleich auch um Gesichtspunkte zur systematisch-theologischen Prüfung der Angemessenheit des Gebrauchs dieses Wortes.

Wie dringlich es ist, sich mit solcher nur scheinbaren Nebenaufgabe zu befassen, sieht jeder, der an dieser exemplarischen Stelle die Kommunikationssperren zwischen wissenschaftlicher Theologie und privater wie öffentlicher Religiosität und Weltanschauung erkennt. Nur sporadisch dringt ja in die fachgebundenen Erwägungen und Untersuchungen hinein, was als ein wichtiger Topos kirchlicher Rede und Frömmigkeitssymbolik die Gemüter in der Christenheit bewegt hat und weiter anregt. Aber auch das, was dadurch von der außerkirchlichen Öffentlichkeit faktisch als geradezu zentraler Ausdruck christlicher Verkündigung gehört wird, was dann auch als solcher aufgegriffen oder zum Ausdruck davon sich lösender Selbstverständigung transformiert wird, bleibt meistens außerhalb der theologischen Reflexion.

Lange Zeit hoch auf der Bestsellerliste stand das 1985 erschienene Buch von Hoimar v. Ditfurth: "So laßt uns denn ein Apfelbäumchen pflanzen. Es ist soweit."[3] Auf

---

2 Vgl. zu diesen Zusammenhängen, von anderer Seite aus gesehen, Wolfgang *Heinrichs*: Kirchengeschichte als Aspekt von Mentalitätsgeschichte. In: Die Bergischen. "Ein Volk von zugespitzter Reflexion". Festschrift für Karl-Hermann Beeck, hrsg. v. H. de Buhr, H. Küppers, V. Wittmütz. Wuppertal 1992, S. 306-331.

3 Hoimar v. *Ditfurth*: So laßt uns denn ein Apfelbäumchen pflanzen. Es ist soweit. Hamburg 1985, als Taschenbuch München 1988. - Als "Eine Erwiderung auf Hoimar v. Ditfurth" (so

ab 20.30 Uhr

Krischek

anrufen

0421-472844

welches Diktum der Titel anspielte, verstand fast jedermann, ebenso wie schon 1984 die vordere Satzhälfte ("Und wenn ich wüßte, daß morgen die Welt unterginge ...") über dem Buch von Hellmuth Benesch mit dem Untertitel "Zur Psychologie der Weltanschauungen". Kein Verleger würde solche Buchtitel zulassen, wenn nicht gewiß wäre, daß die potentiellen Käufer sich einen ganzen Vers darauf machen und auch Interessierendes damit verbinden könnten. Man dürfe, konstatiert Benesch vorweg, den trotzigen Spruch "getrost als Beleg für die Stärke und Dauerhaftigkeit unserer Alltagsphilosophie oder Privatweltanschauung nehmen. Hoffnung, Widerstand, Selbstgewißheit, Freiheit, Tatkraft, Sinnstreben sprechen aus diesem Satz. Er zielt auf die Deutung der Welt und das Engagement für sie, und er zeigt wichtige Momente der persönlichen Weltanschauung, die Luther das 'Kopfrecht' des Menschen nannte"[4].

Daß Luther heute vermittels des Apfelbäumchenwortes oft so oder auch noch ganz anders verstanden und mißverstanden wird, weiß man in der Lutherforschung selbstverständlich. Dennoch sollte auch ihr an weiterer Klärung gelegen sein. Beteiligen sich doch manche allzu arglos an dem Spiel mit der Schein-Authentizität. Die meisten aus der Zunft denken, wir wüßten ja doch, daß das Diktum nicht authentisch ist - wozu also die Mühe? Wären hierfür nicht andere zuständig? Nun, wir wären wohl beunruhigter, wenn

---

auf dem Umschlag) erschien von Wolfgang *Pahl*: Umdenken statt Apfelbäumchen pflanzen. Plädoyer für ein evolutionäres Weltbild. Hamburg 1993.

4 Hellmuth *Benesch*: "Und wenn ich wüßte, daß morgen die Welt unterginge..." Zur Psychologie der Weltanschauungen. Weinheim 1984, S. 5. Hier liegt eine krasse Verfälschung Luthers vor. "Kopfrecht" ist offenbar aus "Eine Predigt, daß man Kinder zur Schule halten soll", 1530 (WA 30 II, 557) entnommen, steht aber dort wortspielartig nur dem "Faustrecht" gegenüber und meint Vernunft und Weisheit statt Gewalt als wichtigste Merkmale eines guten und stabilen weltlichen Regiments.

die öfters beklagte "Luthervergessenheit" noch viel illusionsloser erkannt wäre. Bald werden ja doch die letzten Pastoren in den Ruhestand treten, die überhaupt noch einige Liedstrophen des Reformators und Bruchstücke des Kleinen Katechismus gelernt haben. Den jüngeren fällt zu "Luther" oft nur Finsteres oder das eine oder andere Examensstichwort ein. Und sie können auch bei den Kirchgängern, Randsiedlern oder gar Außenstehenden mit irgendwelchen Kenntnissen des Inhalts Lutherschen Denkens kaum mehr rechnen, wenn sie es denn überhaupt wollen. Viele machen sich nicht einmal mehr die Mühe, seine Hauptsache, den Rechtfertigungsglauben, noch verfälschend umzudenken, sie lehnen ihn glattweg ab. Was man noch kennt, ist höchst Unbestimmtes zur Trennung von der Papstkirche, wohl auch Bruchstückhaftes und meist Unrichtiges zum Bauernkrieg oder zur Judenfrage - ansonsten kann man sich eben auf das Wort vom Apfelbäumchen einigen. Vieles deutet sogar darauf hin, daß heute dieses Diktum oftmals die einzige theologisch sachhaltige Aussage ist, die dem nach einem Gedanken oder einer Redewendung von Luther Befragten aus der Breite der Bevölkerung überhaupt einfällt. Vor nicht allzulanger Zeit noch wäre das etwas aus "Ein feste Burg ..." oder das "Hier stehe ich..." gewesen, vielleicht noch Rudimentäres zur Historie oder vom Katechismus. Jetzt muß häufig das apokryphe Wort vom Apfelbäumchen für fast alles stehen. Was Wunder, wenn es auf zahlreichen Kanzeln in der ganzen Welt nicht anders ist.

Spätestens bei der Bilanzierung des Lutherjahres 1983 hätte das deutlich herauskommen können. Doch die westdeutschen Sammelbände zur Auswertung stoßen so weit nicht vor[5]. Sie registrieren und reflektieren sehr wohl die

---

5 *Luther 83*. Eine kritische Bilanz. Hg. v. Claus-Jürgen Roepke. München 1984; *Das Luther-Erbe in Deutschland*. Vermittlung zwischen Wissenschaft und Öffentlichkeit. Hg. v. Hans Süss-

öffentlichen Festakte, Tagungen, Ausstellungen, besprechen Literatur, Fernseh- und Hörfunksendungen und allerlei Presseerzeugnisse und z.T. auch das öffentliche Echo hierauf. Dabei verfolgen sie wohl die Spuren des von den Akteuren - und häufig von kritischen historischen Experten mitverantworteten - Gesagten, Geschriebenen und Gesendeten, kümmern sich aber kaum um das bei den Konsumenten Vorgefundene oder vielleicht Erwartete. Was sich in der Allgemeinheit wirklich mit Luther verbindet, bleibt so meistens außerhalb des Blickfeldes. Merkwürdigerweise kommt deshalb beim offiziell und medial zum Luthergedenken Angebotenen das Apfelbäumchenwort, wenn man sich an die Aufarbeiter hält, gar nicht vor. Sieht man jedoch an anderen, weniger gefilterten Stellen, etwa in den Gemeindeblättern und Zeitungen, genauer hin, dann bemerkt man, was die Gemeindepastoren, Bürgermeister und Vereinsvorsitzenden sagen, aber auch, was die Leute, was die Leser und Redakteure von sich aus spontan bei dem Namen Luther assoziieren. So manche Bemerkung außerhalb der überregionalen Festberichte, etwa im Lokalteil, zielt sofort auf unseren Satz. Es genügt aber auch umgekehrt schon eine Anspielung auf das Apfelbäumchen, um die Leser an Luther denken zu lassen, während es bei etwas anderem kaum noch zu gelingen scheint, wovon man sich gesprächsweise leicht überzeugen kann.

Die also heute, wenn überhaupt, dann nur noch solcherart geprägte Popularität Luthers kennt aber ein guter Prediger wie Bischof Martin Kruse. Sein Brief an die Berliner zum Reformationsfest schließt mit dem Satz: "Ich kann schon verstehen, warum gerade dieses Wort im Lutherjahr, in unseren bedrängten Zeiten so oft zitiert wird"[6]. Und das damit verbundene publizitätsträchtige

---

muth. Düsseldorf 1985; *Bilanz des Lutherjubiläums*. Gütersloh 1985 = Kirchliches Jahrbuch 110 (1983) Lfg. 1.

6 Berliner Sonntagsblatt Nr. 43, 30. Okt. 1983.

Angebot: "Ich setze einen Tausendmarkschein für den, der den Beleg der Verfasserschaft erbringt" flattert denn auch sogleich durch den gesamten deutschen Blätterwald und Äther und wird sogar besinnlich kommentiert, nur eben später von den Auswertern des Lutherjahres weder beachtet noch bedacht[7].

Die Hand am Puls des allgemeinen Bewußtseins hatte dagegen auch das Düsseldorfer "Kom(m)ödchen". Als Nachtrag zum Lutherjahr (Spielzeit Winter 1984/85) kreiste der grandiose, nachdenkliche Soloabend von Lore Lorentz über das neue Geschichtsinteresse wie selbstverständlich um Dr. Luthers Apfelbäumchen - Sorte "von Berlepsch" (Wer kennt noch den Burghauptmann der Wartburg?) - als Requisit und Leitmotiv: Sie sucht am Ariadnefaden entlang durch die Geschichte hinter uns, um uns und vor uns einen Platz, ihn zu pflanzen: "Ich möchte ein Fleckchen für ihn haben, wo noch nichts war. Wo noch alles drin ist". Sie findet aber keins. So sehr das Lutherwort im Blick auf die Weltgeschichte zum Reflektieren und Assoziieren einlud, gepflanzt wird das Bäumchen auch am Schluß nicht, sondern in einer Nische geparkt:

> "Behalt dein Grün so lang und graul dich nicht.
> Einst wird die Finsternis ... na, und so weiter.
> Vielleicht erspähn wir irgendwo ein Oberlicht
> und scheitern - wenn wir scheitern - doch geschei-
> ter."[8]

---

7 Vgl. z.B. aus dem von Klaus *Mäding* - in dem der "Vermittlung zwischen Wissenschaft und Öffentlichkeit" gewidmeten Band (s. Anm. 5) - angeblich geprüften Material noch: Frankfurter Rundschau Nr. 254, 1. Nov. 1983; Westdeutsche Allgemeine Zeitung Nr. 253, 31. Oktober 1983 und Nr. 259, 8. Nov. 1983.

8 Lore *Lorentz*, Wolfgang *Franke*: Eine schöne Geschichte. Eine historische Stunde im Kom(m)ödchen. München 1985 = Knaur 2175, S. 113 f. Das Folgende: S. 21-23. - Im übrigen gilt Luther als "eine absolut mittelalterliche Figur", doch sein

Schon zu Anfang, im "Lied von der Sintflut", wird eschatologisch-apokalyptisches Geschichtsdenken, wie Luther es vielleicht besaß, zurückgewiesen. Die Sintflut, die Untergangsbedrohung zu dramatisieren und dann sich getrost aufs Private zurückziehen, sich nicht um die "Wichtigkeiten", sondern nur ums eigene "Bäumchen kümmern", geht nicht an. Wenn Luther uns nicht nur hat "veräppeln", uns nur etwas "Schönes zum Grübeln" hat aufgeben wollen, dann doch wenigstens dies "Gleichnis" für unnachgiebiges Weiterwirken, in diesem Falle als kritische Kabarettistin:

> "Nein, ich muß es bildlich fassen, Kinder. / Wüßt ich, daß wir morgen untergehen, / würde ich nicht eine Stunde minder / diesem Land auf Maul und Finger sehen."

Und der Kehrvers faßt zusammen:

> "Leute, wir leben noch, / und wann die Sintflut kommt, wird nicht verraten. / Leute, wir leben noch, / und damit muß man leben. / Pardon wird nicht gegeben, / und eine Extrawurst wird nicht gebraten."

Eine respektable Deutung und mitreißende Anwendung. Daß das Wort als ureigen von Luther stamme, unterliegt nicht dem geringsten Zweifel. Nur, was es besagt, das formt man selbst.

Die Vorstellungen über Luthers wichtigste Botschaft sind also weit auseinandergetreten, sicherlich nicht nur wegen unterschiedlichen Interesses am Unterhaltungswert. Was die Forschung mit stets verfeinerter Präzision an Luther erarbeitet, hat wenig zu tun mit dem, was man im allgemeinen - zumal mit dem Apfelbäumchenwort - für dessen Botschaft hält, weithin auch in der Kirche. Es wird noch zu zeigen sein, wie sehr sich vieles dabei von Luther entfernt, ja im Grunde gegen ihn wendet. Muß man aber deshalb

---

Apfelbäumchen ist "in dem Rahmen noch eine richtig zivile Erscheinung" (S. 73).

nun überhaupt warnen vor dem Gebrauch des Diktums, wenn so fast zwangsläufig nur noch unzutreffend Assoziiertes just als das Reformatorische, das zum genuin Christlichen Zurückführende angesehen wird?

Oder soll man lieber abwarten und diesen Fall von Apokryphik so wenig wichtig nehmen wie auch andere? In schlechter Gesellschaft wäre Luther mit Zugeschriebenem ja durchaus nicht. Viele große Gestalten werden spontan und oft am wirksamsten prägend mit Aussprüchen in Verbindung gebracht, die überhaupt nicht verbürgt oder gar nachweislich erst sehr viel später entstanden sind. So geht es z.B. Franz von Assisi mit dem vielgebrauchten Gebet: "O Herr, mache mich zum Werkzeug deines Friedens ...", welches, erstmals 1912 in der Normandie französisch nachweisbar, dorther von englischen Expeditionstruppen des I. Weltkrieges auf die Insel mitgebracht, hier Franziskus zugeschrieben und am Vorabend des II. Weltkrieges durch BBC-Sendungen über Europa verbreitet worden ist[9]. Oder nehmen wir das bekannte Gebet: "Gott, gib mir die Gelassenheit, die Dinge hinzunehmen, die ich nicht ändern kann, den Mut, die Dinge zu ändern, die ich ändern kann, und die Weisheit, das eine vom andern zu unterscheiden". Es stammt keineswegs von Friedrich Christoph Oetinger aus dem 18. Jahrhundert, sondern kam aus dem amerikanischen 20. Jahrhundert und ist nur durch eine Laune der Zeitgeschichte mit dem Schwabenvater verbunden worden[10]. Auf unsolidem Boden bewegt sich auch die belieb-

---

9 Heinz Werner *Zimmermann*: Kurt Hessenbergs Motette "O Herr, mache mich zum Werkzeug deines Friedens"... In: Musik und Kirche 48. 1978, S. (211-217) 212.

10 Das in religiösem Kleinschrifttum manchmal unter "Oetinger" laufende, in der Literatur der "Anonymen Alkoholiker" sogar "Chr. Fr. Oetinger (1702-1784)" zugeschriebene Gebet zitierte Theodor *Wilhelm* als "ein altes Gebet" in seinem Buch "Wendepunkt der politischen Erziehung - Partnerschaft als pädagogische

te, aber wie inzwischen feststeht, unberechtigte ökologische Argumentation mit der berühmten, doch nur in verschieden aufgeblähten Versionen umlaufenden Rede des Häuptlings Seattle von 1854, die gar nicht rekonstruierbar ist und ihn höchstens als Realpolitiker erkennen läßt.[11]

Man könnt die Liste lange fortsetzen, auch für Luther selbst noch, und zwar gerade mit dem Bekanntesten. Allerlei Legendarisches umkreist ja seine Gestalt, z.B. der Tintenfaßwurf auf der Wartburg nach dem Teufel, der studentische Reimspruch von "Wein, Weib und Gesang" - zuerst 1775 im Wandsbeker Boten von Johann Heinrich Voß als von Luther kolportiert - oder die Langform des Redeschlusses in Worms 1521: "Hier stehe ich, ich kann nicht anders. Gott helfe mir. Amen!" - anstatt nur der

---

Aufgabe", welches er 1951 unter dem wegen Publikationsverbots angenommenen Pseudonym Friedrich Oetinger veröffentlichte, in der 3. Aufl. u. d. T.: Partnerschaft. Die Aufgabe der politischen Erziehung. Stuttgart 1956, S. 262. Hinweis von Günter *Bezzenberger*; vgl. Christian *Zippert*: Leben mit Gebeten. Gütersloh 1978, S. 111 und: Materialdienst der Evangelischen Zentralstelle für Weltanschauungsfragen 51, 1988, S. 94. Das Gebet stammt von dem amerikanischen Theologen Reinhold *Niebuhr*, siehe dazu Frieder *Schulz*: Über die Herkunft des "Gebetes um Gelassenheit" Oetinger zugeschrieben. In: theologische beiträge 21. 1990, S.98-99.

11 Wolfgang *Nethöfel*/Viola *Schmid*: Rabe fliegt nach Osten. Die indianische Alternative? München 1987, daraus: Häuptling Seattle - der Tod einer Legende (S. 43-46): "All die ... tiefen, goldenen, wahren und prophetischen Worte" in dem weltweit verbreiteten Film 'Söhne der Erde' hat "ein intellektuelles Bleichgesicht geschrieben" (S. 44); zusammenfassend jetzt das Buch des Entlarvers Rudolf *Kaiser*: Die Erde ist uns heilig. Die Reden des Chief Seattle und anderer indianischer Häuptlinge. Freiburg 1992.

kurzen Eidesformel "Gott helf mir"[12]. Sogar die Wendung vom "lieben Jüngsten Tag", die Luther "immer wieder" gebraucht haben soll, ist so nicht exakt belegbar[13]. Und die neuerdings ständig gebrauchte Formel "ecclesia semper reformanda" hat, trotz fester Überzeugung vieler Prediger und Synodaler, mit Luther historisch und sachlich nichts zu tun, sondern ist ein Festschrifttitel von 1952, mit deutlich reformiertem Hintergrund im 17. Jahrhundert[14].

Bei den meisten Apokrypha ist aber nun zusätzlich zu erwägen, ob die Zuschreibung nicht doch in einem weiteren Sinne, wenigstens teilweise berechtigt sei. Warum erscheint sie denn so vielen Nachfahren als plausibel? Warum haftet die Äußerung oder die Szene so hartnäckig an gerade diesem Namen? Muß man nicht annehmen, daß Apokryphes meistens mit dem vermeintlichen Autor durch irgendein Moment, sei es ein Teilgedanke oder gar ein nicht nur

---

12 Johannes *Luther*: Legenden um Luther. Berlin/Leipzig 1933 = Greifswalder Studien zur Lutherforschung und neuzeitlichen Geistesgeschichte 9; auch *Knolle* (s. Anm. 1) und Gerhard *Ebeling*: Der kontroverse Grund unserer Freiheit. In: Lutherstudien III. Tübingen 1985, S. (366-394) 376 f.

13 Selbstkorrektur in: Martin *Schloemann*: Die Erwartung des Jüngsten Tages. In: Eschatologie in der Gegenwart. Erlangen 1988 = Veröffentlichungen der Luther-Akademie Ratzeburg 11, S. (9-24) 24 Anm. 22; vgl. Nikolaus *Walter* (s. Anm. 1), S. 33 f.

14 Theodor *Mahlmann*: Art. Reformation. In: Historisches Wörterbuch der Philosophie 8 (1992), Sp. (416-427) 420 f.; Erwin *Mülhaupt*: Immer währende Reformation? (1968). In *ders.*: Luther im 20. Jahrhundert. Göttingen 1982, S. 267-275. - Ein anderes, in mancher Hinsicht analoges, aber älteres Beispiel ist der oft *Augustin* zugeschriebene Sinnspruch "In necessariis unitas, in non necessariis libertas, in utrisque caritas", dessen Geschichte neuerdings, ebenfalls von Theodor *Mahlmann*, noch einmal dargestellt ist in dem Art. Meldenius, Rupertus. In: Biographisch-Bibliographisches Kirchenlexikon, hrsg. v. Traugott Bautz, 5 (1993), Sp. (1202-1209) 1205-1208.

partielles Mißverständnis, verbunden ist? Ohne einen solchen Bezugspunkt oder mehrere würde sich vermutlich eine Zuschreibung nicht allzulange halten können. Wer wollte leugnen, daß das erwähnte Friedensgebet nicht auch etwas Franziskanisches an sich hätte? Andererseits gibt es, zumal bei den ganz Großen, eine gleichsam magnetische Anziehungskraft, die auch zu Verlegenheitszuschreibungen führt. Und im äußersten Falle bietet sich immer wieder auch der Ausweg einer "chinesischen Weisheit" an.

Bei unserem "Lutherwort" vom Apfelbäumchen stellt sich die Frage der Adäquatheit besonders dringlich immer sogleich mit. Ohne sie kann man seine Herkunftsprobleme gar nicht anfassen, weil ihm eine ganz erstaunliche Bedeutungsvielfalt wie auch Multifunktionalität eignet. Schon an der äußeren Gestalt kann - nicht muß - das erkennbar werden. Die anfangs zitierte Fassung wurde als die üblichste ermittelt, wobei der Gebrauch des Konjunktivs "unterginge" in letzter Zeit nachläßt, was aber wenig ausmacht. Es ist aber z.B. ein Unterschied, ob man sagt: "Wenn morgen ..." oder: "Wenn ich wüßte, daß morgen ...", auch ob man der einen oder anderen Form eine Trotzpartikel voranstellt: "Und wenn ...". Ob von "Apfelbäumchen" die Rede ist oder von "Baum", kann - muß nicht - Auswirkung auf das Gesamtverständnis haben. Es ist auch nicht immer dasselbe, ob man - betont oder nicht - "mein" oder "ein Apfelbäumchen" sagt, ob es heißt "doch heute noch" oder "noch heute"; dennoch ist die Bedeutung im jeweiligen Kontext auch nicht immer von dergleichen völlig abhängig: beides könnte Auftrumpfen oder Gelassenheit signalisieren. Die Bedeutung variiert ohnehin oft mehr nach Gebrauchssituation und Verwender. Das Diktum kann also mancherlei durchaus Verschiedenes ausdrücken: Hoffnung oder Resignation, Ergebung oder Trotz, Aktivismus oder Bescheidung, Treue oder Verdrängungsbereitschaft und vieles mehr. Man kann es als Teil eines Berichts über ein Ereignis in Luthers Leben wiedergeben, als "ideale Szene" oder als eine Spruchweisheit von ihm. Und man kann es für sich selber auf verschiedene Weise symbolisch verstehen oder sogar einfach wörtlich nehmen.

Alles das muß bedenken, wer hier nach Luthernähe oder Lutherferne fragt. Er muß also auch von vornherein die Herkunftsfrage mit der Bedeutungsfrage verbinden. Dadurch vermindert sich zwar das Risiko voreiliger Einlinigkeit, aber es multiplizieren sich die Möglichkeiten, die zu bedenken sind, auch wenn sie hier nicht lückenlos ventiliert werden müssen. Im Hintergrund steht dann bald immer wieder die weitere Frage: Mit wessen Apfelbäumchen haben wir es überhaupt zu tun? Und sie stellt sich als durchaus offene. Sie umfaßt zunächst die Spanne zwischen den beiden Möglichkeiten, die manchem schon als die äußersten erscheinen mögen, daß entweder der Ursprung des Wortes fern von Luther liegt, aber sein Gebrauch doch dem Sinne Luthers sich annähert, oder aber daß sein Ursprung in engem Zusammenhang mit Luther steht, aber sein Gebrauch sich weit von ihm entfernt. Von vornherein auszuschließen ist jedoch ebensowenig, daß es nicht nur nicht von Luther herkommt, sondern gar nicht in seinem Sinne verstanden und gebraucht wird. Es besteht sogar die Möglichkeit, daß es gar kein christliches, ja nicht einmal ein im engeren Sinne religiöses Wort ist. Vielleicht läßt es sich ganz anderswo festmachen?

Luthers oder wessen Apfelbäumchen? Wer darauf antworten will, muß die Geschichte des Wortes kennen. Dazu treibt schon die historische Neugier, mehr aber noch die Notwendigkeit, die Konnotationen, Erstreckungen und Hintergründe seines bisherigen und gegenwärtigen Gebrauchs im Blick auf seine bezweifelbare Luthergemäßheit deutlicher zu erkennen. Dabei sind einige der verschlungenen Wege zu betreten, auf denen den Menschen unseres Jahrhunderts das Wort begegnet ist. Es soll in drei größeren Etappen vorgegangen werden. Die erste umfaßt den Beginn der Geschichte unseres Apfelbäumchenwortes: so behandelt das folgende zweite Kapitel die Phase seines Auftauchens, das dritte die seines öffentlichen Durchbruchs und das vierte die des ersten etablierten Gebrauchs, also bis zu dem etwa am Ende der fünfziger Jahre erreichten Stand, welcher allmählich in eine Art partieller Latenzpause überging.

Es ist tunlich, da innezuhalten und sich in einem zweiten Arbeitsgang mit der Suche nach den möglichen Ursprüngen, Spuren oder vielleicht auch nur wirklichen oder scheinbaren Parallelen des Wortes zu befassen. Diese Nachforschungen setzten nämlich zaghaft zwar schon 1950 ein, hatten ihre ersten Höhepunkte aber am Ende des Jahrzehnts[15] und traten dann gleichermaßen zurück wie das Wort vom Apfelbäumchen selbst. Erst später verwendete man es wieder häufiger, und auch historische Bemühungen kamen wieder in Gang, brachten aber nichts wesentlich Neues. Die verschiedenen bisherigen Lösungsversuche werden im fünften Kapitel nacheinander dargestellt und zueinander in Beziehung gesetzt. Im sechsten Kapitel soll dann auch die eigene Sicht erklärt werden.

Die dritte Etappe umfaßt das Geschick des Apfelbäumchenwortes von den sechziger Jahren bis in die Gegenwart. So behandelt das siebente Kapitel die Phase des Zurücktretens und der Reaktivierung im Zuge des Wandels der Grundeinstellungen vom Progressismus zum Grenzbewußtsein sowie die noch anhaltende Phase neuer Verwendbarkeit, freilich nun auseinanderdriftend: als allgemeingängiger und politischer Optimismusspruch, als mehr oder weniger wörtlich genommene ökologische Parole und als kirchlich und sonstwie reaktivierte Hoffnungsformel, nun

15 Hierzu gehört auch noch der vielleicht schon etwas früher konzipierte, jedenfalls erst 1962 zum 60. Geburtstag Ethelbert Stauffers überreichte, dann an unerwarteter Stelle gedruckte und oft übersehene Aufsatz von Ernst *Bammel* (s. Anm. 1); vgl. das "jüngst" auf S. 219 (1962) im Blick auf *Knolle* (1959), s.u. Anm. 220.

manchmal auch mit einem neuartigen Einschlag religiöser Natursymbolik. Im achten Kapitel werden noch einige Beobachtungen zur jüngsten Entwicklung registriert, die vielleicht auf ein erneutes Zurücktreten des Wortes hindeuten. Sicherlich ist die Skepsis ihm gegenüber gewachsen bis hin zu gelegentlich ausdrücklicher Ablehnung. Gefördert wird das vielleicht auch durch bestimmte Änderungen der Lebensanschauung, die den Ausspruch in potentiellen Trägerkreisen vorerst zu erübrigen scheinen. Daneben aber leben viele Gewohnheiten früheren Gebrauchs weiter, aber auch Beliebigkeit breitet sich aus. So ist hier wie durchgehend zugleich das theologische Urteil gefordert. Was in der Weltchristenheit und darüber hinaus als die Hauptsache des reformatorischen Glaubens gehört wird, steht ja mit auf dem Spiel.

2. Das Auftauchen: Trost- und Ermutigungswort der Bedrängten (vor Kriegsende bis 1946)

a) Die Quellenlage und die Erinnerungen

Beim Nachzeichnen der Geschichte des Apfelbäumchenwortes nicht mit Luther, sondern mit dem 20. Jahrhundert in Deutschland zu beginnen, hat, wie sich zeigen wird, guten Sinn, stellt aber keine Vorentscheidung der Frage dar, ob das Wort nicht schon früher oder anderswo entstanden sei. Generell und gerade auch im Blick auf die an dieser Sache so stark interessierten Nichtfachleute muß zur Frage der historischen Beweisbarkeit von Herleitungen beachtet werden, daß bei einer solchen Thematik und überhaupt, wo es um epigrammatische Gebrauchssprache und möglicherweise überwiegend mündliche Traditionswege geht, noch weniger als sonst absolute Gewißheit zu erwarten ist. Bei den Prioritäts- und Abhängigkeitsfragen kommt man gerade hier nur zu Wahrscheinlichkeitsurteilen und Annäherungswerten, manchmal bleibt es auch bei bloßen Vermutungen. Der Exaktheitsanspruch muß sich aber im Umgang gerade damit erweisen. Stete Begleiter sind im übrigen die stillschweigende Erwartung und Hoffnung, daß es - auch anderen - gelingt, in dem schier unüberschaubaren und sich häufig dem bibliographischen, bibliothekarischen und archivalischen Zugriff entziehenden Material noch weiter fündig zu werden oder durch bereits früher Erkundetes noch zur Präzisierung oder Korrektur beizutragen.

Allerdings scheinen mir die jetzt gewonnenen Resultate so stimmig und die Konturen des daraus entstandenen Bildes so eindeutig geworden zu sein, daß die wohl auch später noch zu erwartenden Entdeckungen nicht mehr viel an ihnen ändern, ja sie nur noch befestigen dürften - es sei denn, jener ominöse, aber höchst unwahrscheinliche Fund einer neuen Lutherquelle stelle alles auf den Kopf oder es fände sich noch ein zweifelsfreier Beleg aus früheren oder späteren Jahrhunderten für eine ganz andere Herkunft. Jedenfalls haben, je länger die Zeit der Beschäftigung mit dieser Sache fortging, die dazukommenden, oft auf Zufallsfunde - auch anderer - zurückgehenden Einzelerkenntnisse sich immer leichter in das sich zunehmend klärende Gesamtbild einordnen lassen. Offene Stellen bleiben ohnehin genug.

Dies gilt gerade vom Anfang der eigentlichen Geschichte des Apfelbäumchenwortes. Und dieser fällt - bis zum Beweis des Gegenteils - mit so großer Wahrscheinlichkeit in das 20. Jahrhundert, genauer in die Zeit nicht lange vor dem Ende des Zweiten Weltkrieges, daß hier auch einzusetzen ist. Die Erörterung der verschiedenen Hypothesen über einen erheblich früheren Ursprung soll also zunächst zurückgestellt werden, am besten bis zur Behandlung der Phase der Gebrauchsgeschichte, in der sie auch aufgestellt worden sind, nämlich an das Ende der fünfziger Jahre. Zudem ist ja nicht auszuschließen, daß die weitere Überlieferungsgeschichte dann wiederum auch von diesen Hypothesen beeinflußt wurde.

Die Quellenlage ist es, die gebietet, den Beginn der Geschichte des Apfelbäumchenwortes in den vierziger Jahren des 20. Jahrhunderts anzusetzen. Auch im "Büchmann", der es seit der 32. Auflage von 1972 verzeichnet, wird - mit Hinweis auf die Fehlanzeige bei Luther, aber auch auf eine mögliche württembergisch-pietistische Quelle - so verfahren, wenngleich noch mit der Annahme, daß man erst "nach 1945" das "schnell in Umlauf gekommene und häufig zitierte Wort" Luther zugeschrieben habe. Der früheste Beleg, den der Büchmann bringt, stammt aber erst aus dem Jahre 1950 (so richtig statt 1956)[16]. Doch gab es das Wort schon vor dem Kriegsende, und zwar - nach einem schriftlichen, wenngleich nicht gedruckten Beleg - spätestens im Herbst 1944, worauf gleich einzugehen ist. Auch wenn durchaus nicht ausgeschlossen werden kann, daß sich ein noch etwas weiter zurückliegendes Zeugnis finden läßt, ist bis auf weiteres streng von diesem terminus a quo auszugehen.

Daran ändert sich auch nichts durch die Auskunft einzelner älterer Zeitzeugen bei meiner Umfrage von 1976, sie hätten das Wort etwa schon im Kindergottesdienst oder im Konfirmandenunterricht gehört, also in den zwanziger Jahren oder früher. Das wurde dann aber bei Rückfragen schnell widerrufen oder löste sich in meist sehr vage Vermutungen auf. Wichtiger zu nehmen ist die Versicherung der weitaus meisten Befragten, auch der älteren, sie kennten das Wort erst aus der Zeit nach 1945, häufig erst nach 1950.

Aber dazu treten nun doch verschiedene Zeugnisse, darunter die einiger mit historischer Kritik vertrauter Gewährsleute, sie hätten das Diktum - meist auch als Lutherwort - nach deutlicher und z.T. detailgestützter Erinnerung schon vorher "gehört", nämlich: "in der Zeit des Kirchenkampfs, vielleicht auch erst im Krieg" (Hans von Campenhausen), ferner: "meine Schulzeit (Abitur 1935)", dann aber vorsichtiger: "Im Kriege meine ich, es

16 Georg *Büchmann*: Geflügelte Worte. Der Zitatenschatz des deutschen Volkes. 32. Aufl. 1972, S. 680 f.; 36. Aufl. Bearb. v. Winfried *Hofmann*. Berlin ^{3}1987, S. 346. Zu korrigieren: Zu G. *Benn* muß es 1950 heißen (statt 1956), der richtige Fundort ist S. 448 (s. weiteres unten Anm. 47 ff.). - Auch andere spätere Nachschlagewerke gingen hinter Büchmann nicht mehr zurück (s. u. Anm. 365). - Wie ich hörte, wird in Kürze eine neue Auflage des Büchmann erscheinen. Unsere Ergebnisse werden also erst später eingearbeitet werden können.

öfter gehört und selber verwandt zu haben" (Joachim Lell), oder: 1938 in einer klar abgrenzbaren Zeit als Vikar bei Superintendent Robert Bach (Reinhard Freese), ca. 1942 "in Kreisen kirchlicher Jugendarbeit" (Bernhard Lohse), "von Georg Merz um 1939 herum" (Edmund Schlink), also jedenfalls "sicher (...) bereits vor 1945" (Wilhelm Schneemelcher).

Auch hierfür gibt es von ihnen nichts Schriftliches aus jener Zeit, doch legt sich ohne weiteres nahe, mit einer gewissen, wenigstens mündlichen Verbreitung des Lutherwortes in kirchlichen Kreisen zu rechnen, bevor es 1944 in jene - auch noch nicht öffentliche - Schriftlichkeit auftauchte. Dazu paßt zugleich, daß gedruckte Belege eben erst aus der Zeit nach dem Kriege gefunden wurden.

b) Der bislang früheste Beleg

Worum handelt es sich denn nun bei jenem ersten sicheren Beleg von vor jetzt gerade 50 Jahren? Er findet sich in einem internen maschinenschriftlichen Rundbrief des Pfarrers Karl Lotz (Hersfeld) vom 5. Oktober 1944 an die Vertrauensleute der Bekennenden Kirche von Kurhessen-Waldeck, der so abschließt:

> "Lassen Sie sich bitte mein Schreiben angesichts der gespannten Lage unseres Volkes nicht verdrießen. Wir müssen uns wohl nach dem Luther-Wort richten: 'Und wenn morgen die Welt unterginge, so wollen wir heute unser Apfelbäumchen pflanzen'."[17]

---

17 Nachlaß Hans *von Soden* (Korrespondenzen) im Archiv der Evangelischen Arbeitsgemeinschaft für kirchliche Zeitgeschichte, München (liegt mir in Kopie vor). Daraus wohl erstmalig zitiert von Ulrich *Schneider*: Bekennende Kirche zwischen "freudigem Ja" und antifaschistischem Widerstand. Kassel 1986 (phil. Diss.

Karl Lotz (1890-1946) gehörte nach dem Rücktritt Hans von Sodens zum leitenden Dreiergremium und war seit 1943 Vorsitzender des Bruderrats der Landeskirche[18]. Das Schreiben unterrichtet über kontroverse kirchliche Organisations- und Personalfragen und die schwierigen Beziehungen des Bruderrats zu Kirchenausschuß und Landeskirchenamt. Dabei ging es sicherlich nicht, wie Ulrich Schneider meint[19], um nebensächliche Querelen, die man "fast froh" aufgriff, um der Stellungnahme zum "faschistischen Krieg, der faschistischen Kirchenpolitik oder den ideologischen/ theologischen Auseinandersetzungen" ausweichen zu können, sondern um wichtigste Weichenstellungen für die Zukunft, an denen trotz widriger äußerer Umstände vor Kriegsausgang mit viel Mühe gearbeitet wurde, ähnlich wie bei Bischof Wurms "Einigungswerk". Der Streit ging in Kurhessen-Waldeck vor allem um die Frage der "Landespfarrer" und des "Landesoberpfarrers". Unter allen Umständen wollte man den Einfluß des noch mächtigen "Dr. Neubauer" begrenzen und blickte stattdessen auf "Bruder Wüstemann", der später denn auch Bischof der ganzen Landeskirche wurde. Auf diesem - durchaus kirchenpolitischen - Hintergrund wird man wohl das "Luther-Wort" hier zuerst zu verstehen haben. Es geht um eine brüderliche Ermutigung ("so wollen wir" - auffällig als Formulierung Luthers, aber auch später gelegentlich begegnend), um eine Ermahnung zur gemeinsamen Weiterarbeit und Neugestaltung mitten in der Untergangsbedrohung. Das "heute unser Apfelbäumchen pflanzen" meint hier vielleicht eine wenigstens kirchliche Zukunftsper-

---

Marburg), S. 543. Den Hinweis verdanke ich Theodor *Mahlmann*.

18 Karl *Apel*: Die Pfarrer zu Hersfeld. Bad Hersfeld 1960, S. 91-93; *Schneider* (s. Anm. 17), S. 506; Kurt *Meier*: Der evangelische Kirchenkampf. Bd. 3. Göttingen 1984, S. 419-423.

19 So *Schneider* (s. Anm. 17), S. 543. Gegen das "fast froh" spricht auch schon das "nicht verdrießen".

spektive. Möglicherweise eschatologisch reflektierende Konjunktionen wie "doch" oder "noch" fehlen: es soll gehandelt werden! Die untergehende "Welt" und "wir" stehen dabei vielleicht sogar in einer gewissen Antithetik, die etwa im Sinne des Restgedankens einen kaum verhüllten Hinweis auf ein irdisches Nachher der Kirche enthielte. Andererseits aber kann man sich bei Lotz - einst Offizier des I. Weltkrieges und von weitreichender Staatsloyalität[20] - kaum vorstellen, daß er sich nicht auch noch etwas für das "Volk" und sein Weiterleben erhoffte. Wenn auch bei der Vaterlandsliebe dieser ganzen Pfarrergeneration die sich abzeichnende Niederlage wie eine Art Weltuntergang anmuten konnte, so bäumte sich dagegen doch vieles auf. Dies bleibt aber hier unklar, sicher dürfte sein, daß mit dem Apfelbäumchen nicht irgendwelche Wunderwaffen gemeint waren, sondern die Weiterarbeit in der Kirche und an ihrer Erneuerung, von der allerdings man wohl auch für das Volk das Entscheidende erhoffte.

Für unsere Chronologie ist nun bemerkenswert, daß Lotz bei seinen Lesern oder einem Teil von ihnen im Herbst 1944 die Bekanntschaft mit dem "Luther-Wort" vorauszusetzen scheint, und zwar so selbstverständlich, daß er es sogleich in einer für den vorliegenden Zweck umgestalteten Formulierung bringt: "... so wollen wir heute unser Apfelbäumchen pflanzen". Das ist zwar eine Vermutung, und für manche oder gar auch für die meisten der Leser könnte das Wort auch noch nicht bekannt gewesen sein, doch ist diese Lotzsche Version, obwohl die bislang früheste in schriftlicher Form, nur schwer als "Urfassung" denkbar. Dagegen spricht schon der grammatisch unebene Moduswechsel, der auf eine Umformung der zweiten Hälfte in eine Aufforderung hindeutet, wobei auch der adhortative Plural ungewöhnlich ist und - ähnlich wie bei Hoimar v.

---

20 *Apel* (s. Anm. 18), S. 91; *Schneider* (s. Anm. 17), S. 541.

Ditfurth später: "So laßt uns ..." - eigentlich die Kenntnis der meist üblichen, nicht-adhortativen und singularischen Fassung voraussetzt.

Hat Lotz das Wort irgendwo gelesen? Oder nur gehört? In welcher Form genau? Sicherlich sind wir hier Zeugen eines Vorgangs des Auftauchens[21], vielleicht nur aus der Sphäre der Mündlichkeit, wie er in jener Zeit auch anderswo ähnlich stattgefunden haben mag. Ob man mit dieser Ansetzung allzuweit zurückgehen darf, könnte fraglich erscheinen, denn vor Stalingrad und der Verschärfung des Bombenkrieges, etwa noch zur Zeit der Euphorie des Sieges über Frankreich, lag solche wie selbstverständliche Rede vom Weltuntergang den meisten Deutschen nicht so nahe. Auch mag, mindestens in der Öffentlichkeit, eine allzugroße Lautstärke dabei noch langehin nicht angebracht, ja sogar nicht ungefährlich gewesen sein, denn so etwas konnte auch als Wehrkraftzersetzung gedeutet werden. Aber gegen Kriegsende verbreitete sich eben doch in Deutschland, wie Hans Asmussen es vier Monate später gleichfalls in einem Rundbrief ausdrückte, "eine Art Weltuntergangsstimmung"[22], die auszusprechen auch ein Zensor nicht mehr verhindern konnte, zumal wo er sie, wie hier bei Lotz, in einem Lutherzitat verborgen und zugleich mit einer ja doch positiven Wendung verbunden fand.

Muß das aber nun bedeuten, daß eine Existenz des "Lutherwortes" vor der letzten Kriegsphase ganz ausgeschlossen ist? Folgt man denen, die sich, wie erwähnt, vereinzelt glaubhaft erinnerten, es schon 1938 und 1939 oder noch etwas eher gehört zu haben, könnte man - bei diesen Zeugen am ehesten - an die mit diesem Trostwort zu

---

21 Ernst *Bammel* (s. Anm. 1): "zuvor nie gehört tauchte das Wort während des letzten Krieges auf" (S. 140).

22 Rundbrief an die Freunde vom 6.2.1945, abgedruckt bei Wolfgang *Lehmann*: Hans Asmussen. Ein Leben für die Kirche. Göttingen 1988, S. (276-278) 277.

bewältigenden Sorgen um den Bestand der bedrängten Kirche denken, wie sie in die Zeit vor der kriegsbedingten Zurückhaltung beim Kirchenkampf paßten, auf dem Hintergrund der zu bannenden Kriegsängste der Krisen- und Appeasement-Zeit. So plazierte auch der evangelische Schriftsteller Willy Kramp für sich das Wort in die Zeit "kurz vor dem Kriege, als wir ja mehr oder weniger alle das Gefühl hatten, die Welt werde 'morgen' untergehen, jedenfalls unsere Welt."[23]

c) Seitenblicke zum Kriegsende

Trost und Ermutigung jedenfalls dürften in diesem vor dem Kriegsende von 1945 nur sporadisch bezeugten Wort untrennbar miteinander verbunden gewesen sein. Doch dürfte es bei seinem Verständnis sehr wohl auch schon unterschiedliche Nuancen gegeben haben, je nachdem, ob jemand stärker einen optimistischen Ton heraushörte, oder ob dieser unter den Schrecknissen doch nur leise und zaghaft blieb. In seinen Aufzeichnungen "Nach zehn Jahren. Rechenschaft an der Wende zum Jahr 1943" (Weihnachten 1942) hat Dietrich Bonhoeffer, bei dem freilich das Apfelbäumchenwort m.W. nicht vorkommt, einen starken Akzent in die erste Richtung gesetzt:

> "Uns bleibt nur der sehr schmale und manchmal kaum noch zu findende Weg, jeden Tag zu nehmen, als wäre er der letzte, und doch in Glauben und Verantwortung so zu leben, als gäbe es noch eine große Zukunft."[24]

Dabei erinnert er an den "paradoxen Widerspruch" zwischen Unheilsweissagung und Zukunftszeichen beim

---

23 Willy *Kramp*, Brief vom 6. Juli 1980.

24 Dietrich *Bonhoeffer*: Widerstand und Ergebung. Neuausgabe. München 1970, S. (11-27) 25.

Propheten Jeremia, drängt aber doch auch aus der bloßen Paradoxie heraus:

> "Es ist klüger, pessimistisch zu sein (...) Aber den Optimismus als Willen zur Zukunft soll niemand verächtlich machen, auch wenn er hundertmal irrt; er ist die Gesundheit des Lebens, die der Kranke nicht anstecken soll. Es gibt Menschen, die es für unernst, Christen, die es für unfromm halten, auf eine bessere irdische Zukunft zu hoffen und sich auf sie vorzubereiten. Sie glauben an das Chaos, die Unordnung, die Katastrophe als den Sinn des gegenwärtigen Geschehens und entziehen sich in Resignation oder frommer Weltflucht der Verantwortung für das Weiterleben, für den neuen Aufbau, für die kommenden Geschlechter. Mag sein, daß der Jüngste Tag morgen anbricht, dann wollen wir gern die Arbeit für eine bessere Zukunft aus der Hand legen, vorher aber nicht."[25]

Mit einem deutlichen, fast trotzigen Unwillen setzt Bonhoeffer sich also nicht nur allgemein von katastrophischem Nihilismus und Weltflucht ab, er unterscheidet sich auch - wenigstens Ende 1942 noch - deutlich von solchen in der Bekennenden Kirche, die, wie wir sie kennen, übrigens auch nicht die Hände in den Schoß legten und irdische Zukunft ausschlossen, aber in ihrer Frömmigkeit von einer doch viel intensiveren Ewigkeitssehnsucht geprägt waren. Der Barmer Pfarrer Karl Immer sen. zum Beispiel schrieb 1936 von der Erfahrung in einer abendlichen "Bekenntnisversammlung meines Bezirks, wie stark die Verbindung und das Verstehen derer ist, die miteinander auf dem Wege zur oberen Heimat sind".[26] Zweifellos hat dann mit der

---

25 AaO S. 25 f. Der letzte Satz wurde übrigens u.a. vom Diakonischen Werk seit 1984 auf Spruchpostkarten und Postern verbreitet, mit plakativem Photomotiv: rote Blüte auf grünen Blättern.

26 Karl *Immer*: Die Briefe des Coetus reformierter Prediger. Hg. Joachim Beckmann. Neukirchen 1976, S. 138.

Kriegserfahrung auch in weiteren Kreisen der Christenheit die Eschatologisierung, ja Apokalyptisierung des Bewußtseins zugenommen, ohne die Hoffnung auf Überleben und Weiterwirken ganz verschwinden zu lassen, so etwa aus dem Kreisauer Kreis bei Peter York von Wartenburg: "Es ging ihm wie vielen anderen damals: Sie begannen Welt und Zeit und ihr eigenes Dasein sub specie aeternitatis zu betrachten"[27]. Für jenes jeremianische "Paradox" gibt es aus der immer dunkler werdenden Zeit zahlreiche Zeugnisse in verschiedenen Ausdrucksformen, aber eben auch unterschiedliche Hauptblickrichtungen. Auch Hans Asmussen ermahnt - ähnlich wie Bonhoeffer - in jenem Brief:

> "Haltet Euch so, als ob wir bald abscheiden müßten! Aber haltet Euch auch so, als ob Gott noch große Dinge durch Euch auf dieser Erde vollbringen wollte! Wir möchten alle gerne leben. Das vereint sich sehr gut mit der Hoffnung auf die ewige Herrlichkeit!"[28]

Aber der Tenor ist ein anderer und Asmussens Trotz sucht eine dem Bonhoeffer vom Ende 1942 entgegengesetzte Richtung:

> "So müssen wir uns bereiten, vor unseren Herrn zu treten, es komme, wie es will (...) Laßt uns aber auch fröhlich sein auf das Erscheinen unseres Herrn vor unseren Augen (...) Wird die Welt für uns untergehen, dann wird mit demselben für uns das Reich Gottes anbrechen, und wir werden selig sein. Laßt uns dem Teufel dieses Schnippchen schlagen, daß wir in einem Augenblick, wo tausende und Millionen Sünder verzagen, unsere Häupter erheben."[29]

---

27 Eugen *Gerstenmaier*: Streit und Friede hat seine Zeit. Frankfurt/M. 1981, S. 185. Auch an Reinhold *Schneider* ist hier zu denken.

28 *Asmussen* bei *Lehmann* (s. Anm. 22), S. 278.

29 AaO S. 277.

Sowohl Bonhoeffer wie Asmussen also, auch wohl noch andere damals, haben Sätze geschrieben, die, ohne darauf anzuspielen oder auf seine Kenntnis schließen zu lassen, stark an das Apfelbäumchenwort erinnern. Dabei könnte man, denkt man an die heute und in den letzten Jahrzehnten meist damit verbundenen Einstellungen, seine Aussage etwas leichter mit Bonhoeffer zusammenbringen als mit Asmussen, dessen kräftigere Ewigkeitssehnsucht den Unterschied ausmachte.

Aber wenn denn nun ein innerkirchlicher, wenigstens mündlicher Gebrauch des Wortes gegen Ende der dreißiger Jahre vereinzelt glaubhaft behauptet wird und es in der Endphase des Krieges, wie mit Lotz vorausgesetzt werden kann, eine gewisse, wenngleich nur schmale Verbreitung gefunden hat, dann ist auch möglich, daß sein Verständnis sich bereits dabei in einer gewissen Spannweite - zwischen Bonhoeffers stärkerer Diesseitigkeit und Asmussens Parusiesehnsucht - bewegt hat. Hier weiterzuspekulieren, etwa auf welche der Akzentsetzungen hin die Mehrheit der Verwender tendierte, ist nicht erlaubt, weil wir sie nicht kennen. Immerhin, daß auch ein im Vergleich zu Bonhoeffer etwas stärker apokalyptisches Geschichtsverständnis sich mit dem Gebrauch des Diktums verbinden konnte, wird später etwa an Hanns Lilje und Gustav Heinemann erkennbar, auch an Kurt Scharf. Über dessen "Lageberichte" seit der Kirchenkampfszeit mit ihrer "großartigen Vereinigung von Bericht, Deutung und Gesamtschau" schrieb Heinrich Vogel 1962:

> "Diese Berichte nahmen, - das sei nicht verschwiegen! - unter den düsteren Brauen des menschenfreundlichen Präses gelegentlich eine so apokalyptische Färbung an, daß man sich billigerweise wundern mochte, wenn der Abend desselbigen Tages nicht schon das Weltende brachte. Es darf aber wiederum gesagt werden, daß Scharf, der die eschatologisch bestimmte Existenz der Gemeinde - wie wenige andere - im Zeichen des Kommenden Christus

> bejaht, sich dennoch immer wieder zu jenem 'Apfelbäumchen' bekannte, das Vater Luther bekanntlich pflanzen wollte, wenn ihm jemand sagte, daß morgen der 'Jüngste Tag' anbrechen würde!"[30]

Ob allerdings Scharf - und auch Vogel - das Diktum schon vor der Nachkriegszeit gebraucht oder gekannt haben, ließ sich nicht mehr ermitteln.

Diese notwendigen Seitenblicke auf das Umfeld dürfen also nicht darüber hinwegtäuschen, daß die Belegbasis für das Vorkommen des Apfelbäumchenwortes vor dem Kriegsende außerordentlich schmal ist. Dies hängt gewiß damit zusammen, daß eine planmäßige Suche in wirklich großem Stil nach versprengten schriftlichen Zeugnissen jener Jahre die Möglichkeiten einzelner und ihrer noch so hilfswilligen Zulieferanten übersteigt, aber ganz zufällig ist es wohl auch nicht. Was nur aus Briefen, Rundschreiben und dergleichen, auch aus nur nachträglichen Zeugnissen von einzelnen Zeitzeugen zu erfahren ist, hatte mit größter Wahrscheinlichkeit damals eben noch keine nennenswerte Öffentlichkeit. Dazu kommt der freilich als Beweis e silentio unzulässige Gedanke an die vielen diese Frühzeit betreffenden Fehlanzeigen, gerade auch von solchen Befragten aus der damaligen ecclesia pressa, von denen man annehmen möchte, sie hätten sich ein solches Diktum auf keinen Fall entgehen lassen.

Alles scheint mir jedenfalls dafür zu sprechen, daß das Apfelbäumchenwort schon ein wenig vor dem Herbst 1944 existierte, auch als Lutherwort. Es befand sich aber erst in der Frühphase eines Prozesses des Auftauchens, über

---

30 Heinrich *Vogel*: Kurt Scharf. Versuch eines Portraits. In: *Männer der Evangelischen Kirche in Deutschland*. Eine Festgabe für Kurt Scharf zu seinem 60. Geburtstag. Hg. v. Heinrich *Vogel*. Berlin/Stuttgart (1962), nicht paginiert, vorangestellt.

dessen mögliche Anfänge einstweilen nur Vermutungen angestellt werden können. Davon ist dann noch zu reden.

d) Der erste Druck

Nach außen gekommen ist das Wort jedenfalls spätestens beim ersten Hervortreten im Druck nach dem Kriege. Allein auch diese Öffentlichkeit blieb zunächst noch recht eingeschränkt, nämlich auf kirchliche Kreise, deren - auch interne - Grenzen erst allmählich überschritten wurden. Es gab hier übrigens auch andere Formeln, an denen man sich aufrichten konnte, wie z.B. den von dem Tillich-Freund Hermann Schafft gebrauchten und in gewisser Hinsicht ähnlichen, ebenso kontrasthaltigen Ausdruck: "getroste Verzweiflung"[31]. Aber das Wort vom Apfelbäumchen hatte die größere Zukunft vor sich.

Vorerst freilich setzte sich der Auftauchvorgang unverändert nur zögerlich fort. Immer noch sind wir auf recht spärliche Rückerinnerungen angewiesen und für die erste Zeit der nackten Not nur auf Zufallsfunde. Kein Wunder beim anhaltenden Fehlen einer kirchenpublizistischen Infrastruktur, verstärkt durch Papiermangel sowie regionale, ja lokale Segmentierung der Öffentlichkeit. Auch hatte und hat die Archivierung und Erforschung für die ersten

---

31 Melitta *Maschmann*: Begegnung im Internierungslager. In: Hermann Schafft. Ein Lebenswerk. Kassel 1960, S. (115-123) 121 f. Der Ausdruck ist zurückzuführen auf eine Stelle in *Luthers* wichtigem, aber selten deutsch wiedergegebenem Brief vom 8. April 1516 an Georg Spenlein: "... per fiducialem desperationem tui et operum, pacem invenies" (WA BR 1, 35, 34 f.). Jene Übersetzung findet sich in: Luthers Werke für das christliche Haus. Bd. 8 Braunschweig 1892, S. 314. So zitierte nach Kriegsende zum 400. Todestag Luthers (18. Febr. 1946) auch Hermann *Sasse*: Luthers Vermächtnis an die Christenheit. In: Jahrb. d. Martin-Luther-Bundes 1946, S. (38-41) 40.

Nachkriegsjahre auf lange Zeit hin noch weit mehr nachzuholen als für die zunächst wichtigere NS-Zeit.

In meiner Sammlung von Spruchpostkarten mit dem Apfelbäumchenwort aus verschiedenen Verlagen, auch aus dem Ausland, neuerdings sogar römisch-katholischen, stammt die älteste aus Leipzig. Sie fand sich im Nachlaß von Hannah Lienhop, der Ehefrau eines hannoverschen Landessuperintendenten, und gehört als erster Beleg nach dem Lotz-Brief vom Herbst 1944 in die frühe Nachkriegszeit. Auf äußerst schlichtem Papier gedruckt, liest man unter einem hübschen Scherenschnitt mit einem jungen, noch angepfählten Apfelbäumchen, das sich drei Sonnenstrahlen entgegenstreckt, den Spruch in der Hand-Kunstschrift einer verzierten Fraktur:

> Und wenn ich auch wüßte
> daß morgen die Welt unterginge
>
> so würde ich doch heute
> mein Apfelbäumlein pflanzen.
> M. Luther

Die von Gerda Fischer gestaltete Karte aus der Buchdruckerei Karl Heyser erschien im Auftrag der Frauen- und Mädchenbibelkreise (MBK), bevor diese unter das Dach des Kirchlichen Amtes für kirchliche Frauenarbeit kamen, wovon dann ein Nachdruck (ca. 1951, der Spruch jetzt in Antiquaschrift) zeugt. Die erste Auflage der Karte aber dürfte, wie Erkundigungen bei der Initiatorin Lieselotte ("Lilo") Saßmann, auch nach der Bedeutung des wechselnden Impressums und der Kontrollnummern der sowjetischen Militäradministration ergaben, im Jahre 1946 herausgekommen sein, übrigens nach einer Anregung auch aus dem Hessischen[32]. Wie aus der Erinnerung unmittelbaren

32 Kurt *Meier* (Brief vom 4.1.1988) verdanke ich einen Telefonkontakt mit Lieselotte *Saßmann*, dem ein Brief von ihr

Miterlebens bezeugt wird, muß in der persönlichen und weiterhin auch kirchlichen Bedrängtheit jener Tage diese Karte als Gruß und Zimmerschmuck eine ungewöhnlich tröstende und ermutigende Kraft bewiesen haben. Auch später noch -wir kommen darauf - spielte ihre Botschaft für die MBK-Arbeit eine wichtige Rolle.

Wenn die erste Ausgabe der Leipziger Spruchkarte von wahrscheinlich 1946, unser zweiter Beleg überhaupt, in entfernteren Teilen Deutschlands gelesen werden konnte, so fand das Apfelbäumchenwort möglicherweise auch anderswo und anderswie - vielleicht in lokalen Gemeindemitteilungen oder Aushängen - eine wenngleich vielleicht extrem eingeschränkte schriftliche Verbreitung. Aber Belege ließen sich aus den Nachkriegsjahren dafür nicht finden; es dürfte auch nur schwer möglich sein, doch die Suche ist offen. Für unsere Überlegung verbindet sich der gewisse Ausnahmecharakter jener Karte als frühes gedrucktes Zeugnis mit der realistischen Annahme, daß auch die Rinnsale der nach dem Lotz-Brief vom Oktober 1944

(11.2.1988) folgte. Hiernach kann die Karte ab Anfang 1946 erschienen sein, aber auch mit großer Sicherheit nicht später als 1946, weil Martin *Doerne*, mit dem bei der Herausgabe gesprochen wurde, 1947 nach Rostock gegangen ist. Die Bekanntschaft *Saßmanns* mit dem Ausspruch könnte noch bis ins letzte Kriegsjahr hineinreichen, sie schreibt: "Nach einigem Überlegen habe ich festgestellt, daß ich dieses vermeintliche Lutherwort erfahren habe durch Pfarrer Arthur Ohly, seit 1934 Pfr. in Bad Homburg v.d.H. bis zu seinem Tode im Jahre 1960. Unser persönlicher Briefwechsel begann im Jahre 1944 und ging bis kurz vor seinem Tode. Er schickte mir öfters irgendwelche Abschriften (z.B. Gedichte von Reinhold Schneider, Zitate) und dabei muß auch dieses Wort gewesen sein." Irgendeinen hessischen Zusammenhang zwischen dem Gebrauch des Wortes bei dem Homburger *Ohly* und bei dem Hersfelder *Lotz* (1944) zu vermuten, ist verlockend; es kann aber eine gewisse räumliche Nähe auch reiner Zufall sein.

gesicherten, wenigstens mündlichen Überlieferung auch in den Monaten und ersten Jahren nach dem Kriegsende kaum versiegten, sondern weiterflossen, sich verbreiterten und irgendwann aus Mündlichkeit und eingeschränkter Schriftlichkeit zu größerer, auch literarischer Publizität drängten.

3. Der Durchbruch zur Öffentlichkeit: Hoffnungssignal der Überlebenden und neu Beginnenden (bis 1950)

a) Das Wort eines großen Mannes zu Flucht und Vertreibung (1947)

Die etwas unbestimmte Angabe im Büchmann[33], das "nach 1945" Luther zugeschriebene Wort vom Apfelbäumchen sei "schnell in Umlauf gekommen(e) und häufig zitiert(e)" worden, verführt zu der Annahme, dies sei alles in der Zeit unmittelbar nach dem Kriegsende geschehen. Auch ich selbst habe zunächst gemeint, es habe sich gleich "in der Zeit nach dem Zweiten Weltkrieg schlagartig verbreitet"[34], doch war das voreilig. Theodor Knolle, dessen 1954 gehaltener und erst Ende 1959 veröffentlichter Vortrag: "Legendäre Luther-Worte" lange Zeit die am meisten beachtete Äußerung zu unserer Frage blieb, hatte zwar gesagt, "Seit einigen Jahren" werde das Wort "wieder und wieder zitiert"[35], doch muß man das wohl eher auf die Zeit etwa um 1950 als auf die unmittelbar nach 1945 beziehen. Dies ergibt sich sowohl aus der Beleglage als auch daraus, daß bei meiner Umfrage sich die Antworten häuften, nach denen man das Wort um 1950 oder bald danach erstmals gehört oder gelesen habe, während die zweite Hälfte der vierziger Jahre weniger oft genannt wurde. Dazu paßt auch die Spärlichkeit der Bezeugungen aus der Zeit vor 1945. Es muß also nicht bloß das Auftauchen des Wortes von seinen Ursprüngen unterschieden werden, was uns später noch beschäftigen soll, sondern

---

33 S.o. Anm. 16.

34 *Schloemann* (s. Anm. 1), S. 9.

35 *Knolle* (s. Anm. 1), S. 118.

auch die Publizität in größerem Rahmen von den Vorgängen des ersten internen Hörens und Weitersagens, Lesens und Nachschreibens. Der Verbreitungsvorgang erstreckte sich offenbar über einen gewissen Zeitraum. An dessen Ende erst ist der wirkliche Durchbruch, auch in die nichtkirchliche Öffentlichkeit, geschehen.

Eine ganze Reihe von Jahren nach dem Kriege erst kam es dazu. Dabei spielten dann bestimmte Multiplikatoren, vorab der hochangesehene und publizitätsfreudige hannoversche Landesbischof Hanns Lilje (1899-1977), eine wichtige Rolle. Als so beherrschend übrigens hatte sich einigen meiner Gesprächspartner gerade dessen Anteil eingeprägt, auch dessen öffentliche Rolle als Vermittler Luthers, daß sie der Meinung waren, wenn das Wort schon nicht von Luther stamme, sei eben Lilje der Erfinder. Ich habe, obwohl nicht davon überzeugt, diese Vermutung dem emeritierten Bischof noch vorlegen können, verbunden mit einer Anfrage wegen bestimmter Auftritte im Jahre 1950, und erhielt (am 24. Februar 1976) die Antwort, vor ihm habe schon Gustav Heinemann das Lutherwort zitiert. Doch darüber später.

Für das Bekanntwerden des Wortes in der früheren Nachkriegszeit, das, wie gesagt, nur wenige, heute nicht leicht erkennbare Spuren hinterlassen haben dürfte und vermutlich zunächst eine eher marginale Angelegenheit gewesen ist, gibt es nun aber doch aus dem Jahre 1947 eine gute, ja hochwichtige Quelle, nämlich das Büchlein von Renate (von der) Hagen: Die Feuersäule, erschienen bei: Der Rufer. Evangelischer Verlag Gütersloh. Reinhard Breymayer schon hat in seiner unveröffentlichten Arbeit[36] darauf aufmerksam gemacht und die unser Diktum betreffenden Passagen als Gegenstand der Wirkungsgeschichte pietistischer Rhetorik interpretiert.

---

36 *Breymayer* (1971, s. Anm. 1), S. 87 f.

"Die Feuersäule" ist ein ungewöhnlicher Bericht über ein damals nicht ungewöhnliches Geschehen: die Flucht von Ost nach West, die Enteignung und Vertreibung einer Mutter mit ihren vier Kindern in die nackte Not hinein. Vom Zerbruch des verantwortlich gestalteten Landlebens auf einem märkischen Gut, von dem der Mann einige Wochen nach der sowjetischen Okkupation gefangen abgeholt wird, über Irrwege und Gefahren, Trennung und Ausgeliefertsein bis hin zum kümmerlichsten Unterschlupf im Niedersächsischen. Es ist der Weg eines ganzen, äußerlich arm und innerlich reich machenden Jahres, in Anfechtungen bewältigt durch die Tröstungen des Glaubens. Mit der Bibel im Notgepäck auch jedes Kindes und mit den Psalmen im Herzen wird die Odyssee zu einem geistlichen Exodus. Der innerlich geschauten Feuersäule folgt die Frau, mit wachen Sinnen auch für die Signale in der Natur und in den Barmherzigkeitsgesten fremder Menschen. Ein völlig glaubwürdiges Dokument, das viele Menschen, auch mich als Jugendlichen, damals unmittelbar anrührte.

Nach Ende der Kämpfe und Plünderungen und den Wochen des Herumirrens war die Familie vorübergehend sogar in ihr eigenes Haus zurückgekehrt, aber innerlich davon schon ganz gelöst:

> "Wir haben Gott bereits zurückgegeben, was er uns gab und womit er uns so viel Freude schenkte. Wir empören uns nicht, da er wiedernimmt, was sein ist; und er schenkt uns etwas anderes dafür: tiefe innere Zufriedenheit.
>
> Bald wird unser Haus erneut mit Truppen belegt. Wir ziehen wieder aus und verlassen es zum drittenmal. Doch sind wir nicht entwurzelt: Noch fühlen wir die heimatliche Erde unter unseren Füßen. Auf dem Felde wird wieder gearbeitet, und ich pflanze Tomaten und Kohl in den Garten.
>
> Ein großer Mann sagt: 'Wenn ich wüßte, daß morgen die Welt unterginge, so würde ich doch heute noch mein Apfel-

bäumchen pflanzen.' Ein von Gott beruhigtes Herz fragt nicht nach der Zukunft, über die es keine Gewalt hat, sondern tut, was der Tag fordert."[37]

Leider ließ sich nicht mehr ermitteln, woher die Autorin das Wort hatte, gehört oder gelesen. Auch bleibt unklar, ob der Ausspruch ihr schon im Frühjahr und Sommer 1945 bekannt gewesen und womöglich damals noch in der alten Heimat verwendet worden ist, oder ob sie ihn erst viele Monate später im Westen bei der ersten Niederschrift eingebracht hat. Die herausgehobene Stellung im Text zusammen mit dem deutenden Nachsatz am Ende des zweiten Kapitels "Geh aus deinem Vaterhause!" spricht eher für die zweite Möglichkeit, zumal die erste auch nicht mit dem kleinsten Hinweis behauptet wird[38]. Auf jeden Fall haben wir hier einen weiteren frühen Beleg für das Auftauchen des Wortes aus uns unbekannter, möglicherweise mündlicher Überlieferung. Daß Martin Luther für diese evangelische Christin sich hinter dem "große(n) Mann" verbirgt, ist stark zu vermuten, denn ein anderer wirklich "großer" Name wird mit dem Ausspruch auch sonst nie in Verbindung gebracht. Es gehört zu dem etwas schwebend-unbestimmten Stil der Autorin, daß sie kaum irgendeinen Namen nennt und sich eigentlich nur auf die Bibel als letzte Autorität beruft. Im übrigen würde die Frage nach der frühesten Luther-Zuschreibung nicht berührt, schließlich ist eine solche durch den Rundbrief aus der hessischen Kirche vom Oktober 1944 längst sicher belegt und auch sonst

37 Renate *Hagen*: Die Feuersäule. Gütersloh 1947, hier S. 20 (in späteren Auflagen S. 18-19).

38 Die Rubrizierung "Aktualisierung des Zitats im Zweiten Weltkrieg am Beispiel Renate Hagens" durch *Breymayer* (1971, s. Anm. 1) sagt zuviel. Nach Auskunft ihres Sohnes Eberhard *von der Hagen* begann sie mit der Niederschrift erst "etwa Anfang 1946", der Abschluß lag "Ende 46/Anfang 47" (Brief 14. 3. 1988).

Bestandteil der Erinnerung. Festzuhalten aber ist, daß beim bislang ersten Vorkommen des Zitats in einem Buch es nur auf einen "großen Mann" zurückgeführt wurde und seine Leser die Verbindung mit Luther also nicht mitgeliefert bekamen, sondern selber ihre Schlüsse ziehen mußten. Viele allerdings - wenn sie denn überhaupt geneigt waren, danach zu fragen - dürften bei diesem biblisch-evangelisch und von der Lutherbibel geprägten Text spontan an den Reformator gedacht haben. Wer vorher schon von der mündlichen, in Hessen und 1946 auch in Leipzig ans Licht getretenen Tradition berührt war, tat es ohnehin.

Wichtig ist nun die große Resonanz, die das Büchlein fand. Es trug so in einer bücherarmen Zeit das Wort vom Apfelbäumchen in weite Kreise. Zwischen 1947 und 1954 gab es, soweit zu ermitteln, neun Auflagen mit 56.000 Exemplaren. Nach der zweiten Auflage von 1948 erschienen allein im Jahre 1949 drei Auflagen, und die sechste von 1950 umfaßte schon das 33. bis 37. Tausend. Man darf wohl mit aller Vorsicht die bis 1950 akzelerierende und danach noch auf hohem Niveau anhaltende Verbreitung des Buches in Beziehung setzen zur Geschichte der Ausbreitung des in ihm enthaltenen Apfelbäumchenwortes in jenen Jahren. Beides fällt nicht einfach zusammen, denn es gab sicherlich auch andere Wege des Auftauchens, doch mit einem wichtigen Überlieferungsstrang, wenn nicht gar einem Knotenpunkt haben wir es hier wohl zu tun - jedenfalls paßt die Häufung 1949/50 auch zu der erwähnten Beobachtung Knolles. Das oft verschenkte Büchlein dürfte sogar die Grenzen des kirchlichen Milieus überschritten haben, wenn auch mit Maßen. Im evangelischen Lesepublikum jedenfalls war es eins der bekanntesten und über Jahre wirksamen Literaturerzeugnisse. Es diente, wie ich etwa aus der westfälischen und auch der hannoverschen Kirche, zu der die Autorin gehörte, weiß, sogar als Vorlesestoff in kirchlichen Kreisen. Auch kannten es gewiß die führenden Kirchenleute, die dann an der Popularisierung des "Lutherwortes" beteiligt waren. Undenkbar erscheint vor allem, daß Hanns Lilje als hannoverscher Landesbischof (1947-1971) und Präsident des Lutherischen Weltbundes (1952-1957) das seit 1947 von einem aktiven Glied seiner Landeskirche ausgehende und 1953 in einem amerikanischen lutherischen Verlag in Übersetzung erschienene[39] Büchlein von Renate Hagen nicht gelesen hätte. Daraus zu folgern, Lilje müsse das Zitat direkt oder indirekt daher haben, ist nicht zwingend, aber auch nicht auszuschließen.

b) Die südwestdeutsche Gartenidylle und der unbekannte Aufklärer (1948)

Als Beispiel für einen ganz anderen Öffentlichkeitssektor in der Auftauchgeschichte des Apfelbäumchenwortes in der Nachkriegszeit haben wir - ein Jahr nach Renate Hagens geistlichem Zeugnisbericht - das Buch "Fruchtbarer Garten" von Fritz Caspari aus dem Jahre 1948[40]. In dieser unter anderem auch anthroposophisch beeinflußten umfangreichen Anleitung zu naturgemäßer Gartenpraxis findet sich vorne unser Diktum als Motto, allerdings in charakteristisch anderer Fassung:

UND WENN ICH WÜSSTE,
DASS MORGEN DIE WELT
ZU GRUNDE GINGE,
PFLANZTE ICH DOCH
HEUTE NOCH EINEN BAUM.

---

39 In: Two Women and War by Grete *Paquin* and Pillar of Fire by Renate *Hagen*. Philadelphia (Muhlenberg Press) 1953.

40 Fritz *Caspari*: Fruchtbarer Garten. Naturgemäße Gartenpraxis. Seebrück am Chiemsee 1948. - Hinweis bei Erwin *Mühlhaupt* (s. Anm. 1).

Darunter steht die überraschende und später noch zu diskutierende Herkunftsbezeichnung: "Friedrich Christian Laukhardt 1758-1822", ohne näheren Fundort[41]. In späteren Auflagen bei anderen Verlagen (1955, 1960, 1964) wurde die Unterschrift allerdings in "Martin Luther, Tischreden" geändert. Doch die Rückführung auf Laukhard fand auch noch Nachahmer in anderen Veröffentlichungen zum Thema Garten, nämlich 1956 bei Gerda Gollwitzer in ihrer Anthologie "Gartenlust"[42] sowie - mit ihr in der Form identisch - 1962 in der Kulturgeschichte des Gartens ("Traum vom Paradies") des erfolgreichen Naturdichters, Roman- und Reiseschriftstellers Friedrich Schnack (1888-1977). Dieser bringt es zunächst als Motto und stilisiert im Text dann Laukhard sogar neben Jesus zum Typus des ewigen Gärtners:

> "Er ist die Hoffnung des Gartens, er ist der ewige Mensch. Wenn der Gärtner einmal stirbt, ist die Welt zu Ende. Er pflanzt bis zu ihrem Untergang. 'Und wenn ich wüßte',

---

41 Zur richtigen Schreibweise des Namens siehe: F. C. *Laukhard* - ein abenteuerliches Leben während der Französischen Revolution ... bearb. v. Franz Dobmann. Heidenheim 1969 (= Abenteuerliche Lebensläufe 1), S. 166; das Geburtsjahr war 1757.

42 Gerda *Gollwitzer*: Gartenlust. München 1956, S. 213 (so auch 2. Aufl. 1961). Auf sie und die Laukhard-Zuschreibung aufmerksam gemacht hat zuerst Oskar *Söhngen* in einer Leserzuschrift: Das Apfelbäumchen und das Weltende. In Deutsches Pfarrerblatt 59. 1959, S. 130. Daß G. Gollwitzer wahrscheinlich von Caspari abhängig ist, erhellt aus der Gleichheit der etwas ungewöhnlichen Textfassung im Hauptsatz ("pflanzte ich doch heute noch einen Baum"). Das m.W. nur bei Caspari vorkommende "ZU GRUNDE GINGE" hat sie in das üblichere "unterginge" geändert. Auffällig ist das Fehlen des (sonst immer bis auf die Seitenzahlen vollständigen) Quellennachweises hinten, ferner wohl auch, daß sie in einem späteren Bildband (Bäume - Bilder und Texte aus drei Jahrtausenden. Herrsching 1980, S. 210) den Austausch Laukhard gegen Luther nachvollzieht.

bekennt der Gärtner Friedrich Christian Laukhardt, 'daß morgen die Welt unterginge, pflanzte ich doch heute noch einen Baum!' Die Schrift überliefert, daß der aus dem Grabe auferstandene Christus, dessen Passion im Garten von Gethsemane begann, den Frauen als Gärtner erschienen ist. Alle Gärtner sind miteinander befreundet, sie bilden einen öffentlichen Geheimkult: Ihre Zeichen sind Baum, Blume und Frucht, und ihr Reich ist von dieser Erde. Die Herren sterben, die Gärtner leben weiter."[43]

Man braucht nicht an die äußerlich ähnliche, aber doch sehr andere, von Gustav Heinemann öfters gebrauchte Sentenz: "Eure Herren gehen, unser Herr aber kommt"[44] zu erinnern, um die antieschatologische Eigenart des von Caspari 1948 herkommenden Gebrauchs des "Laukhardwortes" vom zu pflanzenden Baum zu erkennen. Es wird, bei Caspari etwas nüchterner, möglicherweise auch naturalistischer, bei Schnack dann aber emphatisch im Sinne eines zugleich naturverbundenen wie naturüberhobenen Humanismus verstanden, welcher wohl geheimnisvolle religiöse

---

43 Friedrich *Schnack*: Traum vom Paradies. Eine Kulturgeschichte des Gartens. München 1962 (Bertelsmann-Lesering 1967), S. 5 (Motto) und S. 55. Schnack verwendete die Fassung Gerda Gollwitzers, seiner offensichtlichen Quelle, einschließlich ihres Ausrufungszeichens. Er ging dann jedoch, anders als sie, nicht mehr von der ihm sympathischen Laukhard-Zuschreibung ab, s. seinen Leserbrief in: Süddeutsche Zeitung Nr. 217, 10./11. Sept. 1966, S. 78 (Hinweis von Martin *Elze*). Aber auch dort zitiert er ohne die Spur einer Stellenangabe, gibt vielmehr die zirkuläre Art seines Rückschlusses zu erkennen: "Der schöne Satz, entstanden in einer Kulturlandschaft der Früchte und des Weines, beweist, daß Lauckhardt ein hochsinniger Naturfreund und Liebhaber-Gärtner war." Beides jedoch hängt einstweilen in der Luft, wie wir noch sehen werden.

44 Aus den Jahren 1949/50 s. in Gustav W. *Heinemann*: Glaubensfreiheit - Bürgerfreiheit ... hg. v. Diether Koch. Frankfurt 1976 (= Reden und Schriften II), S. 68.82.

Sprachsymbole verwendet, aber nicht eigentlich eine religiöse Existenz wirklicher Gottbezogenheit meint. Ganz anders Renate Hagen, deren emotionale wie praktische Naturzuwendung sich ganz als Ausdruck gläubiger und angefochtener Gottgetrostheit versteht. Ihre Deutung des Apfelbäumchenwortes schließt sich reflexiv zwar auch an den wirklichen Vorgang des Pflanzens und Bebauens des "lieben Landes"[45] selbst im Angesicht des Untergangs an, eine "archetypische Situation"[46], doch ist diese überformt vom eigentlichen geistlichen Geschehen des Hörens und des Betens.

So wird man zögern, bloß aus der Tatsache, daß Casparis Buch (1948) auf das Hagensche (1947) zeitlich folgt, auf eine literarische Abhängigkeit zu schließen. Gleichwohl ist es verlockend, von der bei Hagen, Caspari und dann Gollwitzer auffällig gleichlautenden Wortfolge "doch heute noch" auf irgendwelche Zusammenhänge zu schließen. Aber das ist zu wenig, und aufgrund des unbestimmten Verweises auf den "große(n) Mann" nicht an eine Gestalt wie Luther, sondern an Laukhard zu denken, liegt auch nicht sehr nahe, wenn man auf den Unterschied des Formats schaut. Überdies ist bei einem größeren Buchmanuskript, das 1948 gedruckt erschien, sei es vor oder nach der Währungsreform, eine notbedingt längere Vorlaufzeit möglich, so daß die Beeinflussung durch eine - so andersartige - Veröffentlichung vom Vorjahr nicht sehr wahrscheinlich ist. Sie ist aber auch nicht ganz auszuschließen,

---

45 *Hagen* (s. Anm. 37) geht es nicht um Naturmystik - so sehr sie auf die Stimmen in der Stille hört (S. 47 ff. 57ff.) -, sondern um den Nächstendienst: "Es ist uns ja die Erde für die kurze Zeit unseres Lebens zur Bestellung anvertraut; und wir sind gerufen, dem lieben Land zu dienen ... 'die Russen haben auch Hunger, und alle Kinder auf der ganzen Welt essen gerne Äpfel, nicht nur unsere eigenen'." (S. 12).

46 *Breymayer* (1971, s. Anm. 1), S. 89.

weil ein Motto noch zuletzt angebracht werden kann. Zumal an indirekte Weitergabe des Gedankens aus dem weitverbreiteten Hagenschen Büchlein läßt sich da denken.

Hier haben also wohl auch noch andere Auftauchvorgänge stattgefunden. Es konnten sich vielleicht schon vorliterarische, nicht mehr aufzuhellende Transformationen ereignen. Nicht einmal ist völlig auszuschließen, daß Renate Hagen ihrerseits das Zitat aus Bereichen eher naturbezogener Denkwelt bezogen und es in die ihr wichtigere biblische hineingebeugt hat. Wir wissen dies alles nicht, sondern fragen zunächst weiter nach der Verbreitungsgeschichte, die, wie an den Gartenbüchern zu sehen ist, schon früh auf verschiedenen Wegen verlief. Doch die Laukhard-Zuschreibung blieb eine Randerscheinung, Karriere machte das Diktum eigentlich nur als Lutherwort.

c) Pfingsten 1950: Politik, Literatur, Jugend

Blicken wir also wieder auf den anschwellenden Hauptstrom. In unserer Umfrage erinnerte man sich öfters an die II. Vollversammlung des Lutherischen Weltbundes in Hannover 1952, das für Deutschland überhaupt erste weltweite Kirchentreffen. Eindrucksvoll für die Menge gebrauchte in seinem Grußwort der Bundestagspräsident Hermann Ehlers unser Zitat. Doch war dies schon ein Höhepunkt, eine Art internationale Besiegelung. Der eigentliche Durchbruch in Deutschland dagegen lag schon früher, wobei die damit verbundenen Veranstaltungen zwar nicht Massencharakter, aber doch einige Ausstrahlungskraft besaßen. Sie fielen in das Jahr 1950.

Was viele der Befragten in ihrer Erinnerung mehr allgemein auf "etwa 1950" ansetzten, kann man zu konkretisieren versuchen. Mir scheint besonders die Pfingstzeit dieses Jahres wichtig zu sein. Da reihten sich in dichter Folge einige bemerkenswerte Zitationsvorgänge aneinander.

Die Zeugnisse davon lassen noch heute die Frischheit des zum Durchbruch Gekommenen nachempfinden. Ein Beleg ist durch den Büchmann schon bekannt; hier können wir einsetzen, um dann auch den Blick auf das Umfeld zu richten.

Erwin Mülhaupt schreibt in seinem Aufsatz von 1986, die hierfür immer noch unrichtige Zeitangabe des Büchmann[47] stillschweigend korrigierend:

> "Der erste Journalist, bei dem ich das Wort nachweisen kann, ist Thilo Koch, der sich in einer Rundfunksendung des NWDR im Frühjahr 1950 auf es bezog. Ich erlaubte mir daher, ihn zu fragen, woher ihm diese Kenntnis zugeflossen sei. Seine freundliche Antwort lautete: 'Beim besten Willen erinnere ich mich nicht mehr daran, wie ich auf das Wort kam; es wäre ja schön, ich hätte es selbst erfunden.' Der erste Schriftsteller und Dichter, der diese Rundfunksendung Thilo Kochs zum Anlaß einiger Reime nahm und dieselben unterm 26. Mai 1950 an Thilo Koch sandte, war der bekannte Gottfried Benn."[48]

Der hier beschriebene Vorgang, der zum Teil im Dunkel des Vergessens zu entschwinden scheint, lenkt den Blick auf eine Abfolge von Tagen, die für den Publizitätsdurch-

---

47 Der *Büchmann* (s. Anm. 16) folgt mit der falschen Datierung des Benn-Gedichts auf 1956 einem Beitrag von Kurt *Ihlenfeld*: Erinnerung an einen Apfelbaum. In: Nachrichten der Evangelischen Kaiser-Friedrich-Gedächtnisgemeinde Berlin 8. 1970. Heft 5, S. 22-24. Dort werden in der Annahme, Benn habe das Gedicht kurz vor seinem Tode verfaßt, weitreichende Schlüsse gezogen. Ihlenfeld dürfte hier irren oder ein überholtes, älteres Manuskript zur Verfügung gestellt haben, denn die richtige Datierung auf 1950 und entsprechend vorsichtigere Einordnung findet sich bereits in dem Aufsatz: "... wirklich ein sehr großer Mann". Zu einem Luthergedicht von Gottfried Benn. In: Kurt *Ihlenfeld*: Angst vor Luther? Witten/Berlin 1967, S. 314-325.

48 *Mülhaupt* (s. Anm. 1).

bruch wie für Verständnis und Zuordnung des Apfelbäumchenwortes in den Folgejahren in der Tat von erheblicher Bedeutung gewesen sein dürften. Zu beachten sind dabei die Stimmungen und Befürchtungen in der historischen Situation um Pfingsten 1950, die Reaktionen im Bereich der Kirche darauf, nicht zuletzt aber auch die genaueren Umstände der Anregung Gottfried Benns durch Thilo Koch.

Letztere sind nämlich trotz Kochs Abwinken gegenüber Mülhaupt durchaus noch aufhellbar und die Erläuterungen in den Benn-Ausgaben dementsprechend zu verbessern. Den Text des Gedichtes bringt die Stuttgarter neue Benn-Gesamtausgabe erstmals in korrekter Fassung nach dem Autographen, einem vom "26 V 50" datierten Zettel vom Rezeptblock, wie Benn ihn gerne nahm:

> Was meinte Luther mit dem Apfelbaum?
> Mir ist es gleich - auch Untergang ist Traum -
> ich stehe hier in meinem Apfelgarten
> und kann den Untergang getrost erwarten -
> ich bin in Gott, der ausserhalb der Welt
> noch manchen Trumpf in seinem Skatblatt hält -
> wenn morgen früh die Welt zu Bruche geht,
> ich bleibe ewig sein und sternestet -
>
> meinte er das, der alte Biedermann
> u. blickt noch einmal seine Käte an?
> und trinkt noch einmal einen Humpen Bier
> u. schläft, bis es beginnt - frühmorgens vier?
> Dann war er wirklich ein sehr grosser Mann,
> den man auch heute nur bewundern kann.[49]

---

49 Gottfried *Benn*: Sämtliche Werke. Band II, Stuttgart 1986, S. 142 (dazu die Anmerkungen S. 277). Man vermißt den oben auf dem Zettel geschriebenen und im selben Zuge wie die erste Zeile (als integrierte Überschrift) unterstrichenen Namen: "*Thilo Koch*". Das Autograph als Erstveröffentlichung in Faksimile findet sich in Thilo *Koch*: Gottfried Benn. Ein biographischer Essay. München 1957, S. 62-63 (Taschenbuchausgaben 1970 u.

Obgleich eine ausgeführte Interpretation dieses Gedichtes hier nicht möglich ist, muß doch - auch im Blick auf die Folgezeit - die Eigenart des hier vorliegenden Verständnisses des Apfelbäumchenwortes erkannt werden. Anders nämlich als bei den bislang besprochenen Beispielen ist für den Bennschen Luther der Weltuntergang dem Modus nach kein Potentialis oder gar Irrealis ("Wenn ich wüßte ..." oder "Wenn ... unterginge"), sondern er ist für ihn eine mit Sicherheit bevorstehende Realität, freilich, wie auch anderes, als Traum aushaltbar. Vom Pflanzen eines Bäumchens wird gar nicht direkt gesprochen, umso anschaulicher aber von dem, was Luther sonst möglicherweise noch tut. Der Luther des Gedichtes weiß wirklich genau, daß "morgen früh die Welt zu Bruche geht", steht ruhig in seinem Apfelgarten (vgl. 'Hier stehe ich...'!), schaut seine Frau an, trinkt sein gewohntes Bier und legt sich unbekümmert schlafen, "bis es beginnt - frühmorgens vier". Hier spricht sich eine Haltung aus, die mit irgendeinem Ausweg innerhalb der Welt nicht rechnet und darin groß ist, daß sie das Unabänderliche gelassen erträgt. Das zu Benns Radikalpessimismus hinzutretende ewige Geborgensein Luthers "in Gott, der außerhalb der Welt noch manchen Trumpf in seinem Skatblatt hält", ist Gegenstand der Bewunderung, wenn auch einer distanzierten. Immerhin erfaßt das Gedicht, gerade auch in seiner ersten Strophe, Luthers Haltung in mancher Hinsicht gar nicht so übel. Ob sich hier

---

1986), was wie auch das ganze Kochsche Buch in den Anmerkungen der Werkausgabe unbegreiflicherweise nicht erwähnt wird, anders als noch in der Limes-Ausgabe (Gesammelte Werke in vier Bänden. III. Bd., Wiesbaden 1960, S. 591). Dafür wird auf den Aufsatz Kurt *Ihlenfelds* von 1967 (s. Anm. 47) verwiesen, der aber trotz mancher feinen Beobachtung auch geeignet gewesen ist, wegen seines Stils als weithin fiktiver Benn-Rede Verwirrung zu stiften, so bei Wilhelm *Horkel*: Lutherfälschungen einst und heute. (o.O.) 1986, S. 16.

mehr als nur eine Reminiszenz des Pastorensohns kundtut, gar das Aufblitzen einer verborgenen religiösen Sehnsucht des Älteren, muß dahingestellt bleiben; selbst Kurt Ihlenfeld, der hierzu zeitweise einige Vermutungen zu hegen schien, mochte sich da nicht festlegen.

Albrecht Schöne[50] sagt ja mit Recht gerade auch von den späteren Gedichten Benns: "Was er seinen Lesern vorlegt, fördert ihr Gottvertrauen und ihre Menschenliebe wohl nicht ... Denn daß Dichter die Welt ändern können, hat G.B. nicht geglaubt. Seine 'Hymne' feiert den, der die unveränderbare aushält"[51], und fügt - 1986 - zur neuen Aktualität Benns hinzu: "Zu unguter Zeit, bei schwindender Zuversicht, mit der Verzweiflung im Menschheitsfortschritt kommt die Stunde dieses melancholischen Zynikers, der auf Untergang gefaßt ist, dieses stoischen Apokalyptikers, der das Prinzip Hoffnungslosigkeit verkündet."

Hat nun Benn, dessen Grundeinstellung offenbar eine andere war als die der erwähnten Gartenfreunde und Kirchenleute, für sein Verständnis des Apfelbäumchenwortes eine Vorgabe durch das erhalten, was er von Thilo Koch gehört und wie dieser wiederum es aufgefaßt hatte? Glücklicherweise hat Koch mir bereits zu Weihnachten 1975 den Text seiner Radiosendung im früheren Nordwestdeutschen Rundfunk (Funkhaus Berlin) in einer älteren Fotokopie überlassen, die ihm vielleicht später, als Mülhaupt anfragte, fehlte. So ist die Sache nun doch noch rekonstruierbar. Aus dem Manuskript geht zunächst hervor, daß es sich nicht um einen ausgewachsenen "Rundfunkvortrag" handelte - so noch in den Anmerkungen der Benn-

---

50 Albrecht *Schöne*: Benn: Einsamer nie. In: Die Zeit Nr. 19, 2. Mai 1986, S. (55-56) 56.

51 Das Gedicht "Eine Hymne" (Sämtliche Werke. Bd. I, S. 255) endet übrigens ganz ähnlich wie das Luthergedicht: "... eine Hymne solchem Mann".

Werkausgaben und im Büchmann[52] - , noch weniger um eine "Funkbetrachtung", die sich "mit Luthers Ausspruch beschäftigt" habe - so in der Limes-Briefauswahl von 1957 und noch bei Ihlenfeld[53] -, sondern um einen zehnminütigen Bericht und Kommentar zu einer Tagung: "Gespräche in Hermannsburg", gesendet am Donnerstag vor Pfingsten: "25.5.50 22.00/22.10. Uhr". Was den späten Radiohörer veranlaßte, gleichsam im Gespräch mit Thilo Koch ein Gedicht zu schreiben und ihm auf dem Rezeptblatt vom Tage darauf zu schicken, war der Anfang der Sendung. Aus ihm ist herauszuhören, wie neu[54] und in der Zeitsituation faszinierend solcher in Hermannsburg gelernter Blick auf Luther war. Das 'Lutherwort' erscheint hier allerdings nicht vollständig als Luther-Diktum, sondern nur in seinem zweiten Teil, eingebettet in eine szenische Erzählung, wie es manchmal besonders da zu beobachten ist, wo es noch frisch ist, während extreme Kurzfassungen oder gar nur stichwortartige Anspielungen in der Regel erst vorkommen, wo es schon als bekannt vorausgesetzt werden kann. In Kochs Version (hat er sie genau so gehört?) läßt der Gesprächspartner Luthers kein Schlupfloch offen, sondern stellt ihn in die Situation eines ganz sicheren Wissens, etwas, was insofern Benns apokalyptischem Pessimismus entspräche. So beginnt die Sendung:

> "Als Martin Luther einmal gefragt wurde, was er tun würde, wenn er mit Sicherheit wüsste, dass morgen die

52 Zurückgehend wohl auf eine offenbar nicht von Thilo Koch stammende redaktionelle Notiz zum Faksimile in seinem Essay (1967, s. Anm. 49), S. 61.

53 Gottfried *Benn*: Ausgewählte Briefe. Mit einem Nachwort von Max Rychner. Wiesbaden 1957, S. 369 (zu S. 191); *Ihlenfeld* (1967, s. Anm. 47), S. 316.

54 Daß das "Lutherwort" auch für Benn ganz neu war - so Ihlenfeld -, kann man nur vermuten.

Welt unterginge, hat er geantwortet: Ich würde noch heute einen Apfelbaum pflanzen.

Wenn das kein Wort für uns ist, dann gibt es überhaupt keines für uns. Ich bringe es mit aus Hermannsburg, wo es Hans Lilje, der Landesbischof von Niedersachsen, aussprach. Es kennzeichnet gut den Geist, in dem man in der Evangelischen Akademie Hermannsburg, einem Dorf in der Lüneburger Heide, miteinander spricht: Vertrauen, Geduld, Höflichkeit des Herzens."

Diese Sätze gewähren einen lebendigen Einblick in einen bemerkenswerten Multiplikationsvorgang zur allgemeinen Öffentlichkeit hin. Er verlief in mehreren Schritten: vom prominenten Verbreiter des Ausspruchs aus dem Raum der Kirche über einflußreiche Weiterträger, darunter den bekannten Journalisten, der mit Einzelheiten wie der Schreibweise des bischöflichen Vornamens und der Bezeichnung seiner Landeskirche noch nicht recht vertraut war, aber sich in der Akademie und ihrer geistlich-offenen Positivität sofort zu Hause fühlte, bis zu dessen Hörern einige Tage später am Radio, das damals abends - ohne Fernsehkonkurrenz - Unzählige erreichte, darunter sogar einen bedeutenden Dichter, der das Weltgeschehen wach verfolgte[55]. Dieser blieb - etwas skeptischer wohl noch als der befreundete Journalist, aber doch angerührt - bei dem "Lutherwort" hängen und brachte es in einer stoisch-apokalyptischen Weltsicht zu eigenem poetischem Ausdruck.

In der Tat: ums große Weltgeschehen war es am vorpfingstlichen Exaudi-Wochenende (20.-21. Mai) 1950 in Hermannsburg, dem Ursprungsort der späteren Evangelischen Akademie Loccum, gegangen. Kann man ohnehin die Bedeutung der ersten Akademien in der Nachkriegszeit für die geistige und auch politische Neuorientierung nur schwer überschätzen, so gilt das im besonderen Maße von Liljes

55 Vgl. Thilo *Koch* (s. Anm. 49), S. 66.

Bemühungen, nicht zuletzt von seinen "großen und berühmten Pressetagungen"[56], die viele maßgebliche Journalisten anzogen - alles auch potentielle Weiterverbreiter der Ansichten und Aussprüche ihres genialischen Favorit-Kirchenmannes. Ausnehmend bedeutsam war nun gerade dieses "Journalistengespräch" vor Pfingsten 1950[57]. Hier und in diesem Umkreis hatte nicht nur ein geistliches, sondern auch das politische Verständnis des Apfelbäumchenwortes früh Raum, weswegen etwas genauer hingeschaut werden muß.

Die Tagung fand in einer besonders sensiblen Lage statt und hat für die weitere deutsche Geschichte wohl auch eine nicht ganz unwichtige Rolle gespielt, und zwar wegen der Rückwirkungen auf die politischen Optionen des von Konrad Adenauer umworbenen, aber zögernden westdeutschen Protestantismus mit seiner verbreiteten Staatsmüdigkeit, sowie seinen noch starken Wiedervereinigungshoffnungen und tiefen Bindungen zu den Kirchen jenseits des ja noch recht durchlässigen Eisernen Vorhangs[58].

In der gerade im Herbst zuvor etablierten Bundesrepublik, die bei weitem nicht souverän, auch durch Allianzen weder gebunden noch geschützt, dazu wegen Berlin und im Inneren verletzlich war, ging es immer deutlicher um eine grundlegende Weichenstellung, nämlich die Entscheidung zwischen Westbindung oder der von Stalin favorisierten

---

56 Adolf *Wischmann*: Führung und Fügung. Hannover 1987, S. 121.

57 Berichte in: Sonntagsblatt. Hg. Hanns Lilje. Nr. 20, 28. Mai 1950; Evangelische Welt. Nachrichtendienst der Evang. Kirche von Westfalen, 16. 5. 1950, dazu vgl. Diether *Koch*: Heinemann und die Deutschlandfrage. München 1972, S. 136.

58 Johanna *Vogel*: Kirche und Wiederbewaffnung. Göttingen 1978, passim; Frederic *Spotts*: Kirchen und Politik in Deutschland. Stuttgart 1979, S. 205 ff. Beiden ist im Unterschied zu Diether *Koch* (s. Anm. 57) die Hermannsburger Tagung entgangen.

Neutralisierung. Sie betraf nicht nur die Sicherheitsfrage, bei der sich in der Bevölkerung das Interesse an ungestört friedlichem Wiederaufbauleben ohne Militär mit der tiefen Beunruhigung durch die gewaltsame Volksdemokratisierung Osteuropas vermengte. Dazu kamen die seit einiger Zeit kursierenden Überlegungen zu einem möglichen deutschen Verteidigungsbeitrag. Des weiteren hatte Bundeskanzler Adenauer im März auch schon vom Ziel eines politischen Zusammenschlusses mit Frankreich gesprochen, jetzt im Mai hatte der Schumanplan zur Montanunion Aufsehen erregt und das Kabinett bereits den Antrag zum Eintritt in den Straßburger Europarat gebilligt, dem heftig widersprochen wurde, dem sich der Bundestag aber im Juni mit Mehrheit anschließen sollte.

In Hermannsburg sprach man eine Woche vor Pfingsten ebenfalls von Europa und zwar als einer "dritten Kraft". Diesen verbreitet umlaufenden Gedanken hatte besonders der bekannte Hans Zehrer, damals Chefredakteur des Liljeschen Sonntagsblatts, unlängst noch einmal artikuliert[59] und stellte ihn nun mit der Vision eines christlichen Europas - "die dritte Weltmacht"[60] - zwischen Ost und West, rechts und links, Kapitalismus und Sozialismus, Bourgeoisie und Proletariat heraus: "Europa wird christlich sein oder es wird nicht mehr sein"[61]. Zehrers Aufrichtung solcher Alternativen unterschied sich trotz mancher Ähnlichkeiten von den Entscheidungsaufrufen der Oxfordbewegung (MRA). Für diese hatten als deutsche Hauptsprecher Adolf Scheu und Gustav Heinemann schon 1948 einen

---

59 Hans *Zehrer*: Fünf Jahre danach. In: Sonntagsblatt. Hg. v. Hanns Lilje. Nr. 18, 30. April 1950, S. 10 f. und Nr. 19, 7. Mai 1950, S. 10 f.

60 Hans *Zehrer*: Hat Europa noch eine Chance? In: Sonntagsblatt Nr. 22, 28. Mai 1950, S. 16.

61 *McCloy zur "Dritten Kraft"* (Redaktionsartikel). In: Sonntagsblatt Nr. 22, 28. Mai 1950, S. 1.

"dritten Weg" zwischen Westen und Osten, zumal als Antwort auf den östlichen militanten Materialismus beschrieben. Er bestand für sie in der "Moralischen Aufrüstung", die vor allem von der Veränderung einzelner Menschen ausgehen sollte[62]. Zehrer unterschied sich ebenfalls von Karl Barth, welcher zwar auch bereits 1946 nach der Christlichkeit Europas zwischen den beiden "Mühlsteinen" im Westen und Osten gefragt hatte[63], aber die Antwort nicht mehr in einer so oder so vorgestellten christlich-moralischen Verfaßtheit des Abendlandes fand, sondern allein im Weg der Kirche Christi, der "ein anderer, ein d r i t t e r, ihr e i g e n e r Weg" sein müsse[64]. Vor allem aber unterschied sich Zehrer schließlich auch von Konrad Adenauer, der sich zwar sogar den Begriff "Dritte Kraft" in eben jenen Tagen vorübergehend zu eigen machte, ihn aber nur im Sinne einer Integration in ein klar westlich orientiertes Europa verstand[65]. Gegen Zehrer

---

62 *Das Wesen der Moralischen Aufrüstung*. In: *Bergbau und soziale Verantwortung*. Essen-Kettwig 1948, darin *Heinemann* S. (49-52) 52 und *Scheu* S. (53-54) 54.

63 Karl *Barth*: Die christliche Verkündigung im heutigen Europa. In: Zwei Vorträge. München 1946 = ThEx NF 3, S. (11-24) 15.

64 Karl *Barth*: Die Kirche zwischen Ost und West. München 1949 = ThEx NF 17, S. 8; noch deutlicher 1952, übrigens weit restriktiver als später viele seiner Anhänger: "Wenn es überhaupt so etwas wie eine dritte Macht gibt, kann das allein die Kirche sein", deshalb sei auch ihr Beitrag zum Frieden ein eigener: "Natürlich sollen wir uns in diesem Fall nicht den Dingen anschließen, die man 'Friedensbewegungen' nennt. Die Kirche hat etwas anderes zu tun" (Die Kirche und der Friede, nach: Junge Kirche 13, 1952, S. 161 f.).

65 Nach: *Europa als die "dritte Kraft"* (Redaktionsartikel). In: Sonntagsblatt Nr. 21, 21. Mai 1950, S. 1. Im Bericht über Hermannsburg (Nr. 22, 28. Mai 1950, S. 1) wird vermerkt: "Zu gleicher Zeit sprach Bundeskanzler Dr. Adenauer in der Kölner Universität über das gleiche Thema."

argumentierte aber nun massiv der eigentliche Stargast in Hermannsburg, kein geringerer als der amerikanische Hohe Kommissar für Deutschland, John McCloy:

> "Was hat es für einen Sinn, von 'Dritter Kraft' zu reden, wenn weder 'dritte', noch überhaupt 'Kraft' vorhanden ist? Zunächst muß erst einmal die Kraft geschaffen werden (...) aber das Problem ist dann kein Problem der 'Dritten Kraft', sondern einfach das Problem, für was Sie sich entschieden haben und dann müssen Sie sich für Christ oder Antichrist entscheiden." [Letzteres nahm er in der Diskussion zurück, es sei etwa im Sinne von Freiheit und Unfreiheit gemeint gewesen.] "(...) Die Konzeption von zwei Lagern, kriegerisch gestimmt - Rußland und der Westen - und einer sich um Frieden bemühenden 'Dritten Kraft', Deutschland, ist unzutreffend. Es gibt keine Menschen, die friedlicher sind als die Männer und Frauen in USA. Es kommt darauf an, die Kräfteverhältnisse in den verschiedenen Teilen in ein solches Verhältnis zu bringen, daß es nicht zum Kriege kommt. Ich glaube, daß er sich vermeiden läßt..."[66].

Zum Verständnis der Gespräche ist dies letztere wichtig: Eine reale Furcht vor Krieg trieb die Menschen in jener labilen Situation in der Tat um, sicherlich um einiges begründeter als eine Generation später, als in den frühen achtziger Jahren die Idee einer dritten Kraft wieder an Reiz gewann[67]. Pfingsten 1950 jedenfalls erwuchs aus einer breiteren, abgründigen Beunruhigung durch Kriegsgefahr die schlagende Akzeptanz des Apfelbäumchenwortes, welche Thilo Koch bewegt in die Worte faßte: "Wenn das kein Wort für uns ist, dann gibt es überhaupt keines für

---

66 *McCloy zur "Dritten Kraft"* (Redaktionsartikel). In: Sonntagsblatt Nr. 22, 28. Mai 1950, S. 1 (Auslassungen und Einfügung von M.S.).

67 Vgl. Richard *Löwenthal*: Der Traum der Dritten Kraft. In: Die Zeit Nr. 16, 10. April 1981; *Nationalismus von links?* (Redaktionsartikel) in: Evangelische Kommentare 15. 1982, S. 8-12.

uns." Der Mutzuspruch konnte allerdings verschieden verstanden werden. Ob das Pflanzen des "Apfelbäumchens" bei den mancherlei Zuhörern stillschweigend mit der Bildung einer eigenständigen europäischen oder einer nur deutschen "Dritten Kraft" gleichgesetzt wurde oder ob es sich - wie bei Koch - mit der Stärkung atlantischer Gemeinschaft verbinden ließ oder mit noch anderem, sei dahingestellt. Offenkundig ist bei diesen Überlebenden des Zweiten Weltkriegs und mit dem Neuanfang Befaßten, daß sie bei wiederaufkommender Beunruhigung nun gern ein solches Hoffnungssignal ergreifen, wo sonst nur Ausweglosigkeit, ja womöglich wieder Krieg droht.

Denn die Gespräche über die grundlegende Weichenstellung deutscher Politik fanden - ebenso wie die Adenauerschen Faktensetzungen - nicht im luftleeren Raum, sondern in immer gespannterer Atmosphäre statt. Seit Anfang 1950 hatten sich die Auseinandersetzungen über die deutsche Frage (Ost: Volksabstimmung und Nationale Front, West: freie Wahlen) von Monat zu Monat verschärft. Und weiter, schreibt ein Erforscher des Wegs Gustav Heinemanns: "Die Freie Deutsche Jugend rief dazu auf, bei einem Pfingsttreffen Berlin (West) zu stürmen ... Die proklamierten Zielsetzungen in Bonn und Ostberlin liefen darauf hinaus, den jeweils anderen Teil Deutschlands aus dem Machtbereich des gegnerischen Blocks herauszulösen"[68]. Soeben noch hatte die lakonische Erklärung der Sowjetunion - unter Stalin - zu den deutschen Kriegsgefangenen in Sibirien, ihre Entlassung sei beendet, überall in Westdeutschland "Entsetzen, Erbitterung und Empörung"[69] hervorgerufen, außer bei den Kommunisten. Gegen deren sich häufende Übergriffe durch "Terrorisierung von Versammlungen oder deren Sprengung" trat indessen der Bundesinnenminister Heinemann im April und

---

68 Diether *Koch* (s. Anm. 57), S. 130.
69 Ebd.

Mai entschieden für eine Verschärfung der zu liberalen Strafbestimmungen ein[70]. Besonders die Lage im noch nicht durch die Mauer geteilten Berlin, dessen Blockade gerade ein Jahr zuvor erst beendet war, wurde nun wieder als höchst labil erlebt. Erst nach dem Fest konnte Conrad Ahlers, der Reporter des Sonntagsblattes, vom Berliner "Roten Pfingsten" zwar Beruhigendes berichten[71], aber die Erregung hielt an und sollte vier Wochen später sich schockartig zur nun akuten Angst vor dem Dritten Weltkrieg verdichten. Am 25. Juni 1950 wurde plötzlich in Korea, dem anderen geteilten Land, geschossen und dann überrollte der kommunistische Norden blitzartig den Süden fast ganz[72].

Diese ganze existentiell verunsicherte Szenerie zu kennen ist erforderlich, um nun auch den noch hinzukommenden Schlußakt des für die Geschichte des Apfelbäumchenwortes so herausragenden Öffentlichwerdens Ende Mai 1950 zu verstehen. Am selben Pfingstfest nämlich, als die kommunistische FDJ zum Sturm Berlins massenhaft aufmarschierte, traf sich auch im Westen Jugend, und zwar in Marburg bei der Reichstagung der Jungenwacht/Evangelische Schülerbibelkreise (BK), die in der Nachkriegszeit noch eine gewisse Nachblüte erlebten[73]. Es waren etwa

---

70 AaO S. (131 ff.) 132.

71 Conrad *Ahlers*: Der Pfingst-Bürgerkrieg fand nicht statt. In: Sonntagsblatt Nr. 23, 4. Juni 1950, S. 12 f.

72 Vgl. den vorher erschienenen Artikel von Axel *Seeberg*: Kann ein dritter Weltkrieg vermieden werden? In: Sonntagsblatt Nr. 23, 4. Juni 1950, und dann die Aufmacher von Nr. 27, 2. Juli 1950 ("Völker, hört die Signale") und Nr. 31, 30. Juli 1950 ("Die Stunde der Europa-Armee. Wer soll das Abendland verteidigen?", darunter der Artikel "Die Mobilmachung Amerikas").

73 Die Tagung ist dokumentiert in: Jungenwacht. Ein Blatt evangelischer Jugend. Hrsg. v. Hermann *Ehlers*, Kurt *Hennig*

700 junge Leute, meist Schüler der Oberstufe, denen sich mit einigen Erwartungen eine ganze Anzahl prominenter Alt-BKler stellte. Mitschreibend und diskutierend erlebten sie Bibelarbeiten und Vorträge und kamen zu Gottesdienst, Laienspiel und geselliger ökumenischer Begegnung (Conférencier Bundestagspräsident Hermann Ehlers) zusammen. Als Gesamtthema trat - ursprünglich gar nicht geplant, aber durch die Situation so gekommen - das Wort aus der Johannesoffenbarung (3,20) hervor: "Siehe, ich stehe vor der Tür und klopfe an!", oder wie es dann in der damals Oberschüler ansprechenden Art hieß: CHRISTUS ANTE PORTAS. Der Reichswart Kurt Hennig beschrieb nachher die eschatologische Ausrichtung dieses Treffens genauer: Das Schriftwort meint keine Gottesbegegnung als "Seelenstündchen ohne weitere Verbindlichkeit", sondern

> "das letzte Kommen des Herrn zum letzten Tag der Welt (...) In einer Welt, die ihre letzten Trümpfe ausspielt: Angst, Ratlosigkeit, Gewalttat und Krieg, haben wir noch etwas zu zeigen: Den Frieden mitten in der Friedlosigkeit, den Rat in der Ratlosigkeit, den Weg in der Weglosigkeit, das Leben mitten in der Welt des Todes. Die Gemeinde unter dem Tor ist reich! Denn der Christus ante portas ist der König, vor dem sich am letzten Tag alle Knie beugen werden..."[74].

Als einer der beiden Hauptredner trat auch hier nun - eine Woche nach seiner politischen Tagung in Hermannsburg - Landesbischof Hanns Lilje auf und stellte, wie der Bericht zusammenfaßt,

---

und Udo *Smid*. 10. Jg. 1950. Nr. 7 Juli. Bei der Beschaffung half mir P. Reinhard *Gädeke*, Wetter/Ruhr.

74 Kurt *Hennig*: Christus ante portas. AaO S. 1 und 2. - Die Wendung vom Trumpfausspielen erinnert an das Luther-Gedicht Gottfried *Benns*, das freilich zu dem Zeitpunkt noch nicht veröffentlicht war (s.o. Anm. 49).

"nach einer Schilderung der gegensätzlichen modernen Geschichtsbilder, wie sie bei dem Deutschen Spengler und dem Engländer Toynbee gezeichnet sind, das biblische Geschichtsbild heraus, wie es uns etwa im Buche Daniel vermittelt wird. Hier gibt es keinen naturhaften Ablauf - hier gibt es eine Geschichte mit Gott. In dieser Geschichte ist jeder Verfall die Folge des Abfalls von Gott. Während der natürliche Mensch von einer besseren Zukunft träumt, darf der Christ getrost in der Nähe Gottes leben; denn das Werk für Christus hat unter allen Umständen die Verheißung. Es geht daher um die Entscheidung, jetzt, heute und hier ein 'Ja' zu Christus zu sagen."[75]

Der andere Hauptredner war der CDU-Bundesinnenminister und Präses der Synode der Evangelischen Kirche in Deutschland Gustav Heinemann. Er sprach über die christliche Verantwortung, Gott rufe durch die Vielfalt der Gaben zum Handeln. Der Bericht gibt wieder:

"Jeder Christ ist nach seinen besonderen Gaben zu besonderem Dienst gerufen. Gerade in der Not der Gegenwart liegt für uns die 'Gnade des Nullpunktes'. Gott hat uns die Chance des Neuanfanges gegeben und uns in den Dienst gestellt, daß wir seine Zeugen sein sollen. Wir wissen nicht, wie lange Gott noch Geduld mit uns haben wird. Viele Signale stehen am Wege, wir dürfen sie nicht alle überfahren. Jetzt, heute und hier gilt es anzufangen."[76]

Und dann erinnert der Berichterstatter an das, was den Teilnehmern den Atem verschlug und vielen - wie auch

---

75 Karl-Heinz *Meyer*: Marburger Schwarzbrot. AaO S. (2-5) 3.

76 AaO S. 4. Später ist der Gedanke der "Gnade des Nullpunktes" kritisiert worden als Selbsttäuschung über die gefährlichen Kontinuitäten. Ob das gerade *Heinemann* trifft, bei dem er öfter auftritt, läßt sich bezweifeln. Bei ihm ist er wohl mit dem christlichen Bußgedanken verbunden, freilich auch in der Nähe des MRA-Idealismus, vgl. sein Zeugniswort von 1948 (s. Anm. 62).

mir, ich war als fast Neunzehnjähriger dabei - im Gedächtnis blieb:

> "Es war bezeichnend für beide Referate, daß sie mit dem gleichen Lutherzitat schlossen, das unabhängig voneinander ausgewählt war: 'Und wenn morgen die Welt unterginge, so wollte ich noch heute mein Apfelbäumchen pflanzen'."[77]

In der Tat bezeichnend war schon, daß beide Redner das Wort als für diese Situation besonders treffend ansahen. Es kam dahin, daß die jungen BK-ler und ihre Leiter, denen es wohl weithin ganz unbekannt gewesen war, das Zitat - ähnlich wie die illustren Publizisten ein paar Tage zuvor - als ein Wort besonderer Qualität, fast wie eine Art erleuchtende Parole hörten. Der Überraschung und Faszination, welche bei Thilo Koch ("Wenn das kein Wort für uns ist ... Ich bringe es mit aus Hermannsburg") und dann auch noch im Reflex Gottfried Benns zu erkennen ist, entspricht hier

---

77 *Meyer* (s.Anm. 75); der Ausdruck "Lutherzitat" begegnet hier wohl erstmals in einem Text. - Der mir gleichaltrige Johannes *Rau*, den ich am 6. Juni 1980 danach befragte, erinnerte sich auch an den unerhörten Vorgang, aber nur von Hörensagen; denn er war nur teilweise Ohrenzeuge, weil er meistens am Bücherstand des Emil Müller Verlages vor der Aula in der 'Alten Universität' postiert war, vor allem, wenn die Vorträge zuendegingen. Gleichwohl haben ihm die zur Politik ermunternden Hauptaussagen Heinemanns tiefen Eindruck gemacht, s. dazu: Johannes *Rau* Lebensbilder. Texte von Johannes Rau. Hrsg. v. Rüdiger *Reitz* und Manfred *Zabel*. Gütersloh 1992, S. 21. Auf S. 230 ist unrichtigerweise Hamburg als Ort des Geschehens genannt; auch klingt die Formulierung "Erstes Treffen Raus mit Gustav Heinemann" wie nach einer vorherigen Verabredung und dürfte für den damaligen Lehrling zu hoch gegriffen sein. Zur sehr jugendlichen Rolle Raus in Marburg s. auch Theodor *Mahlmann*: Tillich in Marburg. In: Jahrbuch der hessischen kirchengeschichtlichen Vereinigung 43. 1992, S. 331 Anm. 121.

das Staunen über eine offenkundige Fügung: "unabhängig voneinander ausgewählt"! Ohne freilich das Bewußtsein von der besonderen Weltsituation, in die das Wort paßte, ist solches Getroffensein auch nicht erklärbar. Hier, das empfindet jeder, hat man mehr vor sich als nur eine besonders hübsch formulierte Sentenz zu etwas Vergangenem. Hier ist der Nerv des in bedrohter Lage existierenden Zeitgenossen getroffen und von hier geht Helfendes aus.

Als bezeichnend konnte das Wort aber auch wohl für den Inhalt der beiden Referate angesehen werden. Da zitierfähige Manuskripte aus den Archiven Liljes und Heinemanns nicht zu bekommen waren, kann man vermuten, daß beide weithin frei über die ihnen ja sehr vertrauten Themen sprachen. Nach dem Berichteten sieht es so aus, daß der Schwerpunkt der Liljeschen geschichtstheologischen Rede mehr mit der ersten Hälfte des Diktums zu tun hatte, während das vom Politiker Heinemann über "Verantwortung" Gesagte mehr auf die zweite zielte. Das ergab sich aus der Arbeitsteilung des Treffens, aber auch aus der jeweiligen Denkwelt der Redner. Gleichwohl fehlt bei keinem von beiden auch das andere Moment ganz, vor allem treffen sie sich in der entscheidenden eschatologischen Zuspitzung: Christus ante portas. Denn für keinen von ihnen ist das Zitat am Schluß ein unchristliches Wort, das bloß von einer Weltkrise und dem sich dennoch abmühenden Menschen handelte, sondern für beide ist es - als ein "Lutherzitat" - von christlicher Endzeiterwartung umfaßt und zielt auf die Praxis des Glaubenden angesichts des kommenden Herrn.

Während bei Lilje die exegetische und historisch-theologische Reflexion sich zur weitausgreifenden Schau gestaltete, die als Konstitutivum des christlichen Geschichtssinnes das Zuendegehen ausdrücklich einschloß[78] und doch das

---

78 Vgl. die Dissertation von Hanns *Lilje*: Luthers Geschichtsanschauung. Berlin 1932 und seine vielgelesene Einführung in die

hic et nunc des handfesten Appells nicht missen ließ, schöpfte der Jurist, Industriemann und Politiker Heinemann aus dem Fundus seiner im Kirchenkampf erworbenen Fähigkeit als Laienprediger und -theologe. Bei ihm enthielt das Drängen auf "Jetzt, heute und hier ..." des individuellen Einsatzes noch Impulse aus der "Moralischen Aufrüstung" mit ihrer persönlichen Zuspitzung, wie er sie ein halbes Jahr zuvor zum Ausdruck gebracht hatte[79]:

> "Wenn ein jeder von uns es sich vornehmen würde, morgen irgend etwas ein klein wenig besser zu machen als heute, dann wäre der erste Schritt getan".

Die damit gleichwohl verbundene eschatologische Ethik war mitangeregt von dem Erbe eines durch die Christusherrschaft im Sinne Barths limitierten religiös-sozialen Denkens, zugleich aber unterfaßt von bibelgläubiger Apokalyptik:

> "Freilich: wenn wir so anfangen, werden wir nicht die Erlösung der Welt herbeiführen, sondern wir müssen nüchtern bleiben in allem, was sich auch ereignen mag. Diese Welt ist die gefallene Welt. Aber dennoch: wir wissen, daß der Sieg über diese Welt errungen ist, ein für allemal und vollständig, und daß er sichtbar werden wird vor aller Augen an dem Tage, wo der Herr wiederkommen wird, um uns alles aus der Hand zu nehmen und selber alles in allem zu sein, und wo er einen jeglichen von uns fragen wird: Was hast du getan?"

Offenbarung Johannes: Das letzte Buch der Bibel. Berlin 1940, hier zitiert nach der 8. Aufl. Bielefeld 1980; zu "Ende" s. S. 29-33, zum Chiliasmus S. 224-229; zum Gericht S. 231 f.

79 Am 16.11.1949 beim CVJM Wuppertal-Barmen: Evangelische Kirche heute. In: Gustav W. *Heinemann*: Reden und Schriften II. Frankfurt a.M. 1976, S. (52-65) 65 (ähnlich auch S. 46, am 11.5.1949 in Essen).

Befreiung zu nüchternem, vor Christus verantwortlichem Handeln also und nicht zuletzt Überwindung aller Angst und Furcht sind für Heinemann der Sinn des eschatologischen Ausblicks, der auch hinter seinem Gebrauch des Apfelbäumchenworts in Marburg steht. Schon bald, im August, wird er auf dem Essener Kirchentag in seiner Schlußansprache ausrufen: "Laßt uns der Welt antworten, wenn sie uns furchtsam machen will: Eure Herren gehen, unser Herr aber kommt!"[80]. Das war nun bereits im Koreakrieg, der die apokalyptischen Ängste weiter anheizte, vor allem aber wenige Tage vor Heinemanns Rücktrittsankündigung im Kabinett wegen Adenauers und der Mehrheit Politik in der Wiederbewaffnungsfrage[81]. Diese brachte der evangelischen Kirche noch schwere innere Zerwürfnisse, die Marburger Mitredner Lilje und Ehlers entschieden sich bekanntlich anders.

Dennoch - und das ist bezeichnend auch für den Weg des "Lutherwortes", den wir beschreiben - wurde und blieb es Gemeingut in allen Lagern des deutschen Protestantismus und auch darüber hinaus. Der in jenen Tagen um Pfingsten 1950 von Hermannsburg, Berlin und Marburg ausgehende Publizitätszuwachs war wohl nur ein, aber sicherlich ein hochbedeutsamer Schub beim Durchbruch des Apfelbäumchenwortes, auch aus der kirchlichen in die größere gesellschaftliche Öffentlichkeit. Multiplikatoren waren sie alle, diese Tagungsteilnehmer, Presseleute, die zahlreichen Radiohörer und nicht zuletzt die Schüler in Marburg, von denen man annehmen konnte, daß sie als evangelische Intelligenz noch eine öffentliche Rolle spielen würden. Ganz zu schweigen von den mancherlei Freunden, Amtsbrüdern, Mitstreitern und Nachahmern des Politikers wie

---

80 Gustav *Heinemann*: Glaubt an den Retter. AaO S. (66-68) 68 (27. August 1950).

81 Diether *Koch* (s. Anm. 57), S. 155. 169.

des Bischofs, welche beide an der Verbreitungsgeschichte auch noch selber ein Stück weiter beteiligt gewesen sein dürften.

d) Publizität, Neuartigkeit und Variabilität

Hier wird für das Apfelbäumchenwort offenbar jetzt eine Ebene der Publizität und Akzeptanz erreicht, an die die bisherigen Auftauch- und Verbreitungsvorgänge nicht herankamen. Dazu muß auch die ausdrückliche und mit autoritätsbestärkter Gewißheit verbundene Zurückführung des Wortes auf den - damals noch bekannteren und angesehenen - Reformator beigetragen haben: "Lutherzitat" heißt es jetzt. Demgegenüber trat die natürlich noch kräftig weiterwirkende Streuung z.B. durch das Buch von Renate Hagen im Laufe der Jahre allmählich zurück, die letzte Auflage erschien 1954. Und die Verbreitung des Wortes durch die Gartenbücher von Fritz Caspari und seiner Nachahmer hielt zwar länger an, wirkte aber im Vergleich zum kirchlich beeinflußten Hauptstrom wohl weniger durchschlagend und segmentarischer.

Das Jahr 1950 hat also, auch durch die Umfrage bestätigt, eine besondere Bedeutung in der Geschichte des Apfelbäumchenwortes. Vorher war es eben noch nicht in aller Munde, nicht in der Kirche, noch gar bei allen wachen Zeitgenossen, bei denen es überhaupt erst gegen Ende des Jahrzehnts wirklich herum war. Schließen kann man das sowohl aus der Reaktion Thilo Kochs in Hermannsburg als zusätzlich auch aus dem wahrscheinlichen Interesse Liljes, diesem Publikum nicht mit etwas Altbekanntem zu kommen. Ähnlich steht es um die eigenartige Dublette in Marburg eine Woche später: Beiden Rednern erschien das Lutherwort offenbar als noch so unbekannt und unverbraucht, daß keiner von ihnen auf die Idee kam, es könne da eine Überschneidung geben. Im übrigen kann die zu Beginn dieses Kapitels angeführte Auskunft Liljes, Heinemann habe das Zitat bereits vor ihm gebraucht, sich nicht auf Marburg beziehen, denn nach dem Bericht und den Akten[82] war die Reihenfolge dort umgekehrt, außerdem hatte ja Lilje schon eine Woche vor Pfingsten in Hermannsburg damit brilliert. Er sollte es also noch davor von Heinemann gehört haben? Oder er hätte erst nachträglich gehört, daß Heinemann es vor ihm benutzt habe? In Heinemanns Erinnerung verband sich jedenfalls das Lutherwort unmittelbar mit Marburg 1950[83]. Aufhellen ließ sich diese Prioritätsfrage trotz weiterer Recherchen nicht mehr. Möglich bleibt aber durchaus, daß beide das Wort schon eine Zeitlang vor Ende Mai 1950 gekannt und vielleicht auch schon beide mehr unbemerkt gebraucht haben. Doch dürfte dann letzteres nicht allzuweit zurückliegen, wenn anders aus der Marburger Unbekümmertheit wirklich auf die Annahme geschlossen werden kann, man habe für die jungen Leute etwas hinreichend Frisches von Luther mitgebracht.

Am Ende des Jahres 1950 allerdings muß das Apfelbäumchenwort so weit bekannt gewesen und so häufig zitiert worden sein, daß jetzt mit einem Male Reflexionen darüber an den Tag treten, wo man es denn wohl bei Luther finden und nachlesen könne. Nun beginnt im Deutschen Pfarrerblatt unter der stehenden Rubrik "Anfrage und Antwort" eine Reihe von Erkundigungen neugieriger, gewissenhafter und vielleicht auch schon mißtrauischer

---

82 Auskunft des landeskirchlichen Archivs in Hannover vom 23. 11. 1992, auch nach einer Programmänderung blieb es dabei.

83 Brief vom 8. 3. 1976.

Leser, die ihre Amtsbrüder um Verifizierungshilfe bitten[84], die erste vom 1. November 1950:

> "Lutherzitat gesucht.
> Aus welcher Schrift Luthers stammt das in letzter Zeit häufiger gebrauchte Zitat: 'Und wenn ich wüßte, daß morgen die Welt unterginge, würde ich noch heute meine Schulden bezahlen und mein Apfelbäumchen pflanzen.'"

Mit der bis heute andauernden Spurensuche, die gegen Ende der fünfziger Jahre zum wichtigsten Höhepunkt kam, wollten wir uns später befassen. Als auffällig ist jetzt nur festzustellen, daß 1950 sogleich nach einer bislang noch nicht vorgekommenen Version gefragt wird, nämlich die mit dem Zusatz vom Bezahlen der Schulden. Sie begegnet auch danach öfters noch, blieb aber seltener. Hier müssen wir einen Augenblick verweilen. Ernst Bammel schrieb später: "Die Mehrzahl der Fassungen deutet auf längeren Gebrauch des Wortes hin"[85], für uns also eine Erinnerung daran, sich den Prozeß schon des Auftauchens zur Oberfläche der Schriftlichkeit nicht zwingend als monolinear vorzustellen. Allerdings erscheint es doch wohl als unwahrscheinlich, daß es gerade diese Fassung schon besonders lange gegeben haben könnte, denn dazu ist sie sprachlich und gedanklich zu uneben, ja unnatürlich. Das nachklappende "und mein Apfelbäumchen pflanzen" wirkt angeflickt; einleuchtender wäre dann schon die umgekehrte Reihenfolge[86], aber auch sie wirkt noch immer etwas wie eine späte Konstruktion. Andererseits ist auch fraglich, ob

---

84 Deutsches Pfarrerblatt 50. 1950, S. 672 (anonym); 53. 1953, S. 19 (Pfarrer *Hühn*, Wiesbaden); 58. 1958, S. 115 (Pfarrer *Schüßler*, Wertheim).

85 *Bammel* (s. Anm. 1), S. 140, Anm. 2.

86 So bei Klaus *Lubkoll*: Der Traum vom besseren Leben. Stuttgart 1974, S. 211: "... so würde ich doch noch mein Apfelbäumchen pflanzen und meine Schulden bezahlen."

jemals das Diktum in einer Fassung existiert hat, die vorn wie das übliche "Lutherwort" anhob und in der zweiten Hälfte ausschließlich vom Bezahlen der Schulden sprach. Einen Beleg dafür gibt es m.W. nicht. So ist eben auch gut möglich, daß jemand die auch individual-eschatologisch im Blick auf die Todesstunde gebrauchte Mahnung: "Seid niemand nichts schuldig" (Röm. 13,8) apokalyptisch gewendet und hier eingetragen, ja etwas gewaltsam dazwischengeschoben hat. Man sieht allemal, daß bei der Formulierung der rechten Lebenshaltung unter der Bedrohung des Endes nichts vergessen werden soll. Vielleicht kann man hierbei sogar eine gewisse Kontrapunktik entdecken. Der die Schulden Bezahlende blickt ja intensiver auf den Abschluß als der unbekümmert Pflanzende. So könnte im auf die Ewigkeit eingestellten Leben eine berechnende, der ablaufenden Zeit eingedenke Abschlußbereitschaft mit geistlicher, unvorgreiflicher Terminoffenheit fast demonstrativ sich verbinden. Vielleicht ist mancher bewußt oder unbewußt deswegen auch bei dieser Sonderform geblieben. Ich erinnere mich aus den siebziger Jahren an einzelne Gespräche in Württemberg, aber auch anderswo, als mir, der ich die sonst allgemein und auch dort überwiegend übliche Fassung verwendete, mit einem gewissen Nachdruck bedeutet wurde ("so heißt das"), die Schulden gehörten dazu.

Wenn hier an mehr gedacht ist als nur an ein wünschenswertes Zugleich von bürgerlicher Rechtschaffenheit und humaner Gelassenheit, nämlich an ein christlich-eschatologisches Ethos - was ja bei jener Anfrage im Pfarrerblatt wohl vorausgesetzt werden kann, womöglich auch in der Breite einer Verbindung zwischen dem eher Bonhoefferschen und dem eher Asmussenschen Typ[87] oder der Ak-

87 In dem oben erwähnten Rundbrief vom Februar 1945 schreibt *Asmussen* auch: "Laßt uns, wo wir können, Frieden machen und unsere Dinge bereinigen, damit wir nicht in die äußerste Fin-

zentunterschiede bei Lilje und Heinemann -, dann bewegen wir uns bereits auf der Ebene eines sich in besonderer Weise stabilisierenden christlichen Gebrauchs des Wortes. Wohl kaum eine bewußte Korrektur, aber das tastende Bestreben wird erkennbar, dem etablierten Wort einen ethisch umfassenden und darin vielleicht auch bibeltheologisch ausgewogenen Sinn abzugewinnen.

Doch auch, wo das nicht geschieht und das Wort vom Apfelbäumchen weiterhin in seiner üblichen Form gebraucht wird, haben wir damit zu rechnen, daß es in die nun anhebende Periode der Etabliertheit bereits mit einer erheblichen Breite der Verständnismöglichkeiten hineingeht. Ausgedrückt hat es bereits jetzt kirchenpolitische Ermutigung, geistlichen Trost, naturnahe Handlungsanweisung, christliche Endgeschichtsdeutung, stoische Apokalyptik, politische Ermächtigung, eschatologische Ethik und manches mehr, das schwerer erkennbar ist. Es sollte noch einiges hinzukommen. Aber auch schon die Grundfrage stellt sich immer dringlicher: Ist das Diktum, obwohl es im kirchlichen Sprachgebrauch vorkommt und da verschiedene Schattierungen des Verständnisses erfährt, dem Wortlaut nach eigentlich ein im Kern christliches, ja überhaupt ein religiöses? Hängt das nicht weithin nur an der Emphase seines Einbaus in den eigenen eschatologischen Kontext? Oder gar einzig an der behaupteten Herkunft von Martin Luther? Haben es dann nicht diejenigen doch viel leichter damit oder verhalten sich auch geradliniger, die hier Luther überhaupt nicht erst als Theologen, sondern allein als Familienvater oder Gärtner akzeptieren oder eben gleich das Wort ganz anderswoher ableiten, etwa von Laukhard? Welche Probleme enthält überhaupt seine so breite Akzeptanz? Diese Fragen werden uns weiter begleiten, auch

---

sternis geworfen werden, bis wir bezahlt haben den letzten Heller." *Lehmann* (s. Anm. 22), S. 277.

unausgesprochen, schon in dem nun eröffneten Jahrzehnt seines Siegeszuges, den fünfziger Jahren.

4. Der etablierte Gebrauch: Vergewisserungs- und Bekenntnissatz (1950er Jahre)

a) Allgemeines zu Umfang und Eigenart der Verwendung, auch zu den ersten kritischen Reflexionen

Nach dem Durchbruch des Apfelbäumchenwortes in die größere Öffentlichkeit, der besonders an jenen mehr als nur exemplarischen Vorgängen um Pfingsten 1950 zu beobachten war, begann sein eigentlicher Siegeszug durch Deutschland, und zwar als praktisch unangefochtenes Lutherwort. Das war das klare Resultat unserer Umfrage. Kurt Hutten, der langjährige Leiter der Evangelischen Zentralstelle für Weltanschauungsfragen und Schriftleiter des Deutschen Pfarrerblatts, das als Hauptforum für Äußerungen zu unserem Thema diente, hat das später bestätigt: es treffe zu, "dass die eigentliche Verbreitung des angeblichen Lutherworts um 1950 begann. Grund: Die Atombombe und der Kalte Krieg + Koreakrieg haben die Angst vor einer Weltkatastrophe und damit auch die apokalyptischen Erwartungen sehr verstärkt."[88] Das hielt einige Zeit an und prägte mehr oder weniger stark noch die ganzen fünfziger Jahre. Man kam aber ökonomisch und politisch voran und konnte sich in Absicherungen einigermaßen einrichten. Das Wort vom Apfelbäumchen etablierte sich so mit und wurde weithin zu einer Art Symbol der auf Dauer gestellten Spannung zwischen sich immer wieder aufdrängender Bedrohungsfurcht und dem fortschreitenden Aufbau. Dies betrifft in erster Linie den Westen, in mancher Hinsicht aber auch den Osten Deutschlands.

---

88 Kurt *Hutten*: Brief vom 1. Okt. 1976.

Bis zum Ende des Jahrzehnts hat es allerdings gedauert, daß die zweifellos bei einzelnen schon eher angestellten Reflexionen über dies Wort zu Ansätzen eines Gesprächs darüber führten. Auf die Anfragen im Pfarrerblatt seit 1950 wurde nun geantwortet, und zwar zuerst in Leserbriefen, die den Ursprung bei Luther bestritten und auf andere mögliche Quellen hinwiesen (1958-1959). Der Schriftleiter Hutten selbst nahm Anfang 1959 - auch in diesem Sinne - Stellung und druckte am Ende des Jahres, sozusagen als vorläufigen Abschluß der Debatte, die wichtigsten Passagen des Vortrags Theodor Knolles von 1954 ab, der lange unveröffentlicht geblieben und erst jetzt in den Mitteilungen der Luthergesellschaft erschienen war. Dadurch erst bekam er eine weit größere innerkirchliche Publizität. Hiermit und mit den anderen Zuschriften und Notizen lagen also noch vor 1960 zugleich auch die im nächsten Kapitel genauer zu behandelnden Hypothesen zur Herkunft des Apfelbäumchenwortes - nach dem heutigen Stand schon ziemlich vollständig - vor.

Hinter der historischen Fahndung verbirgt sich aber mehr. Sie war schon damals nicht ausschließlich antiquarische Tätigkeit müßiggehender Liebhaber, vielmehr Teil einer sehr ernsthaften, nötigen und von vielen mit Spannung verfolgten Suche nach der Grundlage des die Einstellungen vieler ausdrückenden oder mitprägenden Satzes von hoher kerygmatischer und auch allgemein-weltanschaulicher Bedeutung. Doch blieb diesen Bemühungen im ganzen der Erfolg versagt. Der zeitweise geradezu massenhafte Gebrauch des praktisch überall nur als Lutherwort geltenden und von höchsten Kirchenrepräsentanten so autorisierten Satzes hat in den fünfziger Jahren noch alle historischen und anderen Probleme damit überdeckt. Solch öffentlicher Druck, der bis heute nachwirkt, ließ zunächst nur vereinzelt die Frage nach dem Fundort aufkommen, lange ohne Antwort. Er blockierte dann die Rezeption der wiederholten Fehlanzeigen hinsichtlich der Autorschaft

Luthers. Er grenzte das weitere Nachdenken über die zu erwägen gegebenen schwäbischen Parallelen auf einen kleinen Kreis Interessierter ein. Er führte vermutlich sogar dazu, daß die andere Zuschreibung des Satzes aus den vierziger Jahren - an Friedrich Christian Laukhard -, über die keineswegs entschieden war, in zwei Fällen stillschweigend zugunsten Luthers fallengelassen wurde[89]. Und er verzögerte nicht zuletzt nachhaltig die kritische Auseinandersetzung mit seinem Inhalt wie seiner Verwendung.

Den Umfang des, wie viele bezeugten, überaus häufigen, ja von manchen schon bald als inflationär empfundenen Gebrauchs des Apfelbäumchenwortes in den fünfziger Jahren bis in die Einzelheiten zu belegen, ist hier nicht erforderlich. Was das zunächst noch dominierende Vorkommen in kirchlichem Zusammenhang betrifft, so kann man von der Situationsbeschreibung des damals noch zum Hamburger Landesbischof gewählten Theodor Knolle (1885-1955) aus dem Frühjahr 1954 ausgehen:

> "Seit einigen Jahren wird ein Wort von Luther in Predigten und Rundfunkansprachen, in Gemeindeblättern und Lutherfeiern bis hin zur Tagung des Lutherischen Weltbundes in Hannover wieder und wieder zitiert: (...) Es tritt so häufig auf, daß es sich beinahe bei jedem dritten Rundfunksprecher wiederholt, so daß ich es als Rundfunkreferent in Manuskripten gestrichen habe. Das Zitat hat offenbar eine geradezu magische Anziehungskraft, nicht nur deswegen, weil es bisher völlig unbekannt war, sondern darum, weil es eine Aussage enthält, die eine ganz bestimmte Zeitnot zusammenfaßt und in sie hineingesprochen ist."[90]

Von vielen Predigern und anderen am Verkündigungsgeschehen der Kirche Beteiligten wird also ein Satz begierig

89 S. o. S. 47.

90 *Knolle* (s. Anm. 1), S. 118 f. Der Vortrag wurde am 27. April 1954 in Hamburg gehalten.

aufgegriffen und weitergegeben, der aussagekräftig ist, für unverbraucht gehalten wird und dabei als reformatorisch legitimiert gilt. Er eignet sich für sie alle so sehr, weil er die als äußerst bedrohlich erlebte Lage trifft und weil er für sie eine nach vorn weiterhelfende Botschaft enthält. Diese letztere Erwartung ist in Knolles sogleich aus seiner Sicht interpretierenden Folgesätzen vielleicht ein wenig zu kurz gekommen. Er für sein Teil zielt nur auf das, was man dazudenken sollte, wenn man denn schon das Wort einigermaßen im Sinne Luthers und gesunder lutherischer Theologie verstehen wollte:

> "Es ist die radikale Existenznot des Menschen unserer Tage, der Zusammenbruch der sichernden Kulturen und Mächte, der Zweifel an einer sinnvollen Zukunft für den einzelnen wie für die Völker, die der Erwartung des jüngsten Gerichtes, der endzeitlichen Hoffnung, dem eschatologischen Bezug der Verkündigung und der Theologie innerhalb der Kirche wie der Sekten das Gepräge gibt. Das Wort wehrt aber zugleich einer schwärmerischen Überspitzung solcher endzeitlichen Haltung, indem es die Einheit zwischen dem Gott des Endgerichtes und dem Schöpfer und Erlöser herstellt, der uns in die unter seiner Ordnung stehende Aufgabe eines jeden Tages stellt und ihm den Zeitpunkt des Endgerichtes überläßt im Vertrauen auf seine Verheißung. Gut und schön! Aber wo steht das in dieser Fassung bei Luther?"[91]

Reinhard Breymayer meinte in diesen Sätzen Knolles eine bedenkliche "modische 'existentialistische' Deutung des Ausspruchs"[92] erkennen können. Weil dieser - so verstanden - die Katastrophe im Grunde ausklammere, ja überhaupt die Augen vor der Zukunft verschließen lasse,

91 AaO S. 119.

92 *Breymayer* (1971, s. Anm. 1), S. 78, vgl. S. 88: "aktualisierende Umdeutung" (bei Renate Hagen, sie wäre für ihn darin Knolle ähnlich).

gebe er Raum für einen nur individuellen Optimismus, und zwar aufgrund einer antiapokalyptischen Eschatologie des Augenblicks, womit das Diktum aber mißbraucht werde[93]. Sieht man einmal davon ab, ob es denn überhaupt jemals ein genuines Verständnis eines nicht mißbrauchten, ursprünglichen Apfelbäumchenwortes irgendwo gegeben hat oder gibt, so ist doch die Erinnerung an die in der Tat während der fünfziger Jahre zunehmend naheliegende antiapokalyptische Existenzbewältigung wichtig. Dazu mag die auch später immer wieder zu beobachtende Rolle des Wortes als einer Art popularexistenzphilosophischen Kurzmythos gehören, der sich aber unter der Hand schnell auch zur mehr oder weniger platten Optimismusparole wandeln kann. Auch wenn es zu letzterem nicht kommt, lebt das Wort dann davon, daß es in der ersten Hälfte die Ausweglosigkeit zwar benennt, aber doch de facto sogleich wieder wegblendet, um in der zweiten Hälfte ein um so nachhaltigeres Hoffnungssymbol zu setzen, welches das gegenwärtige Leben auf Dauer stellt. Man kann schon verstehen, daß Breymayer dazu schreibt: "indem es dem Morgen das Heute entgegensetzt, läßt es den Gegenwartsbezug überwiegen: Es steht im Zeichen präsentischer Eschatologie."[94]

Damit dürfte zweifellos ein gewisser Teil der Akzeptanz des von manchen so verstandenen Diktums in den fünfziger Jahren erklärt sein. Doch muß man hinsichtlich der wirklichen Annahme und Verbreitung der Existenztheologie bei Pfarrern und Gemeinden auch zurückhaltend urteilen. Das anti-eschatologische Votum Friedrich Gruenagels gegen das Apfelbäumchenwort war im Pfarrerblatt und überhaupt damals eine Ausnahme, zudem erschien es erst 1959[95].

---

93 Vgl. AaO S. 94. 98. 106.

94 AaO S. 94.

95 Friedrich *Gruenagel*: Fragwürdigkeit der eschatologischen Orientierung. In: Deutsches Pfarrerblatt 59. 1959, S. 204.

Jedenfalls dürfte Knolle selber 1954 nicht im Ernst eine radikal existenztheologische Deutung des Ausspruchs im Sinne gehabt, sondern nur das beschrieben haben, was als damalige Zeitnot faktisch "der Erwartung des jüngsten Gerichtes, der endzeitlichen Hoffnung, dem eschatologischen Bezug der Verkündigung und der Theologie ... das Gepräge gibt". Aber darum nimmt er keineswegs von der verlaufszeitlich-endgeschichtlichen Eschatologie Abstand, sondern nur von einer schwärmerischen Verfügung über den "Zeitpunkt" des Endgerichts. Allein hiergegen verweist er auf das Vertrauen und die "Aufgabe eines jeden Tages", ohne aber nun deswegen einzig auf die Gegenwart gerichtet zu sein, jedenfalls nicht mehr, als der lutherische Glaube es überhaupt tut. Sein Schöpfungs- und Erlösungsglaube bleibt auf das Endgericht bezogen. "Ratlos vor der Apokalyptik" war der Lutheraner Knolle sicherlich nicht.

Allerdings, ob Knolle "Gut und schön!" nicht nur zu seiner Interpretation der Lutherzuschreibung gesagt hätte, sondern auch zu den wirklichen Gedanken und Empfindungen der Mehrheit aller derer, die das Wort vom Apfelbäumchen damals im Munde führten und hörten? Also nicht nur derjenigen, die sich auf der Ebene des theologischen Streits zwischen Existenz- und traditionell-kirchlicher Eschatologie bewegten, auch nicht nur derjenigen, welche gegen Sektierer etwas Griffiges zur Alternative 'schwärmerischer Vorgriff' oder 'Treue bis zum Ende' zu sagen gefordert waren? Waren denn nicht die meisten von dem "Wort von Luther" einfach nur fasziniert wegen der starken Diesseitshoffnung, die trotz seines Vordersatzes von ihm auszugehen schien? Was da massenhaft in die Situation "hineingesprochen" und vor allem vernommen wurde, war doch weder eine Ermutigung nur zur ausharrenden, getrosten Geduld bei den Aufgaben des Alltags bis zum Ende, noch gar ein Ruf in die eschatologische Entscheidung des Augenblicks, sondern längst schon die Eröffnung von irdischer Zukunft, also auch zum Anfassen von Neuem, zum engagierten Wiederaufbau in Kirche und Gesellschaft. Verbunden war das wohl auch oft mit der Hoffnung, die Untergangsbedrohung, "der Zweifel an einer sinnvollen Zukunft" möchte vielleicht überhaupt wieder weichen. Die Mehrheit derjenigen, bei denen das Wort in jenen Jahren Anklang fand, hat gewiß weder einer rein existenztheologischen Einengung auf die Gegenwart angehangen, noch in drängender Parusieerwartung vibriert, sondern hat nach allem, was geschehen war, nun nach einer sich wieder abzeichnenden, durchaus irdischen Lebensmöglichkeit gegriffen, wofür das Apfelbäumchen als bescheidenes und zartes, aber gerade darin besonders wirksames, höchst diesseitiges Hoffnungssymbol begeistert aufgenommen wurde. Es war vor allem diese Erwartung, mit der der massenhafte Gebrauch des Wortes korrespondierte. Auch Knolle selbst hat das wohl gespürt, es auch schon am Wortlaut des Spruchs erkannt und - seine Interpretation weiter verdeutlichend - dann den entscheidenden Punkt vorsichtig benannt:

> "Wenn ich recht sehe, ist bei Luther im allgemeinen das Kommen des jüngsten Tages stärker ersehnt, als es hier zum Ausdruck kommt. Auch wenn er sich auf Berechnungen nicht einläßt, sieht er doch seine eigene Zeit als letzte Periode vor dem Ende der Welt an und registriert immer wieder die Kennzeichen des nahenden Unterganges."[96]

Wären also für Theodor Knolle, der sich theologisch stark mit Luther identifizieren konnte[97], sämtliche Bedenklichkeiten im Umkreis des Apfelbäumchenwortes sogleich nachdrücklich zu kritisieren gewesen - er hielt sich da

---

96 *Knolle* (s.Anm. 1) S. 119.

97 Wilhelm *Stählin* berichtet von einer Gelegenheit, bei der Knolle auf eine eigene Predigt verzichtete und stattdessen eine Luthers vorlas (Via Vitae. Kassel 1968, S. 234).

zurück -, dann hätte er nicht nur ausdrücklich die apokalyptische Schwärmerei und sicherlich auch eine rein präsentische Existenzeschatologie abgelehnt, sondern ebenfalls jene säkulare Haltung, die das Kommen des Herrn gar nicht mehr erwartet, geschweige denn herbeisehnt, vielmehr sich wiederum endgültig in diesem Erdenleben einrichten möchte.

Daß gerade auch hierfür das Wort vom Apfelbäumchen stehen konnte und in den Folgejahrzehnten bis heute immer wieder so aufgefaßt und benutzt werden sollte, war vielleicht im stark kirchlich geprägten oder dafür gehaltenen Klima der fünfziger Jahre noch nicht überall recht deutlich. Den Absichten von Multiplikatoren müssen die Ansichten von Rezipienten ja auch nicht unbedingt entsprechen, zumal wo man wechselseitig ein mehr oder weniger tiefes Einverständnis vermutet und Unklarheiten auf sich beruhen läßt. So allerdings verhielten sich viele damals, ja bis heute. Laienchristen, Pfarrer, Bischöfe, die für sich selbst den Ausspruch von einer traditionellen Bibel- und Gesangbucheschatologie umfaßt sein lassen, welche die wache Wahrnehmung irdischer Aufgaben ja auch einschließt, nehmen ein gänzlich anderes, sogar widerchristliches Verständnis bei ihren Hörern oder Gesprächspartnern oft nicht recht wahr oder sie halten es - begreiflicherweise - nicht für tunlich, es immer gleich ausdrücklich zu bestreiten oder zu korrigieren. War es denn nicht gerade damals berechtigt, in dieses Wort zunächst einmal alle einzubeziehen, die es wollten? War es nicht recht, bei anhaltender, zwar allmählich schwächer werdender, aber doch auch zuweilen sich gefährlich zuspitzender Bedrohung - Korea, 17. Juni, Ungarn, Berlin -, gerade mit diesem alle treffenden Wort erst einmal Mut zu machen, die Wiederaufbauimpulse zu stärken und die "skeptische Generation" zu neuer kirchlicher wie politischer Gestaltung aufzurufen, von der Not persönlicher Lebensstabilisierung bei vielen Menschen ganz zu schweigen? Konnte man überhaupt ausgerechnet beim

Gebrauch dieses Wortes schon merken, daß sich vielleicht zugleich unter der Hand auch das eigene kirchlich-eschatologische Selbstverständnis in Richtung auf säkulare Permanenz hin veränderte? Und das so, daß bei dieser - gegenüber den vierziger Jahren unübersehbaren - allmählichen Entapokalyptisierung die intern verschiedenen Richtungen, die mehr kirchlich-restaurativ und die mehr auf Um- und Weltgestaltung hin orientierten, sich in dieser Hinsicht gar nicht so weit voneinander entfernt weiter- und vom frömmigkeitlichen und dogmatischen Verständnisrahmen der Nachkriegszeit wegentwickelten?

Jedenfalls diente im Deutschland der fünfziger Jahre das Apfelbäumchenwort zunehmend der Zukunfts- und Selbstvergewisserung von Menschen auf einem längeren irdischen Wege. Die Zustimmung zu ihm wuchs dabei ins Riesenhafte. So wurde das "Lutherwort" zugleich zu einer Art Identifikationsformel, ja zu einem sammelnden und sich auch nach außen wendenden Wahrzeichen. An einigen beispielhaften Vorgängen läßt sich das entfalten.

b) Im Leben der Kirche: Leipzig/Bad Salzuflen - Naumburg - Hannover

Die exemplarisch ausgewählten Orte, mit denen das Apfelbäumchenwort in den frühen fünfziger Jahren als kirchlicher Vergewisserungs- und Bekenntnissatz verbunden ist, liegen in den beiden neuen, sich damals sehr unterschiedlich entwickelnden deutschen Staaten. Die Rede von Etabliertheit des Wortes in der Kapitelüberschrift mag deshalb hier etwas gewagt erscheinen, denkt man an die unterschiedliche Öffentlichkeitsstruktur, aber auch an die innerhalb beider Kirchenlandschaften mögliche Spannweite hinsichtlich äußerer Gesichertheit und innerer Festigkeit. Dennoch gab es unter den jeweils sehr anders Tritt fassenden Kirchenleuten in Ost und West beim Gebrauch des überall gerne aufgegriffenen Lutherwortes keine wesentlichen Unterschiede. Hier wie dort erlebte man etwas von seiner ermutigenden und bestärkenden Kraft, war nun der Wiederaufbau mehr eine Sache mühsamer Improvisation oder der ausgreifenden Gestaltung. Dabei erlebte man wenigstens etwas auch von seiner Strahlungswirkung nach außen.

Wie man sich hierbei über die Zonengrenze hinweg verbunden wußte, zeigt ein nochmaliger Blick auf die "Frauen- und Mädchenbibelkreise (MBK)", aus deren Leipziger Zentrale ja jene frühe Spruchpostkarte stammte. Als nun im Westen sich die "Arbeitsgemeinschaft für evangelische Frauen- und Mädchen-Bibel-Kreise (MBK)" in Bad Salzuflen ein neues Haus baute - in Leipzig war an dergleichen nicht zu denken -, kam dennoch eine Delegation von dort zum ersten Spatenstich am 1. April 1951. Als "Grußwort der Geschwister aus der sowjetischen Besatzungszone" diente das Lutherwort, dazu wurde ein Bild überreicht, das "noch lange in unserm Haus gehangen" hat. "Beim Bau des Hauses wurde dann auch ein Apfelbaum gepflanzt, der heute mit seinen mächtig ausladenden Zweigen unsern Garten schmückt."[98]

Ein anderer Vorgang gehört in die nun doch festzuhaltende Geschichte der verdienstvollen, sich erst zum Schluß so nennen dürfenden Kirchlichen Hochschule Naumburg. Ernst Kähler erinnerte sich 1976:

> "Mir ist das Wort zuerst in der Kirchenprovinz Sachsen um 1950 begegnet. Es galt zunächst als Luther-Wort und wurde ohne den 'Schuldenzusatz' zu einer Art humorvollem Wahl-

---

98 Schreiben des MBK-Geschäftsführers Klaus *Reinhardt* vom 25. März 1983. Die Zeichnung (DIN A 4) ähnelt im Stil sehr der auf der ersten Postkarte; aber das Bäumchen ist etwas gewachsen. Sie findet sich wieder auf der Einladung zur Hauseinweihung am 9. April 1952, darunter mit dem Spruch von "Luther".

spruch des Katechetischen Oberseminars der Kirchenprovinz Sachsen in Naumburg, dessen erster theologischer Rektor ich gewesen bin. Nach meinem Fortgang nach Greifswald [1954] ließ jemand in Naumburg den Spruch in Kunstschrift schreiben [Format DIN A 2]. Heute hängt er dort in einem Büroraum. Der Spruch erheiterte und ermutigte uns in dem gewagten Unternehmen, das 'Naumburg' darstellte. (Es floriert heute bereits über ein Vierteljahrhundert...)"[99]

Der ermutigende Charakter drückt sich auch in der - an den ersten Beleg bei Karl Lotz erinnernden - pluralisch-adhortativen Form des Hauptsatzes aus: "... so wollen wir doch heute noch unser Apfelbäumchen pflanzen. Martin Luther". Man kann sich vorstellen, daß so mancher Theologiestudent den Wahlspruch in seine Arbeit, zu seiner Gemeinde mitnahm. Ähnliches geschah auch im Westen mit entsprechenden Äußerungen theologischer Lehrer, wie verschiedentlich auf dem Fragebogen notiert oder sonstwie berichtet wird. Wie sich das in Predigten und dergleichen niedergeschlagen hat, haben wir nicht genauer untersuchen können. Es ist aber anzunehmen, daß sich das Netz der Zitierungen während des Jahrzehnts zunehmend verdichtete, im Westen empfand Theodor Knolle schon 1954 sie als zu häufig. Eine wichtige Rolle dabei hat nach seiner Meinung und der Erinnerung anderer Befragter ein kirchliches Großereignis gespielt.

---

99 Ernst *Kähler*, Fragebogeneintrag vom 19. Mai 1976. - Bei der akademischen Feierstunde anläßlich der Schließung der Hochschule am 1. Juli 1993 kam diese Geschichte des Wandspruches im Grußwort der langjährigen Partnerhochschule Wuppertal durch Hans Jochen *Boecker* noch einmal zur Sprache. Heute gehört er zum Büro des neuen Pädagogisch-Theologischen Instituts. - Die Abbildung auf dem Umschlag verdanke ich Kerstin *Vogt*.

Die II. Vollversammlung des Lutherischen Weltbundes vom 25. Juli bis 3. August 1952 im immer noch vom Bombenkrieg gezeichneten Hannover war das überhaupt erste größere weltweite Kirchentreffen auf deutschem Boden in jüngerer Zeit. Gastgeber war der dann auch zum Präsidenten gewählte Landesbischof Hanns Lilje. Soweit die Quellen es erkennen lassen, hat nicht er in jenen Tagen das Lutherwort in offiziellen Äußerungen gebraucht, sondern - nun als der dritte Prominente von jener Marburger Schülerbibelkreistagung zwei Jahre zuvor - der Bundestagspräsident Hermann Ehlers, und zwar in seinem vielbeachteten Grußwort beim festlichen Eröffnungsakt am 26. Juli 1952. Zuerst, so die Pressemeldung[100], sprach er als Politiker, auch zur gesamtdeutschen Not - es fehlten 5000 Angemeldete -, und erinnerte an die Anfangsworte der Präambel des Grundgesetzes:

> "Der Bundestag sei in seiner Mehrheit nicht lutherisch, wie etwa im Norden das Parlament. Aber die Verantwortung vor Gott und den Menschen sei ihm keine farblose Deklamation, sondern eine Aussage, die der Einzelne in die menschliche und politische Weltlichkeit umzusetzen hat.
> Zum Schluß wandte sich der Bundestagspräsident als Lutheraner an die festliche Versammlung. Nicht Reden und Entschließungen sind, so sagte er, das Entscheidende, sondern Taten. Dabei erinnerte Dr. Ehlers an die Arbeit der Kirchentage, der Jugendarbeit und der Diakonie. Stille Taten der Liebe und der Diakonie könnten manchmal wichtiger sein als politische Entscheidungen. Er mahnte dazu, die echten Werte der Tradition hochzuhalten und

---

100 Da es vermutlich weithin frei gesprochen wurde, findet sich das Grußwort nicht im offiziellen Berichtsband (Das lebendige Wort in einer verantwortlichen Kirche. Hannover 1952) abgedruckt. Wiedergabe hier nach Meldung Nr. 78, Lutherisches Pressequartier Hannover 1952 (Archiv des Lutherischen Weltbundes, Genf).

warnte vor einer falschen Restauration, auch innerhalb der Kirche. Deren Lebendigkeit würde am deutlichsten sichtbar in den Chören unserer Jugend, die gerade auch auf der Weltbundtagung so lebendig in die Erscheinung treten. In aller unserer Not und Sorge solle uns Luthers Mahnung voranleuchten: daß, wenn morgen auch die Welt untergehen würde, der Mensch heute noch fröhlich bereit sein solle, ein Apfelbäumchen zu pflanzen."

Für Ehlers steht dieses Schlußzitat in engem Zusammenhang mit den zuletzt skizzierten Lebensäußerungen in der Kirche, im Bereich des "geistlichen Regiments", aber es betrifft zweifellos auch das vorher besprochene Verhalten im "weltlichen Regiment". Seine politische Relevanz wurde denn auch sehr gerne aufgegriffen. Unter der Rubrik "Verantwortung der Christen im Staat" schreibt der autorisierte Berichterstatter und Auswerter:

> "Es war auch kein Zufall, daß vor allem die deutschen Redner" - er nennt noch die Kirchenleute Kunst und Brunotte, den Bundesminister Hellwege (Deutsche Partei) und den Ministerpräsidenten Kopf (SPD) - "sich dieser Frage mit besonderem Nachdruck widmeten. Hatte man doch gerade in den vergangenen Jahren immer wieder feststellen müssen, daß die lutherischen Christen es an verantwortungsfreudiger und -bewußter Mitarbeit im Leben unseres Volkes hatten fehlen lassen."[101]

Gemeint war da außer der allgemein noch sehr verbreiteten 'Ohne mich-Haltung' nun auch speziell die Verunsicherung und Lähmung vieler Lutheraner durch eine - reichlich ungerechte - historische und theologische Haftbarmachung des Reformators und allzupauschale Schuldzuweisungen an seine Kirche, doch:

---

101 Kurt *Klein*: Kirche und Staat... Berlin 1952 (= Rufe in die Gemeinde von der Tagung des Lutherischen Weltbundes), S. 14. 19.

> "Daran erkennen wir den lutherischen Christen, daß er im politischen Leben in der Haltung steht, die Bundestagspräsident Ehlers beim Eröffnungsakt mit den Worten Luthers für sich selbst bezeugt: 'Und wenn ich wüßte, daß morgen die Welt unterginge, so wollte ich doch heute noch mein Apfelbäumchen pflanzen'. Es ist bedeutungsvoll, daß dieses Wort Luthers heute von Politikern und Kirchenführern häufiger als je zuvor [!] immer wieder zitiert wird. Kein Wort wie dieses legt Zeugnis ab von dem, was man unter der Verantwortung des lutherischen Christen im politischen Leben versteht. In gleichem Sinne schloß Superintendent Kunst seine Rede mit einem Löhewort: 'Es gibt keine besseren Arbeiter für die Welt als die, die heimwärts trachten'."[102]

Das Lutherwort kann also zu Realismus in endzeitlicher Getrostheit verhelfen, vor allem aber - aufgrund dessen - zur freudigen Übernahme öffentlicher Verantwortung. Fragte man genauer nach, käme man bald auf die deutsche Innenpolitik mit ihren zumal bei den Protestanten recht verschiedenen Vorstellungen darüber, wie, wenn überhaupt, das "Ohne mich" überwunden werden sollte. In unserem Zusammenhang ist nur noch wichtig, daß hier nun doch insgesamt etwas speziell Westliches in Erscheinung tritt, nämlich die zugleich politische Karriere des Wortes.

c) Als zivilreligiöses Bekenntnis in der Bonner Republik

Das, was das Apfelbäumchenwort in Verbindung mit dem Namen Luther auch politisch herzugeben vermochte,

---

102 AaO S. 19. Interessant ist die historische Selbsttäuschung, die Sicherheit, mit der der Satz vom Apfelbäumchen als genuines Lutherwort genommen wird, das nun endlich auch als politisches entdeckt ist und als solches mit der Autorität des Reformators hervortritt und zur Erfüllung kommt.

war schon 1950 in Hermannsburg und Marburg zu erahnen gewesen, mit Hannover 1952 wird es deutlicher. Nicht mehr nur Theologen richten es an Mitchristen und darüber hinaus an die gesellschaftliche Öffentlichkeit, auch Politiker, vorerst bewußt christliche, dann auch andere gebrauchen es nun als Ermutigungsaufruf, und das sozusagen auch rückgewendet in den Raum der Kirche hinein, zur politischen Aktivierung, zunächst in der Richtung: Auch Evangelische können zu diesem Staat Ja sagen! Bald werden Politiker das Wort auch frei für ihre Zwecke benutzen, dabei natürlich mit Blick auf einen gewissen vorausgesetzten Konsens. Es bekommt bei alledem allmählich eine zivilreligiöse Funktion, indem es in die mentalen Fundamente und Standards der Gesellschaft eingeht. Hier entsteht freilich etwas typisch Bundesrepublikanisches, das für die DDR so wohl nicht denkbar war, wenngleich gegen Ende des Jahrzehnts sogar einmal von Walter Ulbricht berichtet worden ist, er habe "den Christen seines Machtbereichs" das Lutherwort vom Apfelbäumchen vorgehalten, um sie zur Mitarbeit am "Aufbau des Sozialismus" zu aktivieren.[103]

Wer allerdings, wie in Westdeutschland offenkundig, sich mit dem Motiv oder der Metapher des Baumpflanzens in den Bereich des Politischen und Gesellschaftlichen hineinbegibt, gerät auf schon dicht bewachsenes Gelände. Von so gut wie allen Kulturen wissen wir etwas über Baum und Wald in ihrer kultischen, kosmologischen, herrschaftssymbolischen und psycho-sozialen Sinnhaftigkeit[104]. Doch

---

103 H.(=Kurt *Hutten*): Das Apfelbäumchen und das Weltende. Deutsches Pfarrerblatt 59. 1959, S. 58; dazu später noch.

104 Gerhard J. *Baudy*: Art. Baum. In: Handbuch religionswissenschaftlicher Grundbegriffe. Bd. 2. Stuttgart 1990, S. 109-116; Gertrud *Höhler*: Die Bäume des Lebens. Baumsymbole in den

wohl nirgends ist in der Moderne diese affektive Bindung so intensiv oder wird jedenfalls so bewußt wahrgenommen und immer wieder reflektiert wie in Deutschland. Zuletzt geschah dies in den achtziger Jahren anläßlich des Nachdenkens über die mentale Vorgeschichte und Eigenart unserer "Betroffenheit" von "le Waldsterben".[105]

Dabei war gelegentlich auch von Luther und dem Apfelbäumchen die Rede - wir kommen noch darauf -, mehr aber von Linde, Esche, Buche, Birke oder Tanne, am meisten jedoch von der starken und beständigen Eiche.

Kulturen der Menschheit. Stuttgart 1985; Gerhold *Becker*: Die Ursymbole in den Religionen. Graz usw. 1987, S. 164-188.

105 Aus der Fülle der Literatur sei hier besonders verwiesen auf den Berliner Katalog und Sammelband: *Waldungen*. Die Deutschen und ihr Wald. Ausstellung der Akademie der Künste vom 20. September bis 15. November 1987, besonders darin die reiche Bibliographie S. 313-321, der u.a. noch hinzuzufügen wären: *Als die Bäume noch grünten*. Hrsg. v. Doris *Halter*. Zürich 1976; Ernst *Jünger* u. Wolf Jobst *Siedler*: Bäume. Berlin 1977; *Bäume*. Das Insel-Buch der Bäume. Ausgew. v. Gottfried *Honnefelder*. Frankfurt 1977 (= insel taschenbuch 1041, von 1987). - In der letztgenannten Sammlung findet sich als Schlußzitat (S. 275) die Bibelstelle Deuteronomium 20,19 f. (s. dazu u. Anm. 342-343), dagegen steht am Anfang (S. 11-14) das Gedicht von Bertold *Brecht*: An die Nachgeborenen (aus den Svendborger Gedichten, entstanden 1934-1938. In *ders*: Werke. Große kommentierte Berliner und Frankfurter Ausgabe 12. 1988, S. 85-87) mit den berühmten Zeilen (S. 85):

"Was sind das für Zeiten, wo
Ein Gespräch über Bäume fast ein Verbrechen ist
Weil es ein Schweigen über so viele Untaten einschließt!"

Hierauf bezogen wurde seit den siebziger Jahren unzählige Male die Schwenkung artikuliert, vgl. z.B. das Wagenbach Quartalheft Tintenfisch 12. Thema: Natur. Oder: Warum ein Gespräch über Bäume heute kein Verbrechen mehr ist. Hg. v. Hans Christoph *Buch*. Berlin 1977.

Diese, schon von Plinius d.J. Germanien und dem Herkynischen Walde zugeordnet, wurde im späten 18. Jahrhundert wohl zuerst von Friedrich Gottlieb Klopstock zum Sinnbild des deutschen vaterländischen Gedankens erhoben. Es entstand im Geiste des Göttinger Hainbundes und erlebte eine bis heute reichende, ebenso faszinierende wie erschütternde, doch auch nicht abzuschneidende Geschichte[106]. Unzählige Eichen wurden gepflanzt und mit unzähligen Eichenzweigen und -kränzen, gewachsenen oder abgebildeten, wurden viele und vielerlei geschmückt. Das war so bei den Jenensern, den Hambachern, den Frankfurtern, den Kaisertreuen, den Weimarern, den Nazis und wiederum bei den Nachkriegsdeutschen, aber nun in Anknüpfung an die demokratischen Traditionen und auch ziemlich zurückhaltend: Bis heute findet sich unter den im Park des Bonner Bundeskanzleramtes von jedem Kanzler (oder bei den ersten für sie) gepflanzten Bäumen noch keine Eiche.[107]

---

106 Dieter *Struss*: Reisen in die Tiefe des Waldes. München 1986, S. 265 ff.; Annemarie *Hürlimann*: Die Eiche, heiliger Baum deutscher Nation. In: Waldungen (s. Anm. 105), S. 62-68; Bartholomäus *Grill*: Deutschland - ein Waldmärchen. In: Die Zeit Nr. 53, 25. Dez. 1987.

107 Adenauer: Blauglockenbaum (1962); Erhard: Urwelt-Mammutbaum (1966); Kiesinger: schwarzroter Spitzahorn (1978); Brandt: Gingko (1979); Schmidt: Trauerweide (1979); Kohl: Buche (1987). Dazu, mit sinnigen Betrachtungen, Helmut *Herles*: Kohl pflanzt eine Buche. In: Frankfurter Allgemeine Zeitung Nr. 246, 23. Okt. 1987. Freilich: am 16. Februar 1989 sah sich Willy *Brandt* veranlaßt, noch einen zweiten Baum zu pflanzen, nun aber wirklich eine Eiche, allerdings nur in der Rheinaue, s. dazu hls. (= Helmut *Herles*): Erst Gingko, dann Eiche. In: Frankfurter Allgemeine Zeitung Nr. 41, 17. Februar 1989. Wahrscheinlich sollte zum 25. Jahrestag seines Parteivorsitzes die schon von Goethe gedeutete und ostpolitisch ungünstig interpretierbare Zweihäusigkeit des

Auch geben sich unsere hauptsächlichen und verbreitetsten Träger des Eichensymbols, die Kleinmünzen, eher locker als machtvoll[108]. Die schon vor Münzhoheit der Bundesrepublik von der Bank deutscher Länder geprägten Werte (1, 5, 10 und 50 Pfennige) tragen alle auf der Rückseite einen zarten, fünfblättrigen Eichensetzling, beim

---

Gingko ein solides nationales Pendant bekommen, was sicherlich in Brandts Sinne war und sich 1989 und danach denn auch bewahrheitete. Ob Brandt nur von Hans-Jochen Vogel zu der zweiten Pflanzaktion gebracht wurde, scheint mir aber nicht so sicher. Es gab jedenfalls seit Anfang der achtziger Jahre unter dem Titel "Der Gingko Baum" ein "Germanistisches Jahrbuch für Nordeuropa", mit Beiheften "Das Gingko Blatt". Es wurde als Instrument effektiver DDR-Kulturpolitik bei den Neutralen im Ostseeraum durch Werner *Westphal* und (Jörg-)Peter *Findeisen* von den Kulturzentren in Helsinki und Stockholm herausgebracht, die in bis heute mancherorts nachwirkender ideologischer Konkurrenz zu den westdeutschen Goethe(!)-Instituten standen. Auf jeder Folge war ein Blatt abgebildet und dazu das Gedicht "Gingo biloba" (1815) gedruckt, das beginnt: "Dieses Baumes Blatt, der von Osten Meinem Garten anvertraut, Gibt geheimen Sinn zu kosten, Wie's den Wissenden erbaut ..." und endet: "Fühlst du nicht an meinen Liedern, daß ich eins und doppelt bin?" Ob der Skandinavier und Pflanzer des Gingko Brandt und seine Berater nichts von diesem zwischeneingekommenen Gewächs gehört hatten? Jedenfalls ist die Eiche ein Gegenakzent. - Übrigens war im Zusammenhang mit dem Lutherjahr 1983 jenes Jahrbuch auch in die Gefilde der leider vernachlässigten nordischen Lutherforschung eingedrungen und hatte u.a. sogar noch den greisen Lennart Pinomaa mit einem kleinen Beitrag einspannen können.

108 Die DDR-Münzen - mir liegen aus den 70er Jahren vor: 0,10; 0,50; 1,00 M - trugen ebenfalls, allerdings etwas feierlicher stilisierte Eichenblätter. Daß auch hiermit ein unausgesprochenes "Deutschland, einig Vaterland" bis zum Schluß durch aller Hände ging, ist übrigens im Westen kaum bedacht worden.

Fünfziger in den Händen einer zum Pflanzen knienden jungen Frau. Das war übrigens die Ehefrau des Künstlers Richard M. Werner, die sich später an den Wettbewerb von 1948 erinnerte: "Ein Sinnbild in jenen Tagen. Nach dem Krieg die Hoffnung auf einen friedlichen Neuanfang und Wiederaufbau. So sah es die Jury, die vor den vielen Einsendungen saß."[109]

Wie anders und wieviel eindeutiger diese behutsame Botschaft als zwölf Jahre zuvor die andere an die olympische Jugend und Weltöffentlichkeit: "die Besten unter ihnen erhielten als Gabe des deutschen Volkes ein Eichbäumchen"[110], und zwar eingetopft zum Pflanzen im Herkunftsland! Das konnte mit seiner Symbolkraft in dieser Hitlerzeit von Menschen anderer Länder und Rassen sowohl dankbar angenommen als auch höflich akzeptiert, verschieden gedeutet, aber eben auch als eine etwas peinliche Aufdringlichkeit empfunden werden.[111]

---

109 Gerda Jo *Werner*, nach Barbara *Mittendorf*: Die knieende Frau vom 50-Pf-Stück gibt es tatsächlich. In: Westdeutsche Allgemeine Zeitung Nr. 248, 23. Okt. 1987; s. auch Nr. 80, 7. April 1994. Es gibt übrigens rätselhafterweise ein frappant ähnliches Relief auf einem Fassadenfries des 1911-1921 gebauten Bochumer Kaufhauses Kortum, abgebildet in: Inteam. Zeitschrift d. Aktiven u. Ehemaligen d. Sparkasse Bochum. Sept. 1992, S. 2. - Die Deutung der Eichenblätter auf den Nachkriegsmünzen durch B. *Grill* (s. Anm. 106): "Hartes Holz und harte Währung - wir sind wieder wer" trifft die frühe Stimmung nicht.

110 Alfred *Detering*: Die Bedeutung der Eiche seit der Vorzeit. 1939, zitiert nach A. *Hürlimann* (s. Anm. 106), S. 67.

111 Hajo *Bernett*: Symbolik und Zermoniell der XI. Olympischen Spiele in Berlin 1936. In: Sportwissenschaft 16. 1986, S. (357-397) 376: "Der Amtliche Bericht deutete die Bäumchen als 'schönes Sinnbild deutschen Wesens, deutscher Kraft, deutscher Stärke und deutscher Gastfreundschaft'. Ob die Empfänger diese Trias von Wesen, Kraft und Stärke nachempfinden konnten, bleibe dahingestellt. Aber sie waren von

Vor einer ähnlich heiklen Aufgabe wie die Münz-Jury von 1948 standen ab 1955 die deutschen Planungsgremien für die Brüsseler Weltausstellung 1958, die erste Gelegenheit nach dem Kriege, sich in solchem Rahmen der Weltöffentlichkeit - es kamen dann 40 Millionen - zu präsentieren[112]. Man löste die Aufgabe gleichermaßen bescheiden

---

der Originalität der Gabe beeindruckt und folgten der Empfehlung des Organisationskomitees, die deutsche Stieleiche auf eigenen Grund und Boden zu verpflanzen." Bernetts Distanzierung ist berechtigt, aber im letzten Satz noch nicht kritisch genug gegenüber dem (noch 1936 erschienenen) Amtlichen Bericht, der nicht nur nichts Genaues über einen vollständigen Vollzug mitteilt, sondern auch nicht frei ist von der verbreiteten pausbäckigen Gewißheit, ausländische Höflichkeit sei schon irgendwie gleichzusetzen mit Begeisterung für deutsche Beglückungen. - Rätselhaft ist in dem großen Zigarettenalbum (Die Olympischen Spiele 1936, hrsg. v. Cigaretten-Bilderdienst. Altona-Bahrenfeld 1936. Bd. 2, S. 26 f.) ein Doppel-Cartoon über den bewunderten (und von Hitler geschnittenen) Schwarzen Jesse Owens (USA): links jung, stehend über den drei Blumentöpfen; rechts alt, mit Stock und weißem Bart auf einer Bank unter drei großen, schattigen Eichen, unterschrieben: "Jesse Owens - nach 50 Jahren". Die leise Komik enthält keinen Hohn, ist eher liebevoll. Vielleicht wendet sie sich zugleich zurück, etwas resistent gegen die Absichten der Geber? (Hinweise von Horst *Krüger*, Bochum).

112 Dazu die offiziellen Veröffentlichungen, hrsg. vom *Generalkommissar der Bundesrepublik Deutschland bei der Weltausstellung Brüssel 1958*:
- Weltausstellung Brüssel 1958. Deutschland. (Prospekt),
- Weltausstellung Brüssel 1958. Deutschland. (Katalog),
- Weltausstellung Brüssel 1958. Deutschland. Bildband. Düsseldorf [1958],
- Deutschlands Beitrag zur Weltausstellung Brüssel 1958. Ein Bericht. Bearbeitet von Wend *Fischer* und G.B. *von Hartmann*. O.O., o.J. [1960].

Letztere Nacharbeit behandelt Vorbereitung und Verlauf, bietet Redentexte und vor allem das Presseecho.

auftretend und wiederum mit Hilfe auch eines Baumsetzlings, diesmal aber nun des Apfelbäumchens.

Man wollte sich zweier Versuchungen erwehren, weder das Wirtschaftspotential massiv und werbend herausstreichen, noch das ja weiterhin präsente Elend der Kriegsfolgen, vorab die Not der Teilung, anklagend vor der Welt ausbreiten. Beides wurde nicht gänzlich verschwiegen, doch die dabei geübte Zurückhaltung und auch stilistische Vornehmheit nahm denn auch ein ansehnlicher Teil der deutschen Presse anfangs, die Eröffnung war im April, übel und erklärte den deutschen Beitrag für "durch und durch mißraten" oder für "eine einzige Katastrophe"[113]. Ein anderer Teil verstand und begrüßte das Unternehmen sehr wohl und setzte sich im Laufe der Monate damit auch durch, was denn bei vielen Zeitungen aus der ersten Gruppe in weiteren Berichten und auch insgesamt zu einem "Meinungsumschwung"[114] führte. Wichtig war vor allem, daß die Sache auch außen angekommen war; praktisch die gesamte Weltpresse war des Lobes voll.

Die Architektur (Egon Eiermann, Sepp Ruf) einer aufgelockerten Pavillon-Serie, der Garten (Walter Rossow) mit dem Zugang über die Brücke mit dem eleganten, später die Autobahn bei Duisburg zierenden Pylon - alles strahlte Freundlichkeit, Helle und Rationalität aus. Das Ambiente wurde vielen zu einer Oase der Ruhe. Die Zahl der Ausstellungsobjekte war gering gehalten. Hans Schwipperts Geist des "Werkbundes" mit seinem "spröden Charme"[115] paßte zur Besonnenheit der Aussage. Und diese übernahm die Vorgabe des Gesamtthemas "Der Fortschritt und der Mensch", das der Ausstellung den Charakter einer Bilanz der Welt für eine bessere, d.h. humanere Welt, geben sollte, mit Bedacht nur modifiziert. Nicht umfassend,

---

113 Deutschlands Beitrag (s. Anm. 112), S. 110. 113.
114 AaO S. 146.
115 AaO S. 133.

grundsätzlich, belehrend sollte dieser Beitrag wirken, sondern indirekt, vorsichtig, einfach durch Darstellung von "Leben und Arbeiten in Deutschland", dies allerdings teilweise auch so, wie man sich und seine Zukunft gerne sähe.[116]

Ursprünglich wollte man bewußt nicht einmal ein besonders gestaltetes Entré, das einen ersten programmatischen Haupteindruck vermittelt hätte. Ein solches wurde aber dann doch noch, "zu einem recht späten Zeitpunkt", auch aus technischen Gründen nötig[117]. Die neue Eingangshalle wurde nun im vorderen Pavillon der Abteilung "Landwirtschaft" eingerichtet, in dem nur das bleiben konnte, was zu dem im Eingangsbereich ausgesparten größeren Freiraum paßte. Was hier plaziert werden sollte, blieb zunächst unklar. Der ständige Vertreter des Generalkommissars und Leiter der "Inhaltskommission" Dr. phil. G.B. von Hartmann berichtet:

> "Es schien fast so, als wäre eine allseits befriedigende Lösung des Problems nicht zu finden. Als dann der Leiter der Inhaltskommission meinte, daß sich doch ein Motto finden lassen müßte, das in etwa Sinn und Absicht der deutschen Beteiligung charakterisiert, und dabei als Beispiel das Lutherwort 'Und wenn ich wüßte, daß morgen die Welt unterginge, würde ich heute noch mein Apfelbäumchen pflanzen' in die Debatte warf, wurde dieser Vorschlag

---

116 Ludwig *Erhard*: Ansprache zur Eröffnung der 'Deutschen Tage'. In: Deutschlands Beitrag (s. Anm. 112), S. 171, gehalten am 16. Juni 1958. So blieb nur ein Teil von dem ursprünglich etwas brutal progressiven Thema übrig: "Bilan du monde pour un monde meilleur", s. R. *Breymayer*: Untersuchungen (s. Anm. 1), S. 97.

117 Deutschlands Beitrag (s. Anm. 112), S. 49.

> aufgegriffen und gerade dieses Wort als besonders gute Charakteristik der deutschen Ausstellung bezeichnet."[118]

Auf drei größeren, in der Eingangshalle gegeneinander versetzt hängenden Wänden war dann das Wort unübersehbar und graphisch ansprechend zwölfmal zu lesen - in den Sprachen Flämisch, Französisch, Englisch und Deutsch mit jeweils unterschiedlicher Reihenfolge, wohl wegen des lokalen Sprachenstreits - und an der rechten Wand unten deutlich der Name "Martin Luther"[119]. G. B. von Hartmann berichtet aber noch etwas über einen zusätzlichen Akzent des für die Gruppe Landwirtschaft Hauptverantwortlichen:

> "Auf der anderen Seite (...) ergänzte Professor Mattern diesen Vorschlag in sehr glücklicher Weise dadurch, daß er dem Lutherwort eine 500 000 Jahre alte Versteinerung - eine Lilie - als Symbol des Unvergänglichen gegenüberstellte."[120]

Dieses andere Symbol wurde dann zwar in den Pressestimmen im Vergleich zu dem ständig mit großer Zustimmung und Sympathie wiedergegebenen Lutherwort nur äußerst selten erwähnt, wirft aber doch ein bezeichnendes Licht auf das geistige und religiöse Umfeld. Wo man sich das Lutherwort fast wie ein Wahrzeichen, um nicht zu sagen eine Gründungsformel der Bundesrepublik Deutschland zu eigen macht und damit sein gutes Wollen vor der

---

118 AaO S. 50. Die schnelle Annahme läßt als sicher erscheinen, daß das Zitat schon allgemein oder den meisten Anwesenden bekannt war.

119 Bildband (s. Anm. 112), S. 15, z.T. verdeckt, aber bestätigt durch: *Exposition universelle et internationale de Bruxelles 1958.* Les participations étrangères et belges. Bruxelles 1958, S. 132.

120 Deutschlands Beitrag (s. Anm. 112), S. 50.

Weltöffentlichkeit bekennt, geschieht das also nicht immer unbedingt nur geprägt von Naherwartungs-Eschatologie[121]. Das Wort hat sich eben doch schon - oder wieder? - selbständig gemacht.

Immerhin, das verrät der gewählte Wortlaut des Zitats, kommt es hier nicht aus dem Umkreis der Gartenschriftsteller Caspari, Gollwitzer oder Schnack, sondern hat die Gestalt der Mehrheitsversion, wie sie aus dem evangelischen Gebrauch heraus die größte Verbreitung gefunden hatte[122]. Auch wurde in der Eingangshalle interessanterweise ein Apfelbaum oder -setzling nicht zusätzlich bildlich dargestellt, sondern es hat hier mit dem bloßen, vielfältig geschriebenen Wort sein Bewenden. Man kann sagen, daß nicht der Baum als allgemeines Lebenssymbol oder gar als nationales Gewächs sprechen sollte, für letzteres hätte man wohl eher eine kleine Eiche genommen. Vielmehr wird -

---

121 Die Brüsseler Predigt Hanns *Liljes* - leider nicht vorliegend -, gehalten 18. Juni 1958 in der evangelischen Kirche des Ausstellungsgeländes, könnte auf das Motto zugleich auch auf solche Weise Bezug genommen haben.

122 Ein Kontakt deswegen mit Dr. *von Hartmann* hat sich nicht mehr herstellen lassen. Er war Chemiker und Vorstandsmitglied des Arbeitskreises für industrielle Formgebung im Bundesverband der Deutschen Industrie und des Instituts für neue technische Form, Darmstadt. Daß er das Wort ins Spiel brachte, kann mit Verbindungen zu evangelischen Kreisen zusammenhängen, wäre aber angesichts der riesigen Verbreitung Ende der fünfziger Jahre auch anders möglich. Das vorangestellte "Und" kommt in beiden Überlieferungsbereichen vor, doch hat es immerhin für alle damals protestantisch Aufgewachsenen wohlbekannte Parallelen in durchweg auswendig gekonnten Gesangbuchversen von *Luther* ("Und wenn die Welt voll Teufel wär ..." EKG 201,3 = EG 362,3; "Und ob es währt bis in die Nacht ..." EKG 195,4 = EG 299,4) und Paul *Gerhardt* ("Und ob gleich alle Teufel ..." EKG 294,5 = EG 361,5).

ziemlich unabhängig von der Bildhälfte - ein sinngefülltes Wort, fast eine Deklaration, über rechtes, für sich selbst gewähltes menschliches Verhalten in einer gefährdeten Welt ausgesprochen. Und dies im Bewußtsein, daß es besonders gut zur deutschen Situation passe, im übrigen ja auch von einem bekannten Deutschen stamme.

Freilich, ganz ohne Abbildung ist man bei den offiziellen Druckveröffentlichungen dann doch nicht ausgekommen. In und auf ihnen findet sich ein kleiner graphisch grob stilisierter Apfel, prall unter zwei Blättern hängend, als Kerngehäuse einen Globus umschließend. In großer Ausführung und farbig bedeckt er auch den Hauptkatalog, hier sieht man sogar auf dem Globus schwarze, rote und goldene Felder. Später ist dieses Emblem nicht mehr aufgetaucht, es läßt aber deutlich erkennen, daß bei den Ausstellern auch der Gedanke an reife Früchte, an das Resultat des Bäumchenpflanzens, schon einen wichtigen Platz einnahm. Es wäre aber wohl etwas hineininterpretiert, wenn man das Spielen eines Industriedesigners weiter allegorisch auslegen würde, etwa so, daß die Weltkugel am Ende von dem Apfel, als dem Ergebnis kultivierenden Schaffens, umschlossen und so gerettet werde, oder so, daß die Welt dabei erst einmal schwarz-rot-golden werden solle, oder gar, daß dieses oder jenes der geheime Sinn der Berufung auf Luther und so auch religiös legitimiert sei. Doch darüber noch im nächsten Abschnitt.

Nun, zu einem wirklichen Markenzeichen Deutschlands ist das Apfelbäumchenwort schließlich doch nicht geworden, es gab nur schwache Ansätze dazu. Doch gänzlich ohne wenigstens vorübergehende Wirkungen in solcher Richtung blieb sein spektakuläres Auftauchen in Brüssel 1958 auch nicht. Es ist jedenfalls bei den meisten Deutschen übergekommen, auch bei vielen von den Journalisten, die zunächst enttäuscht aus Brüssel zurückgekehrt waren. Sie störten sich zum Teil am Gesamtstil des "professoralen" Understatements, zum Teil auch an der schnörkellosen

Modernität[123] der Bauhaustradition, nicht selten auch an der politischen Zurückhaltung, aber so gut wie nie am Lutherwort vom Apfelbäumchen[124].

Bei den Ausländern hat das Diktum mehr allgemein Eindruck gemacht. Sein gewaltloser Stil war eine nicht unsympathische Antwort auf die Fragen nach der NS-Vergangenheit und dem deutschen Nationalcharakter. Noch vier Jahre später erinnert sich Geno Hartlaub daran, was sie die Menschen hat sagen hören, die nachdenklich und langsam kamen und in der Halle vor dem Ausspruch des deutschen Reformators standen:

> "'Das ist das Deutschland, das wir lieben', hörte ich einige Ausländer sagen, 'es ist offen und wahrhaftig, tapfer und voller Hoffnung und Vertrauen; es hat nichts von der

123 Heute sieht man auch mit zwiespältigen Empfindungen darauf zurück. Neben Werken von hoher ästhetischer Überzeugungskraft bemerkt man etwa im Straßenbild die Resultate barbarischer Traditionsvernichtung. Der Brüsseler Gestus bezeugt auf respektable Weise, vom Ausland anerkannt, sogar bewundert, und im Inland von den führenden Kräften bejaht, einen klaren, radikalen Willen zum Neuanfang, wie er auch in vielen Gestaltungen zu Hause lebte. Aber er führte oft genug auch zu unsensibler, kläglicher Banalität. Die bei so viel Neuheitsfixierung unvermeidliche Kontraktion des Erlebens läßt auch im Rückblick auf die westdeutsche Szene gelegentlich an die - zumal vor der forcierten Erberezeption - geschichtslose Eindimensionalität des bloßen "Auferstanden aus Ruinen und der Zukunft zugewandt" denken. Durch eine 500000-jährige Versteinerung wurde sie eher noch bekräftigt.

124 "Das Eingängigste von allem, was es für den aus welchem Land auch immer kommenden Besucher im deutschen Pavillon zu sehen oder nachzuempfinden gibt, dürfte das Wort Martin Luthers sein..." Horst *Mönnich*: Schau der Völker. In: Sonntagsblatt Nr. 25, 22. Juni 1958.

nihilistischen Menschenverachtung, die eine der Wurzeln des Nationalsozialismus war'."[125]

Den Deutschen selber sagte das Wort aber doch am meisten, nicht nur weil dieser Pavillon sie betraf, sondern weil sie ihre Lage auch weithin so einschätzten, wie das Diktum es für sie erkennen ließ, gerade bei seinem Charakter als geschichtsphilosophischer Momentaufnahme. Es bedurfte für sie nur wenig der Erinnerung und wenig der Phantasie, um von ihm getroffen zu sein. Das geteilte Volk und Land an der entzündlichen Weltmächtegrenze - die Berliner Mauer war noch nicht errichtet - erlebte bei allem Aufbau die Not der Vergangenheit weniger weit entfernt und zugleich die Untergangsbedrohung der Gegenwart viel näher und bewußter als die meisten anderen in Brüssel. Gewiß, die Faszination der Technik, speziell die Aussicht auf friedliche Nutzung der Kernenergie, dargestellt im "Atomium", beschäftigte auch sie, dazu ebenfalls deren riskante Seiten und die Gefährdung des Humanums durch Technikentfesselung. Ludwig Erhard hat dies in Brüssel artikuliert, aber eben auch zugleich auf die Zukunfts- und Existenzfrage überhaupt hin ausgeweitet.[126]

---

125 Geno *Hartlaub*: Der Spatz in der Hand. In: Sonntagsblatt Nr. 11, 18. März 1962. Auf ihren Artikel hat auch schon *Breymayer* Bezug genommen (Untersuchungen, s. Anm. 1, S. 99. 101).

126 "Die Unsicherheit, die da um sich greift, die Angst, die so viele packt, der Pessimismus, der sich breitmacht, entspringen meines Erachtens nicht einmal so sehr der Sorge, daß wir mit dem Seienden nicht mehr fertig zu werden vermögen, sondern es steckt dahinter das dumpfe Gefühl, daß das Morgen schon wieder das Heute erschüttern könnte. Vielleicht steigert sich dieses Gefühl sogar bis in den Bereich religiöser Besinnung hin zu der bangen Frage: Sind die Menschen nicht dabei, sind sie nicht so anmaßend, Gott entthronen und den Himmel zertrümmern zu wollen, der sie geborgen hält? Ich glaube, diese Frage ist es, die uns bewegt und verwirrt, und darauf will

Auch wenn noch so hochstilisiert ausgedrückt, für die Deutschen, das sieht gerade der Prediger des Optimismus, bebten im Untergrund immer noch - oder wieder - die Fundamente, war elementare Untergangsangst nie leicht zu überspielen, ob das nun politisch jeweils berechtigt war oder nur übersteigert. Immerhin, als die Planungen für Brüssel anliefen, ging es für viele Deutsche auch immer noch um die Gefangenen und Vermißten in Rußland. Und während der Vorbereitungszeit sang man als jahrelang hochgeliebten Karnevalsschlager:

> Am 30. Mai ist der Weltuntergang,
> wir leben nicht mehr lang,
> wir leben nicht mehr lang...

Entstanden erst 1954[127], millionenfach leichtsinnig dahingegrölt, war er doch auch bezeichnend für die Unsicherheit derjenigen, die auf dem künftigen Kriegsschauplatz lebten. Und als die Pforten der Weltausstellung geschlossen wurden, schockierte Chruschtschow durch das Berlin-Ultimatum vom Dezember 1958 die Gemüter. Es war schon eine besondere "Befindlichkeit", wie man später gesagt hätte, die die Deutschen da mitbrachten und als ureigenen Hintergrund dessen empfanden, was ihnen das Apfelbäumchenwort an Ermutigung dagegensetzte. Und oft genug

---

diese Ausstellung eine Antwort geben." Ludwig *Erhard* (s. Anm. 116), S. 173. In der Ausstellung selbst war auch ein Satz Carl Friedrich *von Weizsäckers* großgeschrieben angebracht: "Nicht alles darf der Mensch tun, was er tun kann" (Deutschlands Beitrag, s. Anm. 112, S. 97).

127 Auskunft der GEMA (Text: Bert *Roda*, Musik: Karl *Erpel*). Vorher sang man die Parodie: "Ei, ei, ei Korea, der Krieg kommt immer näher..." Nach dem Ende des Koreakrieges (1950-1953) brauchte man wohl etwas Neues, um dem bleibenden Gefühl des Tanzes auf dem Vulkan Ausdruck zu geben. Gewiß war viel Dickfelligkeit und Koketterie damit im Spiel, das erklärt aber nicht alles.

ließen sie darum auch nur dessen erste Satzhälfte voll gelten[128]. Dieser spezielle Befindlichkeitshintergrund scheint denn auch durch G. B. von Hartmanns Präsentation hindurch:

> "Wir zeigen in Brüssel etwas von Deutschland, von einem Deutschland, das ohne Geltungssucht auf dem Wege ist, sich in die große Völkergemeinschaft der Menschheit, die wir uns herbeisehnen, einzufügen. Wir zeigen etwas von dem Deutschland, das sich um sein eigenes Leben kümmert und sich bemüht, dieses Leben - ohne Rücksicht auf alle Weltgefahr - hell, freundlich und frei zu gestalten, und wir wissen auf die Frage, warum das so ist in Deutschland nach alldem, was hinter uns liegt, und vor alldem, was uns bedroht, keine bessere Antwort, als die, die einst Martin Luther gab: ..."[129]

Als eine Art zivilreligiöses Bekenntniswort aus der Bundesrepublik hatte das Zitat also schon in den fünfziger Jahren zugleich einen besonderen Bezug zu einem auch später noch virulenten Angstpotential. Immer wieder sieht man sich in der puren und trotz der Andeutungen einigermaßen geschichtslos aufgefaßten allgemeinen Situation des "nach alldem, was hinter uns liegt, und vor alldem, was uns bedroht". Die Angst von 1958 nun wird durch das Apfelbäumchenwort einerseits aber auch hilfreich relativiert, wobei dann allerdings fast alles am eigenen Vermögen zum Pflanzen hängt. Daß dies von der "skeptischen Generation" vornehmlich im privaten Bereich und nicht auf dem Felde großer Ideologien erfolgreich versucht wurde, ist bekannt.

---

128 Geno *Hartlaub* (s. Anm. 125) hörte von einem der deutschen Besucher in der Eingangshalle: "'Ich weiß nicht, ob ich heute, im Angesicht der Gefahr eines Atomkrieges so denken und handeln könnte', sagte ein junger Mann zu seiner Begleiterin. Er seufzte, hob die Schultern und vergaß, sie wieder sinken zu lassen. Das junge Mädchen stimmte ihm zu."

129 G. B. *von Hartmann* im Katalog (s. Anm. 112), S. 25.

Noch 1962 stellt Geno Hartlaub zu den Verhaltensweisen der Altersgenossen und Folgejahrgänge jenes in Brüssel vor dem Lutherspruch seufzenden jungen Mannes fest: "Der Spatz, den man in der Hand hält, hat über die Taube auf dem Dach, die man doch nicht erreichen kann, triumphiert."[130] Nun ja, es sollte nach 1962 nicht mehr allzulange dauern, bis man doch wieder Tauben nachstellte.

Was nun noch die Nennung des Namens Martin Luthers in der Brüsseler Eingangshalle und in den Veröffentlichungen dazu betrifft, so gibt es bei den Arrangeuren[131] wie in der in- und ausländischen Presse so gut wie keinerlei Zweifel an der Authentizität des Zitates[132]. Seine Wirkung beruhte also wohl auch mit darauf, daß Luther weithin als Inbegriff des Deutschen galt.

Dennoch gab es auch Leute, die das gar nicht oder nur mit einem gewissen Unbehagen so sahen. Darum war wohl auch der Grad der Zustimmung zur Wahl des Luther-Mottos trotz der Einmütigkeit in der Kommission bei den Besuchern und Beurteilern unterschiedlich groß. Direkte Äußerungen dazu gibt es nicht, sieht man einmal von einer vereinzelten Hamburger Stimme ab, die Goethes Türmerlied für zugkräftiger hielt[133]. Aber es gab offenkundig

---

130 Geno *Hartlaub* (s. Anm. 125).

131 Erst im späteren Bericht sprechen W. *Fischer* und G. B. *von Hartmann* von "dem Luther zugeschriebenen Wort", in: Deutschlands Beitrag (s. Anm. 112), S. 97. Vielleicht haben sie Zweifel aufgrund einzelner Stimmen (s. Anm. 132) bekommen oder auch von den im Pfarrerblatt stattgefundenen Such-Überlegungen und schon vom Aufsatz *Knolles* (Ende 1959) Kenntnis gehabt?

132 Soweit ich sehe, schrieb nur Maria *Netter* am 2. Mai 1958 in der Zürcher "Weltwoche" von einem "Luther zugeschriebenen Wort" (Deutschlands Beitrag, s. Anm. 112, S. 122), zwei Wochen nach dem ersten klaren Abstandnehmen eines Lesers im Deutschen Pfarrerblatt (s.u. Anm. 155).

133 AaO S. 114.

konfessionell verursachte Zurückhaltung. In Maria Laach hätte man damals kaum eine solche Lutherpostkarte kaufen können, heute bekommt man dort sogar verschiedene Gestaltungen davon. Man vergißt leicht, wie scharf vor einer Generation noch die Konfessionsgrenzen gezogen und wie viel ausgeprägter die religiösen Mentalitätsunterschiede und Berührungsängste waren. So ist es kein Wunder, daß es ausführliche Würdigungen des Geistlichen und Weltanschaulichen auf der Expo in katholischen oder von solchem Denken oder Milieu mitgeprägten Veröffentlichungen gibt, die das Motto in der Eingangshalle oder das Apfelemblem mit keinem Wort erwähnen[134]. Auf der anderen Seite versteht sich fast von selbst, daß diese bedeutsame Plazierung eines "Lutherwortes" in evangelischen Kreisen und Blättern eine größere Beachtung und nur positive Wertung erfuhr.

Man muß also damit rechnen, daß trotz der gewaltigen Verbreitung Ende der fünfziger Jahre das Wort vom Apfelbäumchen nicht überall gleich häufig gebraucht und gekannt wurde und auch seine Beliebtheit mancherorts geringer war und blieb. Dabei spielen auch konfessionelle Prägungen eine Rolle. So ist nicht verwunderlich, daß bei Konrad Adenauer dies Wort nicht nachgewiesen werden

---

134 Claus-Henning *Bachmann*: Die Welt unserer Wünsche. In: Begegnung. Zeitschrift für Kultur und Geistesleben 13. Köln 1958, S. 16-17; Peter *Henrici*: Christliche Gedanken auf der Weltausstellung. In: Der große Entschluß. Monatsschrift für lebendiges Christentum 13. Wien 1958, S. 453-457; *Weltanschauung auf der Weltausstellung*. In: Magnum. Die Zeitschrift für das moderne Leben. Köln 1958, Heft 18, S. 26-29. Zu der überaus starken Präsenz des Vatikans und z.T. auch Dominanz der römisch-katholischen Kirche s. Reinhard *Mumm*: Ökumenischer Dienst auf der Weltausstellung in Brüssel. In: Zeichen der Zeit. Ev. Monatsschrift 12. Berlin 1958, S. 468-470.

konnte[135], sondern nur ein entfernt verwandter, dem eigenen Verhalten zugeordneter Ausspruch[136]. Auf der

---

135 Einzig Erwin *Mülhaupt* (mündlich) meinte sich an eine Gelegenheit um 1950 herum zu erinnern. Ich vermute aber, daß in damaliger, vorkonziliarer Zeit ein Lutherzitat im Munde Adenauers etwas größeres Aufsehen erregt und irgendwelche Spuren hinterlassen hätte. Daß auf einem CDU-Wahlplakat aus den fünfziger Jahren im protestantischen Wuppertal das "Lutherwort" verwendet wurde, so wiederum Mülhaupts Erinnerung, ist eher denkbar, war aber ebenfalls bislang nicht zu belegen.

136 Anneliese *Poppinga*, Adenauers Chefsekretärin und spätere Nachlaßforscherin, bestätigte (Schreiben vom 22. Juni und 9. Juli 1976) die Fehlanzeige für alle in der Stiftung Bundeskanzler-Adenauer-Haus verwahrten Reden, schließt ein Vorkommen aber nicht ganz aus, weil viele Äußerungen, auch kleinere Tischreden und Ansprachen nicht festgehalten wurden. An dergleichen jedoch erinnerten sich auch die von ihr noch befragten sieben Töchter und Söhne nicht. Daß aber nach deren und ihrer Meinung das Zitat der Auffassung und Mentalität A.'s entsprochen habe, belegt sie so: "Bei seinem letzten Urlaub in Cadenabbia im Spätherbst 1966 lernte er Mango-Früchte kennen, die dort direkt geerntet wurden. Konrad Adenauer gab Auftrag, daß zwei Mango-Bäume mit nach Rhöndorf für seinen Garten kämen. Er wurde darauf aufmerksam gemacht, daß die ersten Früchte nicht vor Ablauf von 5 Jahren zu erwarten seien. Darauf Adenauer: er freue sich schon auf diese ersten Früchte. - Konrad Adenauer stand damals unmittelbar vor seinem 91. Geburtstag." (Er starb am 19. 4. 1976). - Die für die Konfessionsfrage vielleicht interessante Gegenprobe bei dem evangelischen, freilich kirchlich nicht stark gebundenen Ludwig *Erhard* erbrachte nichts. Daß in der Brüsseler Rede Erhards (s. Anm. 126) das Luther-Motto nicht direkt erwähnt ist, läßt sich verschieden erklären, durch Informationsrückstand: Ausarbeitung der Rede vor der späten Umplanung des Eingangsbereichs? Halten der Rede vor dem Rundgang? - oder durch Auffassungsdistanz: Mangelnde Luther-Sympathie Erhards oder seines Stabes? Wahrscheinlicher: Das Wort mit seiner Festlegung des

anderen Seite ist auch nicht überraschend, daß im großenteils evangelisch geprägten Baden-Würtemberg das Lutherzitat vom Apfelbäumchen als ein Thema für den "Besinnungsaufsatz" im zentralen Abitur des Schuljahres 1958/59 gestellt wurde[137].

Unbeschadet solcher nicht leicht greifbaren, aber doch vorhandenen konfessionellen und regionalen Einschränkungen und Akzentunterschiede läßt sich doch sagen, daß zum Etabliertsein des Lutherwortes vom Apfelbäumchen am Ende der fünfziger Jahre nicht allein sein verbreiteter Gebrauch in spezifisch religiösen und kirchlichen, vorab evangelischen Zusammenhängen gehört, sondern auch der im größeren gesellschaftlich-politischen Raum. Und hier geht er über die Äußerungen einzelner, etwa "auf dem hohen Rostrum des Deutschen Bundestages"[138] hinaus bis hin fast zur Herausstellung als eine Art öffentliches "Symbol" im Sinne von Glaubensbekenntnis. So, wird stellvertretend in Brüssel geschrieben, sind wir Deutsche heute gesinnt oder wollen es wenigstens sein, so sind wir geprägt und so handeln wir. Natürlich hat hier ein bewußter Versuch auch nach innen gerichteter Neustiftung nicht vorgelegen, aber es gehört dies Wort damals doch eindeutig

Weltuntergangs auf "morgen" ist bekannt, aber zu wenig (zweck)optimistisch: Die Möglichkeit, "daß das Morgen schon wieder das Heute erschüttern könnte", ist für Erhard kein Wissen, sondern höchstens ein "dumpfe(s) Gefühl," und das mehr bei anderen als bei ihm selber. Die Wörter MORGEN und HEUTE NOCH waren auf den Schrifttafeln übrigens in allen Sprachen herausgehoben. Ob Erhard sich darauf bezieht, ist nicht auszuschließen, aber das NOCH hat bei ihm eben keine Entsprechung!

137 *Gruenagel* (s. Anm. 95); *Breymayer*: Untersuchungen (s. Anm. 1), S. 101.

138 *Bammel* (s. Anm. 1), S. 140. Die Protokolle daraufhin durchzulesen war uns nicht möglich; ein EDV-Register gibt es für die früheren Jahre noch nicht.

zu den Phänomenen bundesdeutscher Zivilreligion und ist es nachwirkend, auch unter säkularisierenden Einflüssen, noch lange geblieben, geeignet zur Loyalitätsbestärkung wie auch ausgesetzt der Kritik[139].

Zivilreligion meint einen "Bestand an Symbolen, Werten, Einstellungen und Handlungsweisen, die in der Gesellschaft wirksam und zugleich politisch bedeutsam sind"[140], und zwar diejenigen, die als solche einen eigenen Gottesbezug des Gemeinwesens zum Ausdruck bringen, und sei dieser noch so minimalisiert[141]. Letzteres ist für die meisten, die das Diktum verkündeten oder aufnahmen, tatsächlich der Fall gewesen. Die Eschatologisches assoziierende Rede vom Weltuntergang und vor allem auch die Nennung des Namens Luther signalisieren indirekt ja diesen Bezug. Mit noch so verschämter religiöser Gültigkeit kommt hier wie wohl sonst nirgend so einfach und zustimmungsfähig zur Sprache, wie man nun als Deutscher leben, sich verstehen und verstanden werden will. In letzter Perspektive, "nach alldem, was hinter uns liegt, und vor alldem, was uns bedroht," wird positives, friedliches Gestalten gezeigt und bekennend herausgestellt, aber sehr verhalten. Die Identifikation mit dieser Attitüde ähnelt noch etwas der Faszination durch den "Geist", der schon Thilo Koch 1950 in Her-

---

139 Als schlagendes Beispiel für letzteres läßt sich noch der Kabarettist Thomas *Ries* anführen, der im Blick auf die Ausländer- und Zuwanderungspolitik von den Deutschen hintergründig sagt, sie würden, auch wenn die Welt morgen unterginge, noch ihre "Schlagbäumchen" pflanzen (TV-Sendung "Mund-Art live" am 7. Februar 1993, 3sat).

140 *Lutherischer Weltbund und Evangelische Kirche in Deutschland*: Schlußbericht der Konsultation "Civil Religion" Tutzing, 23.-28. November 1986. In: epd Dokumentation Nr. 35/87; S. (25-28) 25; vgl. weiter Nr. 47/87, 8/88.

141 Vgl. Hermann *Lübbe*: Religion nach der Aufklärung. Graz, Wien, Köln 1986, S. 306-327.

mannsburg mit diesem Wort begegnet war: "Vertrauen, Geduld, Höflichkeit des Herzens".

So war am Ende des Jahrzehnts das "Lutherwort" vom Apfelbäumchen mentales Eigentum zahlreicher Deutscher geworden, etwas, in dem sich Politisches und Religiöses durchdrangen, dazu Erlebtes wie Künftiges, verbunden in einer Einstellung auf Handeln hin, die sich je länger, je mehr bereits auch bewährt hatte. Vielleicht war viel Aufgesetztes und Illusionäres dabei, was manchen ratlos machte[142], doch eine Realität war es gleichwohl, ein zivilreligiöses Phänomen, wenn auch ein labiles. Martin Honecker schreibt: "Anders als in den USA dürfte in der deutschen Geschichte mit ihren sperrigen Kontingenzen eine Identitätsfindung und Identitätssicherung weder über die Restauration einer Zivilreligion noch über eine Zeitdeutung mit Hilfe eschatologischer Vorstellungen gelingen."[143] Geplant oder gar restauriert war dieses zivilreligiöse Phänomen ja auch nicht, doch es tauchte auf. Und mit ihm geschah sogar etwas in Richtung auf einen eschatologischen Positionsbezug hin, freilich weniger glorios als die erwählungstheologische und millennistische Zivilreligion in der "Neuen Welt", dementsprechend auch weniger konsistent und politisch attraktiv. Aber es blieb etwas davon, wenn auch später oft ins Private abgesenkt.

In der evangelischen Kirche konnte dieses bescheidene, aber doch verbreitete zivilreligiöse Phänomen dankbar registriert werden, zumal ja auch die alles absichernde Herkunft des Diktums vom Reformator selber nicht zu erwähnen vergessen wurde und davon Abweichende sich allmählich anpaßten[144].

---

142 S. o. Anm. 128.

143 Martin *Honecker*: Eschatologie und Zivilreligion. In: Evangelische Theologie 50. 1990, S. (40-55) 53.

144 S. o. S. 47.

In diesem Klima stießen verständlicherweise die vereinzelten bohrenden Fragen nach einem Nachweis des Zitates bei Luther auf wenig Interesse. Doch ließen sie sich nicht abweisen. Im Frühjahr 1959, als die Neuorientierung schon voll im Gang war, schrieb Friedrich Gruenagel im Pfarrerblatt mit spitzer Feder rückblickend:

> "Es ist kein gutes Zeichen, daß dieses Wort so billig in das Pathos der Verkündigung sich einnisten konnte. Und es wäre zu fragen, wer verantwortlich zeichnet für die mißbräuchliche Verwendung auf der Brüsseler Weltausstellung (...) Man fühlte sich gar nicht mehr von einer wissenschaftlichen Überlegung belastet, ob dies Wort Luthers auch nachweisbar sei. Von theologischer Seite wird vielfach entgegengehalten, es entspräche so sehr dem Geiste Luthers, daß nur 'wissenschaftliche Pedanterie' an der Benutzung als Lutherzitat Kritik üben könnte."[145]

d) Zwischen Abgrenzung und Erberezeption in der DDR

Von einer eigentlich zivilreligiösen Funktion des "Lutherwortes" vom Apfelbäumchen, so wie sie in Westdeutschland zu beobachten war, kann man im Blick auf die DDR nicht sprechen. Hiermit bewußt oder unbewußt, direkt oder indirekt einen eigenen Gottesbezug des Gemeinwesens auszudrücken, lag angesichts des dezidiert atheistischen Grundcharakters der herrschenden Staatsideologie ja auch fern. Dennoch war das Wort nicht unbekannt. Es gelangte zwar sicherlich nicht in einem auch nur annähernd vergleichbaren Ausmaß in den Sprachschatz und die Mentalität breiterer Kreise, doch spielte es im kirchlichen Leben schon von Anfang an eine durchaus beachtenswerte Rolle. Es sei erinnert an die frühe Spruchpostkarte aus Leipzig und den

---

145 *Gruenagel* (s. Anm. 95).

Naumburger "Wahlspruch", aber auch schon vorwegverwiesen auf die eine Abrufbarkeit signalisierenden Zitate und Symbolhandlungen im Zusammenhang mit dem Lutherjahr 1983 und dem "Konziliaren Prozeß". Die in den früheren Jahren davon ausgehende Öffentlichkeitswirkung ist nachträglich schwer einzuschätzen. Auch muß man ja damit rechnen, daß der Gebrauch des Wortes in der westlichen Kirche und Öffentlichkeit über den Eisernen Vorhang hinweg in einem gewissen Maße bei auch nicht Kirchengebundenen bekanntgeworden ist. Doch eine Rezeption des Wortes durch die SED und den Staat, womöglich für den Gebrauch nach außen hin, erscheint unvorstellbar.

Um so mehr überraschte die bereits erwähnte Nennung des Namens Walter Ulbricht in diesem Zusammenhang. Anfang 1959, auf einem Popularitätshöhepunkt des Lutherwortes, berichtete Kurt Hutten:

> "... dieses Wort wird viel zitiert. Das ist begreiflich, denn wir leben ja an einem apokalyptischen Abgrund. In den letzten Wochen wurde es von zwei so verschiedenartigen Männern wie dem katholischen Ordensmann und [Friedens-]Nobelpreisträger La Pire und dem roten Parteiboß und DDR-Ministerpräsidenten Ulbricht in den Mund genommen. Der eine soll es zu einer seiner drei Lebensmaximen erwählt haben, während der andere es den Christen seines Machtbereichs vorhielt. Sie haben ja viel Anlaß, an der Zukunft zu verzweifeln, und sind darum für die Botschaft von Untergang und Wiederkunft besonders aufgeschlossen. Aber ihre aktive Mitarbeit am 'Aufbau des Sozialismus' möchte Ulbricht nicht missen, und darum bediente er sich des Worts vom Apfelbäumchen."[146]

---

146 H. (=Kurt *Hutten*): Das Apfelbäumchen und das Weltende. Deutsches Pfarrerblatt 59. 1959, S. 58 (s. o. S. 89). Die Nobelpreisübergabe findet jeweils am 10. Dezember statt.

Dies letztere zu verifizieren, ist nicht gelungen, trotz Kurt Huttens erneuter Bekräftigung[147]. Daß die mancherlei eigenen Nachforschungen vor der Wende und gleich danach ohne Erfolg blieben, schien zunächst nur damit zusammenzuhängen, daß systembedingt der Zugang zu und der Umgang mit älteren Äußerungen und Veröffentlichungen schwierig war. Doch wurde immer deutlicher, daß die Befragten speziell Ulbricht mit solcher Äußerung auch nur schwer in Verbindung bringen konnten. Das Gespür war berechtigt, denn in der Tat kam schließlich 1993 heraus[148], daß nicht der Erste Sekretär Walter Ulbricht das Lutherwort öffentlich zitiert hat - weder Ende 1958, noch dann wohl auch sonst -, sondern Otto Grotewohl, der Vorsitzende des Ministerrates und Stellvertretende Vorsitzende des Staatsrates[149].

Art und Umstände der Äußerung Grotewohls lassen deutlich erkennen, daß die Bezugnahme auf das - auch von ihm für authentisch gehaltene - Luther-Apfelbäumchen-Wort nicht einem eigenen Legitimationsbedürfnis entsprang, sondern eine defensive und agitatorische Reaktion auf das darstellte, was von Westen herüberdrang. Es galt, in der

---

147 *Hutten* (Brief vom 1. Okt. 1976): "Daß Ulbricht mit diesem Wort operiert hat, ist sicher. Denn ich pflegte bei der Abfassung solcher Artikel wie damals im Deutschen Pfarrerblatt immer Tatbestände zu verwerten, die mir bei meiner umfangreichen Lektüre von Tageszeitungen und Zeitschriften aller Richtungen begegneten. So habe ich auch diesen Ulbrichthinweis der Presse entnommen. Aber den Namen und Erscheinungstermin der betr. Zeitung oder Zeitschrift kann ich Ihnen nicht mehr nennen."

148 Besonderem Dank schulde ich hier Herrn Gerd *Bussing* vom Pressearchiv der Evangelischen Kirche in Berlin-Brandenburg, nach Hinweis von Peter C. *Bloth* (Berlin).

149 Daß bei Hutten oder seinem Gewährsmann eine Verwechslung vorlag, hätte schon die falsche Zuordnung der Amtsbezeichnung verraten können.

kulturell-ideologischen Auseinandersetzung Stellung zu nehmen zu dem unübersehbaren Sympathiezuwachs der Bundesrepublik durch ihre alleinige Teilnahme an der Brüsseler Weltausstellung und ihre geglückte Präsentation.

Die Gelegenheit ergab sich am 2. November 1958 in der Deutschen Staatsoper beim Festakt zur Eröffnung der Ausstellung: "Schätze der Weltkultur, von der Sowjetunion gerettet"[150]. Diese Teilrückgabe von bei Kriegsende weggeschafften Kunstschätzen wird nun der Rückbehaltung Berliner Exponate durch die Bundesrepublik mit ihrer imperialistischen Einstellung entgegengehalten und dies durch eine entsprechende Interpretation des Brüsseler Ausstellungskataloges erläutert, nicht ohne eine recht eigenwillige Deutung des - im vorigen Abschnitt schon beschriebenen - graphischen Apfelemblems[151] und des "Lutherwortes":

---

150 Reportage unter dem Titel "Dank an das sowjetische Volk" in: Neue Zeit, 4. Nov. 1958.

151 Die Neue Zeit referiert: "Die Sucht nach 'Beutegut' gehöre noch nicht der Vergangenheit an, erklärte Grotewohl und verwies in diesem Zusammenhang auf einen Akt der Bonner psychologischen Kriegsführung. Auf der Brüsseler Weltausstellung hatten die Bonner Manager einen Katalog herausgegeben, der auf den Außenseiten einen stilisierten Reichsapfel [!] zeigte, in dessen Mittelpunkt eine verschämte kleine schwarzrotgoldene 'Gösch' eingebaut war. Auf den Innenseiten aber schlug dem Beschauer das alte unverschämte Schwarzweißrot in Großformat entgegen, unter dem gerade Belgien, wo die Weltausstellung stattfand, zweimal innerhalb von dreißig Jahren die Beute der deutschen Militaristen geworden war." Die Kolorierung mit Gold war offenbar aus technischen oder finanziellen Gründen teilweise unterblieben, was m.W. bei den sonstigen Reaktionen auch keine Rolle gespielt hat. Von einer Ähnlichkeit mit dem Reichskleinod kann man kaum reden, auch sonst ist nichts dazu bemerkt worden.

"Außerdem trug die Innenseite den Spruch: 'Und wenn ich wüßte, daß morgen die Welt unterginge, würde ich heute noch mein Apfelbäumchen pflanzen.' Otto Grotewohl sagte dazu: 'Das ist in den Tagen der Adenauerschen Atompolitik und seiner ideologischen Kriegführung völliger Mißbrauch eines Wortes von Martin Luther, der es gebraucht hatte unter völlig anders gearteten geschichtlichen Umständen, nämlich als optimistischen Ausdruck des aufsteigenden Bürgertums. Nun, der eine pflanzt um den Preis des Weltunterganges Reichs-Apfelbäumchen, der andere um den Preis der atomaren Aufrüstung Rosenstöcke.'"[152]

Eine Woche später, "Zum 475. Geburtstag Luthers", kommt die gleiche Neue Zeit, das Blatt der DDR-CDU, noch einmal auf den Vorgang zurück. Ihr Kirchenredakteur wiederholt in seiner Spalte[153] Grotewohls oder seiner Redenschreiber Warnung vor dem "gefährliche(n) Mißbrauch" dieses und, wie er hinzufügt, auch anderer Worte Luthers. Das hindert ihn aber nicht, den frühbürgerlichen Optimismus, welchen Grotewohl aus dem Apfelbäumchenwort herauslas und mehr apologetisch registrierte als offensiv ausgestaltete, nun voll in das damals auf diesem Gebiet noch zukunftsträchtige Unternehmen sozialistischer Erbeverwertung einzubringen und im Sinne der einseitig prosowjetischen Friedenspropaganda polit-theologisch zu garnieren:

"Von einer ganz anderen Seite her hat kürzlich das Mitglied des Politbüros, Sekretär des ZK Alfred N e u m a n n, auf einer Wahlversammlung vor Wissenschaftlern der Martin-Luther-Universität Halle Luther gegen die Politik des

152 Die letzte Wendung geht wohl auf Adenauer, den Rosenzüchter.

153 Neue Zeit. 11.11.1959. Als Verfasser kann Eberhard *Klages* angenommen werden, der bis kurz vor der Wende regelmäßig in der "Neuen Zeit" schrieb (Gerd *Bussing*, Brief vom 10.5.1993).

Verderbens ins Feld geführt. Indem er sich auf Luthers n a t i o n a l e s Bekenntnis berief: 'Für meine Deutschen bin ich geboren, ihnen will ich dienen', führte er aus, man diene Deutschland heute am besten, wenn man die Atomkriegsgefahr beseitige.

Das Wort von dem Apfelbäumchen, das Otto Grotewohl als 'symptomatisch für den Optimismus des aufsteigenden Bürgertums' wertete, das dem Gläubigen darüber hinaus aber auch Ausdruck eines unbedingten V e r t r a u e n s auf die erhaltende Gnade Gottes ist, mag dem Christen von heute zugleich ein Hinweis sein auf eine Lebensbejahung, die die Dinge dieser Welt nicht abwartend Gott oder ihrem Selbstlauf überläßt, sondern die, auf der irdischen Ebene tatkräftig wirkend und arbeitend, die Welt als ihre Welt verändert und gestaltet."

An diesem Punkte, wo erkennbar geworden ist, wie östlicher und westlicher Gebrauch des Apfelbäumchenwortes als eines auch politisch relevanten Lutherwortes aufeinanderstoßen, sie aber auch, wie noch zu sehen sein wird, in bestimmter Hinsicht einander ähnlich sind und bald noch ähnlicher werden, stellt sich die Authentizitäts- und Herkunftsfrage immer dringlicher.

5. Die Spurensuche: Historische Herleitungshypothesen

a) Martin Luther - oder?

Dieses Kapitel unterbricht die in etwa chronologische Darstellung der Geschichte des Lutherwortes vom Apfelbäumchen und tut es doch nicht. Zum Gang dieser Geschichte gehört nämlich hinzu, daß und wie in ihrem Verlauf die kritische Frage nach der Authentizität des Zitats gestellt und zu beantworten versucht wurde und was das für Folgen hatte.

Die im Deutschen Pfarrerblatt seit 1950 veröffentlichten Suchmeldungen nach einem Fundort bei Luther fanden, wie bereits erwähnt, ihre Beantwortung erst am Ende jenes Jahrzehnts der ersten grandiosen Konjunktur des Apfelbäumchenwortes. Und diese Antwort fiel eindeutig negativ aus. Nachdem Theodor Knolles abgewogenes, aber schon klares Votum von 1954, also kurz vor seinem Tode, ungedruckt geblieben und sein Inhalt sich höchstens partiell und gerüchtweise bei manchen verbreitet hatte[154], konnte

154 Das Fazit *Knolles* hatte gelautet (s. Anm. 1, S. 120): "Daß das Zitat unmittelbar aus Luthers Schriften geschöpft ist oder sich dort nachweisen läßt, halte ich für unwahrscheinlich. Es ist legendär, aber in dieser legendären Autorisierung ein Zeichen des Luther-Verständnisses der Gegenwart." Als das Ende 1959 in den Mitteilungen der Luthergesellschaft erschien, hieß es im Nachwort (S. 144): "Immer wieder wurde die Veröffentlichung des Vortrages unseres verstorbenen 2. Präsidenten Landesbischof Prof. D. Theodor Knolle über die legendären Lutherworte auf unserer 1. Hauptversammlung nach dem Kriege 1954 in Hamburg erbeten. Wir sind froh, die jetzt in seinem Nachlaß gefundene Niederschrift allen zugänglich machen zu können." Es hat also Schriftliches in

man eine - die erste - Bestreitung der Luther-Herkunft erst im April 1958 auch lesen, und zwar in der apodiktisch kurzen Zuschrift von Friedrich Gruenagel an das Pfarrerblatt:

> "Das überhäufig zitierte Wort vom Pflanzen eines Apfelbäumchens vor dem Weltuntergang ist n i c h t von Luther. Ein Schwabenvater hat es erstmalig gebraucht."[155]

Bemerkenswert ist, daß daraufhin, im Grunde aber schon seit dem Vortrag Knolles von 1954, der die Fehlanzeige erstmals konstatierte, niemand den geringsten Widerspruch erhoben und Luther doch als Autor des Apfelbäumchenzitats zu erweisen versucht hat. Es gab nur weiterhin zahllose unbegründete Behauptungen der Luther-Herkunft und nun freilich auch ein wenig problembewußtere, aber dennoch unbekümmerte Äußerungen der Art, es passe doch ein solcher Ausspruch bestens zu Luther und sei eben darum sicherlich auch von ihm ausgegangen. Neben solchen weitverbreiteten Erschleichungen plumper Manier gab und gibt es auch durchdachte, wenngleich abenteuerliche Zurechtlegungen, etwa die Annahme von Seitentraditionen,

---

der Öffentlichkeit vorher nicht gegeben, wohl aber teilinformierte Nachfrage.

155 Leserbrief von [Pfarrer Dr. Friedrich] *Gruenagel*, Weinheim. In: Deutsches Pfarrerblatt 58. (Nr. 8, 15. April) 1958, S. 181. Hinzugefügt ist ein Lutherzitat, das von der Hoffnung auf den baldigen Jüngsten Tag spricht und somit keinen Raum für den Gedanken ans Bäumchenpflanzen läßt. Das Urteil entspricht historisch also dem Knolles, wenngleich, wie ein Jahr später deutlicher herauskommt, Gruenagel für die Gegenwart jegliche eschatologische Orientierung in Frage stellte, auch wegen der Nichtnachvollziehbarkeit solcher und anderer "gestanzter theologischer Redensarten" (s. Anm. 95. 145). Man kann vermuten, daß er, seit 1953 Mitglied der Luthergesellschaft bis zu seinem Tode 1983, von Knolles Vortrag wußte oder ihn gar gehört hatte.

über deren rein postulativen Charakter freilich auch Fachleute sich und andere täuschen konnten.[156]

Von alldem war aber das im Pfarrerblatt 1958/59 geführte Gespräch schon bemerkenswert frei. Hier gab es erst einmal nur Bestätigungen der Nichtauffindbarkeit des Zitats bei Luther[157]. Daß aus der Leserschaft des Pfarrerblattes damals und bis heute, auch aus der ganzen theologischen Öffentlichkeit, von niemandem ein ernstzunehmender Versuch zur Verteidigung der Luther-Herkunft unternommen wurde, auch nicht ansatzweise, ja nicht einmal ein hinhaltendes Rückzugsgefecht eröffnet wurde, beweist für sich zwar nichts, besagt aber im Gesamtzusammenhang doch auch einiges. Jeder, der Luther kennt und forschend liest, weiß sich ja seit langen Jahren in der Pflicht, darauf zu achten. Wer hätte es nicht gerne gefunden? Doch blieben alle ohne Resultat. Man hat das voneinander gewußt und sich auch nicht darüber gewundert.

Bischof Kruse also hätte seinen Finderlohn im Lutherjahr auch auf eine Million erhöhen können - niemand hätte ihn abgeholt. Das vor einem Menschenalter noch nicht ausgebaute Luther-Register in Tübingen beantwortet die Anfragen längst routinemäßig abschlägig und klärt über die Kirchenpresse bei Gelegenheit vorbeugend auf[158]. Und

---

156 Das eklatanteste Beispiel dieser Art stammt von Heiko A. *Oberman*, von dem sonst gerade in Sachen Eschatologie bei Luther ja viel zu lernen ist: "Obwohl gewiß echtes Luthergut, ist diese Aussage leider nicht in den bewahrten Schriften festzumachen." Martin Luther: Zwischen Mittelalter und Neuzeit. [1983] In: *Ders.*: Die Reformation. Von Wittenberg nach Genf. Göttingen 1986, S. (189-207) 207.

157 Besonders kompetent in dem Leserbrief des mit den Arbeiten am Lutherregister vertrauten Reinhold *Jauernig*, Weimar (DtPfrBl 58. 1958, S. 277).

158 Torsten *Weiler*: Wer pflanzte das Apfelbäumchen? Wie ein Register für 50000 Seiten Luther entsteht. In: Unsere Kirche. Evangelisches Sonntagsblatt für Westfalen und Lippe Nr. 44,

sollte jemand auch diese Seiten hier nur deswegen aufgeschlagen und durchsucht haben, so sei ein definitiver Bescheid nicht verweigert: Es muß bei Gruenagels Feststellung von 1958 bleiben, das Wort "ist nicht von Luther." Und, so sei schon jetzt hinzugefügt, es gibt auch kein Wort bei Luther, das dem heute fälschlich unter seinem Namen oder ohne dessen Nennung umlaufenden Apfelbäumchenwort nach Form und Inhalt so ähnlich wäre, daß man dabei mit einer - wie auch immer überlieferten - Variante von einem nur vermuteten und dann also verschollenen Apfelbäumchen-Ausspruch des Reformators rechnen müßte. Es besteht ebenfalls kein begründeter Anlaß, an einen sehr frühen, seinem Wirkungsbereich zuzurechnenden und in seinem Sinne formulierenden Deuteroluther zu denken, vielmehr muß man nach dem Vorgang Ernst Bammels hier eindeutig von "Pseudo-Luther" sprechen.

Auf der anderen Seite brachten die Leserzuschriften im Pfarrerblatt von 1958/59, ohne sich noch lange mit Luther aufzuhalten, sogleich andere Herleitungen ins Gespräch, zuerst die mit Gruenagels Votum verbundene lakonische Behauptung, ein Schwabenvater habe das Wort erstmalig gebraucht.

Unmittelbar darunter abgedruckt gibt Landesbischof (Wilhelm) Halfmann, Kiel, zu bedenken, ob hier nicht eine christliche Umbildung eines lateinischen Spruchs vorliege:

> quid honestius
> quam serere arbores,
> quae alteri saeculo prosint.

Was ist ehrenwerter, als Bäume zu pflanzen, die erst künftiger Zeit nützen! "Jedenfalls ist der Gedanke des

---

30. Okt. 1988. Etwas überraschend in diesem Zusammenhang ist nur die auch inhaltlich etwas vorschnell wertende Hinzufügung: "Genial erfunden, denn es hätte aus seinem Mund sein können. Aber erfunden."

Baumpflanzens in Hoffnung auf die Zukunft gemeinsamer Gedanke mit dem angeblichen Lutherwort", meint Halfmann[159].

Anfang 1959 nimmt der Schriftleiter auch selbst Stellung[160] und bekräftigt die Vergeblichkeit der Suche bei Luther. Dann berichtet er, man habe auf ein ähnliches Wort "von Rabbi Johanan ben Zakkai, einem Zeitgenossen des Apostels Paulus" verwiesen, hält dies aber als Vorlage für unwahrscheinlich, weil zu alt und zu entlegen. Stattdessen plädiert er dafür, den Ursprung bevorzugt dort zu suchen, wo er für Gruenagel schon feststand, nämlich in "schwäbischen Pietistenkreisen der Jahrzehnte vor 1836". Er nennt auch schon Namen und zitiert Aussprüche, schließlich untermauert er das zum Jahresende 1959 durch den - auszugsweisen - Abdruck des Knolle-Vortrages[161]. Es sollte noch zwei Jahre dauern, bis der Vorschlag einer Kombination der "rabbinischen" und der "schwäbischen" These durch Ernst Bammel herauskam.

Auf eine vierte Spur, die wir bereits kennen, hatte vorher schon Oskar Söhngen aufmerksam gemacht und zu ihrer Aufhellung aufgerufen. Er hatte in Gerda Gollwitzers

---

159 DtPfrBl 58. (Nr. 8, 15. April) 1958, S. 181. Der Spruch (von uns korrigiert: quae statt zui) ist umgeformt aus *Cicero* (Cato maior de senectute VII, 24; auch Tusc. I, 31); dieser beschreibt mit einem *Statius*-Vers das bedenkenswerte Wirken des alten Bauern: Serit arbores, quae alteri saeculo prosient (ältere, ins Versmaß passende Form).

160 H. (=Kurt *Hutten*): Das Apfelbäumchen und das Weltende. DtPfrBl 59. (Nr. 3, 1. Febr.) 1959, S. 58.

161 *Nochmals: Das angebliche Lutherwort vom Apfelbäumchen.* DtPfrBl 59. 1959, S. 575 f. *Hutten* dankt vorweg, der Text Knolles sei von Präsident D. Söhngen (Berlin) zur Verfügung gestellt worden. Ob das der schon erschienene (oder erscheinende) Abdruck in "Luther" (s. Anm. 1) war oder eine Manuskriptabschrift?

Gartenbuch das Zitat mit der Zuschreibung an Friedrich Christian Laukhard gefunden[162].

Diese anderen Herleitungshypothesen kamen also sogleich auf den Tisch, nachdem die Autorschaft Luthers für das Apfelbäumchenwort dahingefallen war. Bei der Masse der Verwender des Zitats blieb vorerst alles beim alten, doch für die wenigen, die sich nun weiter an der historischen Aufklärung beteiligten und beteiligen, und sei es auf eine noch so geringfügige Weise, ist das Kapitel Luther abgeschlossen, und das Interesse richtet sich auf jene neuen Hypothesen, bei denen es im wesentlichen dann auch geblieben ist[163]. Diese sollen nun noch einmal aufgegriffen werden, und zwar unter der dreifachen Fragestellung, ob der betreffende Hinweis weiterhin als möglicherweise echte, zum Ursprung oder womöglich zu einem Urheber des Satzes führende Spur gelten könne, oder ob er auf etwas ziele, was teilweise mit einer anderen Spur zusammengeflossen sein oder bei einer erst späteren Neubildung indirekt eine Rolle gespielt haben könne, oder schließlich ob er eine bloße - deutliche oder schwächere - Parallele anzeige, wie sie erst dem rückblickenden Betrachter auffällt.

---

162 S. o. Anm. 42.

163 Gelegentlich wurden noch weitere Namen genannt (z.B. Geiler von Kaysersberg, Friedrich Rückert, Eduard Mörike, Kardinal Carlo Borromeo). Nach Prüfung und Befragung von Fachleuten blieb es dann so gut wie immer dabei, daß die Tipgeber von sich aus wegen Ähnlichkeit des Denkens oder einzelner Ausdrücke nur die Empfindung gehabt hatten, eine Suche bei dem Betreffenden könne sich vielleicht lohnen. Nicht einmal eine wirkliche Parallele kam dabei an den Tag, höchstens einmal eine Parallele zu einem anderen Ausspruch, der seinerseits nur eine teilweise Parallele zum Apfelbäumchenwort darstellt.

b) Schwäbischer Pietismus

Längst wäre es überflüssig, immer noch nach der Herkunft des in unserem Jahrhundert zitierten Wort vom Pflanzen eines Apfelbäumchens vor dem Weltuntergang zu fahnden, wenn das nur stimmte, was Friedrich Gruenagel 1958 nach dem Schlußstrich unter Luther als seine eigene Ansicht hinzufügte: "Ein Schwabenvater hat es erstmalig gebraucht"[164]. Eben dies aber ist nach dem, was damals vorlag und was inzwischen geforscht und geschrieben wurde, nicht zu verifizieren. "Es", also das heute zur Debatte stehende Diktum, ist erst für einen Zeitpunkt kurz vor der Mitte des 20. Jahrhunderts schriftlich nachgewiesen und auch als mündliches nur für eine nicht allzulange davor liegende Zeit glaubhaft bezeugt.

Allerdings kennen wir einige - zunächst nur mündlich überlieferte - Aussprüche ähnlicher Art aus dem stark eschatologisch gestimmten württembergischen Pietismus im frühen 19. Jahrhundert, genauer vor dem 18. Juni 1836, für welchen Tag der fromme und gelehrte Präzeptor und Prälat D. Johann Albrecht Bengel (1687-1752) den Beginn des Tausendjährigen Reiches vorausberechnet hatte[165]. Diese Stimmen bezeugten und forderten dazu auf, auch bei der Gewißheit, daß das - in jedem Falle bald erwartete - letzte Wüten des Antichrists und das Kommen des Herrn nun unmittelbar bevorstehe, doch die anstehenden irdischen Aufgaben bis zuletzt nicht zu vernachlässigen.

Daß jene Voraussage viele Gemüter im Lande so stark bewegte, hängt auch mit einem aus vielen Gründen zu-

164 S. o. S. 117.

165 Mündlich und auch gedruckt, s. dazu *Breymayer*: Gnomon (s. Anm. 1, S. 293, Anm. 22). Das letzte Wüten des Antichrists sollte schon im Jahre 1832 beginnen, s. Hartmut *Lehmann*: Pietismus und weltliche Ordnung in Württemberg vom 17. bis zum 20. Jahrhundert. Stuttgart usw. 1969, S. 72.

gespitzten Krisenbewußtsein zusammen. Die gottlose französische Revolution, das auch für Württemberg folgenreiche Auftreten Napoleons, der vielen als Antichrist galt[166], das Ende des Alten Reiches, das Königtum (1806) im Zeichen des Rheinbundes, die wirtschaftlichen und gesellschaftlichen Umbrüche, dabei der Verlust kirchlicher Rechte, nicht zuletzt der Einbruch des "Rationalismus", etwa in Gestalt des neuen Gesangbuches von 1791 und der neuen Liturgie von 1809, waren für die Frommen lauter Anzeichen des Endes. Dazu kamen das Sterben von Landeskindern bei den napoleonischen Feldzügen und immer wieder die materiellen Nöte bis hin zum großen Hungerjahr 1816/17. Die nach dem Regierungswechsel von 1816 nicht mehr verbotene Auswanderung wurde nun zu einer mitreißenden Flut, mit den Hauptzielen Amerika und wieder Rußland[167]. Bei nicht wenigen hatte der Auswanderungswille auch spezielle apokalyptische Gründe, die Blicke richteten sich nach Osten, wo man den endzeitlichen "Bergungsort" (Offb. 12,6) suchte, einige strebten auch nach Jerusalem. Wenngleich mit der Zeit manche unter den Theologen dieser Richtung und den jüngeren Geistern sich von der Apokalypse-Auslegung Bengels und ihrer Terminberechnung abwandten, dem chiliastischen Erbe freilich durch wichtige Gedanken und Einstellungen verbunden

---

166 Martin *George*: Die Fälschung der Wahrheit und des Guten. Gestalt und Wesen des Antichrists im 19. Jahrhundert. In: Zeitschrift für Kirchengeschichte 102. 1991, S. 76-103.

167 *Aufbruch nach Amerika*. Die Auswanderungswelle von 1816/17. Hg. v. Günter *Moltmann*. Stuttgart 1989; Hans *Petri*: Schwäbische Chiliasten in Südrußland. In: Kirche im Osten 5. 1962, S. 75-97. Zu Johann Heinrich *Jung-Stilling* und seinen Wirkungen s. auch *Breymayer*: Untersuchungen ... (s. Anm. 1), S. 81-84.

blieben[168], so hatte doch bei den nicht wenigen - auch neu - Erweckten der Millenarismus eine starke Stellung im Lande. Der im allgemeinen darin übergreifend verbundene württembergische Pietismus war in seinen einzelnen Ausprägungen gleichwohl differenziert.

In unserem Zusammenhang sind zwei Schwerpunktbildungen von besonderem Interesse. Die Brüdergemeinde Korntal (bei Leonberg)[169] trug das 1818 gegründete und 1819 bezogene, vom neuen König vor allem zur Abschottung des Auswanderungssoges geförderte Sammlungs-, Siedlungs- und Erziehungszentrum des erweckten Verwaltungsmannes und Laienchristen Gottlieb Wilhelm Hoffmann (1771-1846). Länger dabei war schon das Alb-Dorf Hülben[170] bei Urach mit seinem großen Schulhause und der seit 1722 bis ins 20. Jahrhundert dort im Segen tätigen Lehrerfamilie Kullen, vor allem wegen der heute über 220 Jahre alten "Stunde" und den Monats-"Konferenzen", welche die verantwortlichen Stundenleute des Umlandes einbezogen. Es war die Brunnenstube einer bibelgegründeten, wirklichkeitsnahen wie gewissenhaften,

---

168 Zu Gottlob Christian *Storr's* Wirkung auf Ph.M. *Hahn* und andere s. das Vorwort *Breymayers* in: Philipp Matthäus Hahn: Kurze Beschreibung einer kleinen beweglichen Weltmaschine. Faksimile-Neudruck der wiederentdeckten Ausgabe Konstanz 1770. Hrsg. v. Reinhard *Breymayer*. M.e. Geleitwort v. Alfred Munz. Tübingen 1988, bes. S. XXIV ff.; s. auch R. *Breymayer*: "Anfangs glaubte ich die Bengelische Erklärung ganz..." Philipp Matthäus Hahns Weg zu seinem wiederentdeckten "Versuch einer neuen Erklärung der Offenbarung Johannis" (1785). In: Pietismus und Neuzeit 15. 1989, S. 172-219.

169 Joachim *Trautwein*: Art. Korntal in: Theologische Realenzyklopädie 19 (1990), S. 640-645 (Literatur).

170 *Zweihundert Jahre Kullenstunde in Hülben* (Altpietistische Gemeinschaftsstunde). Hrsg. v. Reinhard *Breymayer* und Karl *Buck*. 2. (=3.) Aufl. Metzingen 1979 (Literatur!).

gemeinschaftlichen wie kirchentreuen Erwecktheit. Mit Korntal war man verbunden im Engagement für die Erziehung, so kam der nicht unbedeutende Schulmann Johannes Kullen (1787-1842) aus Hülben schon zu Anfang (Ende 1819) nach Korntal.

Vor allem aber war man verbunden in der sehnsuchtsvollen endzeitlichen Erwartung. Doch sollte man sich dabei vor den ringsum vorkommenden und ja immer naheliegenden schwärmerischen Unbedachtsamkeiten hüten, so die Korntaler, indem sie ja selbst schon einen geistlichen "Bergungsort" (Offbg. 12,6) darstellten, also, wie es neuerdings gelegentlich heißt, Möglichkeiten zur "inneren Emigration" boten, und dennoch nicht in untätige Resignation verfielen, aber auch die Hülbener, indem sie das gleiche im ländlichen, seit jeher harten Arbeitsalltag taten, mit einem innerlich reichen Schul- und Gemeinschaftsleben. Ein wichtiges Kennzeichen dieses Pietismus war also die immer wieder zu beweisende eschatologische "Nüchternheit".

In diesem Umfeld haben nun die erwähnten, teilweise schon von Knolle und Hutten zitierten Aussprüche ihren Ort. Sie sind nicht sogleich schriftlich festgehalten und teilweise, mindestens einer von ihnen vielleicht schon bei der mündlichen Weitergabe, sicherlich aber bei den späteren Wiedergaben leicht verändert und sogar vermischt worden. Doch dürfte es sich um ursprünglich vier verschiedene Äußerungen von mindestens drei Urhebern handeln[171].

(1) Von Andreas Klein aus Owen unter Teck, der Anfang unseres Jahrhunderts verschiedentlich erinnernd und mahnend vom Geist und den Personen der Anfangsjahre

---

171 Hier folge ich teils den mir erreichbaren Erstpublikationen, teils dem besonders sachkundigen, akribischen *Breymayer* (Untersuchungen, s. Anm. 1, bes. S. 78-80), ohne jede seiner Zuordnungen und Gewichtungen zu übernehmen.

gesprochen hat[172], erschien 1927 ein weiterer Bericht im altpietistischen Gemeinschaftsblatt[173]. Hier erzählt er u.a. von seinem Vater Christoph Klein, der in Owen mit drei anderen Jünglingen ein "Gebetsstündlein" hatte. Sie gingen öfters zu einem Pfarrer bei Kirchheim und über Ostern auch den langen Weg bis Korntal,

> "um dann reichgesegnet durch Pfarrer Kapf, Vorsteher Hoffmann, Adam Straub, Johannes Kullen und noch andere geistvolle Brüder wieder heimzukehren. Da Bengel auf 1836 die Wiederkunft des Herrn erwartete, blieben diese Brüder ledig. Freilich gab es damals auch ganz unnüchterne Brüder, die glaubten, wenn der Heiland doch bald komme, dann sei es nicht nötig, noch fleißig zu arbeiten. Einige von ihnen kamen darum um Hab und Gut. Bruder Kullen eiferte ernst dagegen. Er sagte einmal in der Konferenz: 'Brüder, wenn ich gewiß weiß, daß der Heiland kommt, und ich habe noch einen Baum zu setzen, so setze ich ihn zuvor, und wenn eine Dachplatte fehlt, muß sie noch ergänzt werden.['] Da aber zu der erwarteten Zeit der Heiland nicht kam, so gründeten die Brüder jetzt ihren Hausstand und wurden recht nüchterne Väter in Christo."[174]

---

172 Z.B. 1905 bei der Beerdigung des späteren Johannes Kullen, in: Wilhelm *Busch*: Aus einem schwäbischen Dorfschulhause. Elberfeld 1906, S. 238; dergleichen 1921 bei der Beerdigung von dessen Witwe Maria Pauline, geb. Herrmann, in: Wilhelm *Busch*: Pfarrer Dr. Wilhelm Busch. Sein Leben und Wirken. Hamburg 1926, S. 188. 193.

173 Andr[eas] *Klein*: Ich denke der alten Zeit, der vorigen Jahre. In: Gemeinschaftsblatt für die verbundenen altpietistischen Gemeinschaften in Württemberg Jg. 21. Stuttgart 1927. Nr. 8 (August), S. 72-74. Der Bericht beginnt: "Wenn ich noch mehr von unsern alten Brüdern mitteilen soll...".

174 Aa0. S. 73 f. Mit der "Konferenz" ist die überörtliche Zusammenkunft in Hülben am letzten Samstag jeden Monats gemeint. Welche davon aus all den Jahren im Blick ist, bleibt offen.

(2) In verschiedenen Versionen wurde in seiner Lebensbeschreibung und in der späteren Erbauungsliteratur eine Episode aus dem Leben des sich zur Hülbener Konferenz haltenden Stundenmannes Hans Martin Mader aus Mägerkingen (1804-1856) berichtet. Der überaus fleißige und seine 10 Kinder streng zur Arbeit anhaltende Vater sah sich beim mühsamen Heckenausgraben mit der naiven oder listigen Frage eines der Sprößlinge konfrontiert:

> "'Warum gibst du doch das Heckenausgraben nicht auf? Du sagst ja immer, der Antichrist komme bald.' 'Ja, Kind', antwortete er, 'und wenn wir wüßten, der Antichrist komme schon morgen, müßten wir doch heute noch fleißig arbeiten. Der liebe Gott verlangt von uns Treue, und daß wir im Schweiße des Angesichtes unser Brot essen.'"[175]

(3) Eine Äußerung von nicht genannten Brüdern wird 1852 in der von seinem Sohn Samuel verfaßten Vita Johannes Kullens in indirekter Rede wiedergegeben:

> "Daß der Herr nach Bengels Rechnung im Jahr 1836 erscheinen werde, hoffte er noch immer; aber er warnte davor, daß man so steif und fest seine Erwartung darauf stelle, und war nie mit denen einig, die sich einem Schwindel der Auswanderung hingaben. Aber es fehlte auch nicht an Solchen, die in den unruhigsten Zeiten den nüchternen Sinn behielten, und sagten, wenn sie gewiß wüßten, daß morgen der Antichrist käme, so würden sie doch heute noch nach der Ordnung ihren Acker bestellen."[176]

---

175 Nach dem Vorgang von *Breymayer* (aa0 S. 78 f.) zitiert nach *Knolle* (s. Anm. 1, S. 119). Die Lebensbeschreibung Maders von Wilhelm Friedrich *Thumm* lag mir nicht vor, sie erschien laut *Breymayer* im Jahre 1865.

176 Johannes *Kullen*: Fünf und fünfzig Erbauungsstunden sammt seinem Lebensabriß und Anderem aus seinem Nachlaß, hrsg. v. Samuel *Kullen*. Kornthal 1852, S. LXXXII. Über Zeit, Ort und Personen läßt sich nichts Präzises sagen. Für *Breymayer* (aa0 S. 79) ist es "allgemein der Kreis um Johannes Kullen in

(4) Der vierte Ausspruch stammt aus Korntal, und zwar von dem Vorsteher Gottlieb Wilhelm Hoffmann selbst. Nach örtlicher Überlieferung, wiedergegeben 1957 von Fritz Grünzweig, pflegte er zu sagen:

> "Wir warten, beten und bereiten uns, wie wenn der Herr morgen käme; aber wir bauen, pflanzen und wirken auf Erden, wie wenn es noch tausend Jahre so fortginge."[177]

Über einen möglichen Zusammenhang dieser Aussprüche mit unserem heutigen Apfelbäumchenwort kann man nun durchaus verschiedener Meinung sein. So sieht Reinhard Breymayer hier eine sehr enge Verbindung, während Erwin Mülhaupt gar nichts davon hält[178]. Doch niemand mehr behauptet mit der Bestimmtheit Gruenagels, so als habe er einen klaren Beleg dafür, daß das heute unter Luthers Namen umlaufende Apfelbäumchenwort, das ja trotz gewisser Formulierungsschwankungen doch in ziemlicher Gefestigtheit auftritt, von einem (!) Schwabenvater erstmalig (!) gebraucht worden sei.

Eine zweite Ansicht vermeidet nun solche Bestimmtheit, setzt aber ebenfalls voraus, daß es diesen Ausspruch damals im Schwäbischen gegeben habe. Kurt Hutten sprach Anfang 1959 nicht nur von "Spuren, die in die Welt der Schwaben-

---

Korntal". Samuel *Kullen* ordnete das Berichtete freilich in den Abschnitt über die Zeit seines Vaters als Lehrer in Metzingen 1816-1819, also die Zeit vor Korntal, ein. Dies waren in der Tat Jahre besonderer eschatologischer Gespanntheit, doch könnte der Satz auch früher oder später gesagt worden sein.

177 Fritz *Grünzweig*: Die Evangelische Brüdergemeinde Korntal. Metzingen [1957], S. 215. 32.

178 In seinem Artikel von 1986 (s. Anm. 1) erwähnt er diese Möglichkeit nicht einmal; seine mir mündlich und schriftlich bekanntgewordenen Argumente werden hier aber mit berücksichtigt.

väter weisen"[179], sondern faßte dann auch zusammen: "Das Wort vom Apfelbäumchen ist mit Aussprüchen dieser Art so verwandt, daß es sich nahe legt, seinen Ursprung in jenen schwäbischen Pietistenkreisen der Jahrzehnte vor 1836 zu suchen"[180]. Er meinte offensichtlich, wegen der starken Ähnlichkeit mit deren Aussprüchen sei das bekannte Apfelbäumchenwort zur gleichen Zeit und in den selben Kreisen wie diese geprägt worden, wofür aber nur noch kein letzter Beweis gefunden und daher weiter zu suchen sei; uns sei dieser ursprünglich gänzlich schwäbisch-pietistische Satz nur fälschlicherweise unter dem Namen Luther bekannt[181]. Abgesehen vom Fehlen jeglichen Beleges dafür ist die andere große Schwäche dieser Sichtweise, daß ein damals angeblich schon fertiges Apfelbäum-

179 S. o. Anm. 160.

180 Ebd. Später sagt *Hutten* es so: "Ich habe die starke Vermutung, daß das angebliche Lutherwort in Wirklichkeit seinen Ursprung im schwäbischen Pietismus der Jahrzehnte vor 1836 hat." (Brief vom 1. Okt. 1976).

181 Daß *Hutten* es so gemeint hat und auch mit dem ja mehrdeutigen Wort "Ursprung" keine Unklarheit verbreiten wollte, erhellt aus dem über 17 Jahre später geschriebenen Brief (s. vor. Anm.): "Ich erinnere mich mit ziemlicher Bestimmtheit in irgendeiner Ausgabe der schwäbischen Väter einmal ein Wort gelesen zu haben, das dem Lutherwort genau glich, nur daß statt dem Apfelbäumchen eine andere Obstsorte genannt war." Hutten meinte wohl entweder, daß der dann irgendwann erfolgte Austausch (oder Rücktausch?) der Obstsorte nur eine Belanglosigkeit darstelle, oder - wahrscheinlicher, im Zuge seiner früheren Argumentationsweise - daß es auch damals schon das nur noch nicht gefundene Apfelbäumchen-Wort gegeben haben müsse, wo man nun schon so nahe herangekommen sei. Ich halte aber nicht nur diese Alterserinnerung für nicht tragfähig - warum ist vorher nie davon die Rede gewesen? -, sondern auch aus im folgenden erkennbaren sachlichen Gründen für unwahrscheinlich.

chenwort über ein Jahrhundert lang noch völlig verschwunden geblieben sein müßte.

Die dritte Ansicht ist da weit vorsichtiger. Theodor Knolle sagte 1954 - zu lesen erst Ende 1959 -, er könne für das Wort statt bei Luther "einen anderen Anklang nachweisen, der zumindest auf eine gemeinsame Quelle hinweist."[182] Hier wird zwar für sehr gut möglich gehalten ("zumindest"), aber doch auch wiederum nicht einfach behauptet, es habe das gegenwärtig umlaufende "Lutherwort" seinen Ursprung im Schwabenlande. Vielmehr findet der "Anklang" seine Erklärung in einer gemeinsamen Quelle mit dann also unterschiedlichen Abständen zu den Schwaben-Aussprüchen und zu dem modernen "Lutherwort". Ob das auf direktem Wege oder über Vermittlungen vorzustellen ist und wie die Sachunterschiede erklärt werden sollen, sagt Knolle nicht, wohl aber deutet er zu den schwäbischen Stimmen noch an: "Wieweit die Pointierung dieser Geschichten etwa auf Bengel zurückgeht, wieweit eine andere Autorität älteren Ursprungs dahintersteht, bleibt noch festzustellen."[183] Ob er damit zugleich auch etwas zu dem Zitat des 20. Jahrhunderts hat sagen wollen, ob also auch hier jene vorher vermutete "gemeinsame Quelle" gemeint ist, bleibt offen[184].

---

182 *Knolle* (s. Anm. 1), S. 119.

183 AaO S. 120.

184 Man könnte vermuten, daß mit jener "Autorität älteren Ursprungs" schon die rabbinische Stimme gemeint gewesen sei, auf die später Ernst *Bammel* (1962) und dem voraus schon Kurt *Hutten* (1959, s. Anm. 160) aufmerksam machten. Doch erscheint das für 1954 als weniger wahrscheinlich. *Knolle*, der von seinem schwäbischen Freund, dem durch Heirat mit der Familie Busch-Kullen verbundenen Pfarrer Eduard *Stöffler*, auf die württembergischen Parallelen gestoßen wurde (Auskunft des mütterlicherseits aus der Familie Kullen stammenden Reinhard *Breymayer*), war selber in jener Welt nicht ganz zu Hause. So unterlief ihm zu sagen, daß "Bengel 1836 auf

Die vierte Ansicht über die württembergischen Beziehungen des "Lutherwortes" ist die Reinhard Breymayers, welcher erstmals ältere und neuere Texte in breiterem Ausmaß heranzieht, Varianten bestimmt, mit Bedeutungsverschiebungen, Kontaminationen und weiträumigen Querverbindungen[185], aber auch mit Aktualisierung emblematischer Tradition rechnet. Auch für ihn hat das "'Apfelbäumchen'-Diktum" seinen "Ursprung bei den Schwabenvätern"[186], wobei allerdings die Apostrophierung von 'Apfelbäumchen' dem Gedanken entgegensteht, das Wort sei schon damals in seiner gegenwärtigen Gestalt dagewesen. Diese sei vielmehr als eine aktualisierende Anpassung des schwäbischen Diktums an neuere, säkularisierte Vorstellungen anzusehen. Und die Luther-Zuschreibung bezwecke nur eine wirksame, allerdings auch naheliegende Autorisierung, blickt man auf die auch vom Reformator repräsentierte Hochschätzung von Arbeitsamkeit und Furchtlosigkeit[187]. Als solches habe das Zitat im 20.

die Wiederkunft Christi wartete" (s. Anm. 1, S. 119; vgl. aber oben bei Anm. 165), doch hatte *Bengel* (1687-1752) nur den Termin vorausgesagt, wie auch Andreas *Klein* (s.o. bei Anm. 174) nicht anders zu verstehen war. Ob wegen der irrtümlich angenommenen Gleichzeitigkeit Bengels mit den Urhebern jener Aussprüche oder nicht, *Knolle* faßte dann wohl von sich aus versuchsweise den Gedanken an eine frühere Autorität, ohne sie benennen zu können oder zu wollen. Kurt *Huttens* eigenständige Informiertheit über die Hypothesen übrigens erklärt sich aus seinen Kontakten zur Leserschaft des Pfarrerblatts und wohl auch aus seinem Standort Stuttgart. Dagegen kam er an den Hamburger Knolle-Text erst über den Berliner Oskar *Söhngen* (s. Anm. 161).

185 Siehe dazu Hermann *Bausinger*: Formen der "Volkspoesie". Berlin 1968.

186 *Breymayer*: Untersuchungen (s. Anm. 1), S. 106.

187 AaO S. 85-87.

Jahrhundert eine fortgesetzte Gebrauchs- und eben auch Mißbrauchsgeschichte gehabt.

Doch eigentlich stammt es für Breymayer aus Württemberg. Er pflichtet Kurt Huttens Skepsis gegenüber der rabbinischen Parallele sogar mit der Formulierung bei, "daß das Zitat in der Zeit kurz vor 1836 doch geprägt worden sein dürfte."[188] Welche Gestalt aber dieser "Prägung" nun genau eignete, wird nicht deutlich angegeben. Manchmal denkt man - trotz jenes apostrophierten Vorbehaltes - bei "das Zitat" doch an das gegenwärtige Apfelbäumchenwort als im Grunde schon damals existierendes[189]. Zuweilen klingt "das Zitat" oder "das Diktum" auch wie eine allgemeine, zusammenfassende Bezeichnung für die vielen in diesem Zusammenhang überhaupt relevanten Äußerungen und Symbole aus verschiedenen Zeiten. Vielleicht aber meint Breymayer zugleich auch eine noch nicht gefundene, wohl wegen ihrer verklungenen Mündlichkeit möglicherweise auch nicht mehr auffindbare und deswegen nicht exakt formulierte "Urform"? - oder, da sie ja auch ihrer-

---

188 AaO S. 81.

189 *Breymayer* schreibt 1988 (Gnomon, s. Anm. 1, S. 293 f.): "Vielleicht wurde diese emblematische Tradition dann von Anhängern Johann Albrecht Bengels in der Zeit, als der 18. Juni 1836 [...] unmittelbar bevorstand, in solcher Form aktualisiert, daß das bis heute tausendfach verwendete Zitat entstand." Hier fiele das "aktualisiert" in die Zeit vor 1838, aber daß das "entstand" vielleicht auch auf eine viel spätere Zeit fallen könnte, ist nicht so deutlich zu sehen. Das "irgendwann" war 1971 (Untersuchungen, s. Anm. 1, S. 79) auf die erste Hälfte des 20. Jahrhunderts zugespitzt, besonders auf die Wirkungen der Bücher Friedrich *Bauns*, erschienen zwischen 1903 und 1928, s. u. Anm. 191. Doch 1988 fährt er im Anschluß an den obigen Satz ziemlich eindeutig fort: "Jedenfalls [!] ist vom Korntaler Lehrer Johannes Kullen (1787-1842) überliefert, er habe ... gesagt: ... ", es folgt dann Ausspruch (1).

seits eine "Aktualisierung" von Früherem gewesen sein mag, wenigstens die zentrale "Normalform"?[190]. Solche Komplexität erklärt sich großenteils daraus, daß wir hier in der Tat mit allein literarkritischen Methoden nicht zum Ziele kommen, sondern auch die mündliche Überlieferung in Rechnung stellen müssen. Die verläuft für uns meist ganz verborgen auf verschlungenen und sich kreuzenden Wegen und führt wegen der dabei oft nur zu vermutenden Verschmelzungen und Veränderungen auf höchst unsicheres Gelände.

Es ist also fraglich, ob das spezielle Resultat, zu dem Breymayer bei aller Vorsicht dann doch kommt, wirklich schlüssig ist. Für ihn scheint nämlich der Autor "des Zitats" ziemlich klar festzustehen, es ist der erwähnte Korntaler Lehrer Johannes Kullen aus Hülben. Nicht nur ist für Breymayer ausgemacht, daß das Apfelbäumchenwort des 20. Jahrhunderts eine "Aktualisierung" des Schwabenväter-Diktums ist[191] und deswegen alle Verwendungen des "Lutherworts" nach dem Zweiten Weltkrieg kritisch an seinem altpietistischen Ursprung als an einer Norm gemessen werden können[192]. Es gibt darüber hinaus für ihn

---

190 Nicht unähnlich dann etwa der Augsburgischen Konfession, deren dem Kaiser 1530 übergebene Originale verschwunden sind, aber aus Entwürfen und nachfolgenden Abschriften rekonstruiert wurden? Nur eben, daß diese schriftlich vorliegen und der Kaiser auch nichts Hypothetisches an sich genommen hatte.

191 Im Blick auf den Niederschlag der Mader-Äußerung (2) in der Erbauungsliteratur, aber auch darüber hinaus schreibt *Breymayer*: "Irgendwann könnte dann eine Kontamination aus den vorhandenen Varianten eingetreten sein, die dann das legendäre 'Luther'-Wort ergeben haben könnte" (1971, s. Anm. 1, S. 79).

192 So verfuhr er bei der Bewertung verschiedener Wirtschaftstheorien, Eschatologien und Geschichtsphilosophien in der

auch bereits innerhalb der württembergischen Überlieferung eine eindeutige Priorität: Der in unserer Auflistung zuerst genannte Ausspruch von Johannes Kullen ist selbst das ursprüngliche Wort oder steht ihm durch denselben Urheber so nahe, daß die anderen nur als dessen Varianten im Sinne von "Abwandlungen" anzusehen sind[193].

Dies aber ist füglich zu bezweifeln, und auch daraus erwachsen Bedenken gegen die so gewendete singularische Schwabenvater-Hypothese. Es gab nicht nur unser "Apfelbäumchenwort" damals in Württemberg nicht, es läßt sich auch innerhalb des überlieferten Bestandes ähnlicher Aussprüche keine jenem nahestehende Ur- oder Normalform fixieren, von der aus man dann leichter nach Beziehungen zum 20. Jahrhundert fahnden und diese einordnen könnte[194]. Bei den vier verschiedenen Aussprüchen untereinander sind nämlich irgendwelche Abhängigkeitsverhältnisse nicht erkennbar. Niemand kann sagen, ob zuerst, von wem zuerst und in welcher Reihenfolge damals in Korntal, in Hülben, in Mägerkingen oder anderswo so oder ähnlich geredet worden ist[195]. Unter den vier Aussprüchen sagt

---

Bundesrepublik (aaO S. 94-106, vgl. auch oben bei Anm. 92.93.).

193 AaO S. 78; S. 84: "Bezeichnend an dem Ausspruch Johannes Kullens, auch in seiner Abwandlung durch Johann Martin Mader, ist...".

194 Der Ausspruch (1) bot sich dazu wohl auch deswegen an, weil in ihm von einem zu setzenden Baum die Rede ist. Doch die ebenso genannte Dachplatte stört dann einigermaßen.

195 *Breymayers* Annahme (aaO S. 79), J.M. Mader habe als Antwort auf die Frage seines Kindes (2) nur eine abhängige Variante, ein Derivat des bei einem - vermuteten - Besuch einer bestimmten Monatskonferenz (s.o. Anm. 174) von Johannes Kullen gehörten Ausspruchs (1) vorgebracht, läßt sich nicht ausschließen, ist aber völlig hypothetisch. Es gibt auch andere Möglichkeiten, nicht zuletzt die, daß der fromme Mader auf die ja nicht besonders schwer zu findende Antwort selbst gekommen ist, weil er ja schon so dachte, also in der

überhaupt nur einer etwas von einem Baum (neben anderem), zudem nichts von einem Apfelbaum. Und auch dieser Ausspruch ist nicht von erwiesener Priorität oder von größerem Gewicht als die anderen.

Aber vielleicht spielen solche Fragen nur eine geringere oder gar keine Rolle, weil hier eher an Polygenese in regional begrenztem Bezugsrahmen zu denken wäre. Die übrigens nicht erst kurz vor 1836, sondern gerade auch schon vor und in der Zeit der Gründung Korntals verbreitete apokalyptische Gestimmtheit führte wohl zu vielen solcher Fragen und verschiedenen solcher oder ähnlicher Antworten, vermutlich mehr als nur jene vier, welche ja auch nicht unbedingt immer Derivate anderer Aussprüche gewesen sein müssen.

Gemeinsam ist ihnen aber nun auch, daß die Sachunterschiede zwischen diesen altpietistischen Aussprüchen und dem modernen sogenannten Lutherwort so erheblich sind, daß man sie wohl kaum lediglich als durch "Aktualisierung" oder Bedeutungsanpassung ein und desselben "Zitats" entstanden hinreichend erklären kann. Während alle neuen Äußerungen vom - meist gefürchteten - Untergang oder dem Zugrundegehen der Welt sprechen, tun dies die Schwaben-Aussprüche nicht, sie sprechen allein vom

---

Spannung zwischen 1. Mose 3,19 und der Enderwartung längst bewußt lebte und in diesem Sinne tätig war. Außerdem ist ja auch die Formulierung anders und noch ein inhaltlicher Unterschied zu beobachten: Daß hier vom Antichrist und nicht wie bei Kullen vom Heiland die Rede ist, könnte sogar die Erwägung aufkommen lassen, der Mader-Ausspruch läge jedenfalls früher als unmittelbar vor 1836 (s.o. Anm. 165); das gälte dann auch von Ausspruch (3). Doch besagte das dann nicht viel, wenn es sich da nur um einen üblichen Unterschied im sprachlichen Ausdruck handelte oder wenn J. Kullen über den Antichrist hinweg schon auf den kommenden Christus geschaut hätte, beides jedoch unsichere Annahmen. Es bleibt jedenfalls bei unserer Unkenntnis der Prioritäten.

Kommen des Antichrists und des Heilands, des Herrn. Dies ist für die, welche so sprachen, auch nicht im geringsten unerwartet oder insgesamt ungewünscht. Problematisch ist vielmehr nur die Frage ihres Verhaltens vor dem ja bekannten und nahen Termin. Und was dies Verhalten betrifft, so will man unbeirrt bis zum letzten Tag in seinem irdischen Beruf wie gewohnt weiterwirken. Es ist die Rede von den Hecken, von einem Baum, von einer Dachplatte, vom Acker, alles irgendwelche Alltagsdinge ohne besondere Bedeutung, solche, die einfach anstehen[196]. Es geht um die Treue im Alten bis zum Anbruch des Neuen. Ganz anders bei den Verwendern des modernen Wortes. Diese tun eben nicht irgendetwas, sondern sie pflanzen ein "Apfelbäumchen" oder "einen Baum". Sie denken nicht an das, was man gewöhnlich zu tun hat, sondern an etwas, was man gewöhnlich eben nicht tut, wenigstens die meisten Zeitgenossen im 20. Jahrhundert nicht. Das Bäumchenpflanzen ist hier ein besonderes, zeichenhaftes Tun und das Zitat darum für die allerwenigsten ein schlichtes Treue-Wort, sondern ein aufhellendes Hoffnungs-Wort, wie wir sahen, zum besonderen Trost, zur großen Ermutigung und zur Vergewisserung, ja, wir sehen es noch, auch zum Protest und als Symbol utopischen Bewußtseins. Mit der bei Hutten vorausgesetzten engen Verwandtschaft zu den alten

---

196 So heißt es z.B. bei Ausspruch (1): "... und ich habe noch einen Baum zu setzen... und wenn eine Dachplatte fehlt...". - Zu dieser Bestimmtheit durch vorgegebene Verpflichtungen paßt auch schon *Bengels* Sterben über einem Korrekturbogen, "wie man unter dem Geschäft zur Tür hinausgefordert wird", so Friedrich Christoph *Oetinger* (Karl Eberhard *Ehmann*: Oetingers Leben und Briefe ... Stuttgart 1859, S. 589). Übrigens soll auch Adolf *Schlatter* sich das mit dem Korrekturlesen so vorgestellt haben (Brief von Wilhelm *Knevels*, 20. Juni 1976).

schwäbischen, "nüchternen" Aussprüchen ist es also gar nicht besonders weit her.

Hinzu kommen die ungelösten Probleme der Überlieferung über ein Jahrhundert hinweg. Man muß, unter Berücksichtigung auch unserer früheren Ergebnisse, festhalten, daß über Vermutungen hinaus von einer durchgehenden, noch so dünnen, aber nachweisbar oder auch nur sehr wahrscheinlich lückenlosen Verbindungslinie zwischen 1836 (oder eher) und 1944 zu unserem so andersartigen Apfelbäumchenwort hin nicht gesprochen werden kann. Natürlich kann man die Möglichkeit nicht a limine ausschließen, daß, wenn nicht früher, dann eben aus den später vereinzelt in württembergischer Gemeinschaftsliteratur wiedergegebenen Aussprüchen "dann" "irgendwann" durch "Kontamination" und "Aktualisierung" unser Pseudo-Lutherwort sich "ergeben" habe[197]. Doch gibt es weder Beweis noch eindeutiges Indiz dafür. Hier sind viel zu viele "könnte" und "vielleicht" übereinandergeschichtet, zu große Unterschiede des Wortlauts, des Inhalts, der Situation und auch ein wenig der vorzustellenden Urheber im Spiel, als daß sich die Waage zugunsten dieser Hypothese neigen müßte.

Es stammten ja auch die ersten Belege für das um das Ende des Zweiten Weltkrieges herum aufgetauchte Luther-Apfelbäumchen-Wort nicht aus Württemberg. Das mag Zufall sein, bedeutet aber immerhin dies: Bislang ist nicht zu beobachten gewesen, daß gerade hier - etwa wegen noch vorhandener und hierfür eingebrachter Bekanntschaft mit den Schwabenväter-Aussprüchen - das neue Apfelbäumchenwort früher und häufiger als anderswo aus der Ungreifbarkeit aufgetaucht wäre. Daß es dann, nach einem ebensogut möglichen Eindringen von außen, auch hier eine reiche Verbreitung gefunden hat, dazu vielleicht noch mentalitäts-

197 S. o. Anm. 189. 191.

bedingte Variationen und Einordnungen erlebte - es sei nur an den dort besonders häufigen "Schulden-Zusatz" erinnert[198] -, ist nur ein Zeichen von Normalität, jedenfalls für die Ursprungsfrage ohne Belang.

Sogar das, was in und im Umkreis der Familie Kullen in unserem Jahrhundert an hier einschlägigen Sätzen zu hören war, dürfte von verschiedener Herkunft gewesen sein. Entweder hatte es mit seiner Parusie- und Berufs-Bezogenheit Teil an der altpietistischen Erinnerung an die Treue-Worte der Väter von vor 1836[199]. Oder es hatte als Welt-

---

198 Näheres dazu s. o. S. 71-73. - Daß für die Württemberger die Frage der Schulden eine so wichtige Rolle spielte, hängt vielleicht auch mit besonderen Erinnerungen an finanzielle Liederlichkeiten absolutistischer Herrschaft zusammen; auch kolportierte man ein lästerliches Stoßgebet des Korntal-Gründers G.W. *Hoffmann* aus der Zeit vor seiner Erweckung: "Gott, wenn du lebst, bezahle meine Schulden!", *Grünzweig* (s. Anm. 177), S. 30.

199 *Breymayer* (1971, s. Anm. 1, S. 79): "Nach Auskunft von Eberhard Kullen [geb. 1911], einem Urenkel von Johannes Kullen, war die Erinnerung an einen solchen Ausspruch [wie (1)!] in der Familie Kullen stets lebendig." Johanna *Stöffler* (geb. 1895, Witwe des Anm. 184 erwähnten Eduard *Stöffler*) teilte mir noch einen dazugehörigen, öfters von ihrem Großvater mütterlicherseits, dem späteren Johannes *Kullen* (1827-1905) gehörten Satz mit: "Und wenn heut Nachmittag der Heiland käme, müßte ich heut morgen noch Schule halten" (nicht datiert, Anfang August 1976). Das Lutherwort aber habe mit Württemberg wohl nichts zu tun, sie habe es von ihrem anderswoher stammenden Vater Dr. Wilhelm *Busch*, Pfarrer in Elberfeld und Frankfurt a. M. (1868-1921, zu ihm Eberhard *Busch*: Pfarrer Dr. Wilhelm Busch. Ein Pietist in der Kaiserzeit. Gladbeck 1969). Diese letztere Angabe scheint mir aber zu den Verwechslungen oder den überaus häufig vorkommenden Alters-Rückprojektionen zwischenzeitlich starker Dauereindrücke und Wertungen zu gehören. Daß so die Luther-Zuschreibung, die Rede vom

untergangs- und Apfelbäumchenwort Luthers seinen Ursprung möglicherweise anderswo und kam nun als ein fremdes Wort hinzu, das gleichwohl geschätzt, weil sicherlich meistens im gewohnten Sinne verstanden wurde. So kann ein Kullen-Nachkomme "sehr allgemein" urteilen, daß im Hause Kullen "eine Frömmigkeit geherrscht hat, für die dieses Diktum überaus bezeichnend ist" und doch daran festhalten, daß sich für ihn dieses Luther-Wort "nicht in irgendeiner signifikanten Weise mit einer 'Busch-Kullen-Tradition' verbunden" habe[200].

Weltuntergang und vom Apfelbäumchen mit einem Male um Jahrzehnte vor die bisher uns bekannten Belege rückte, wird durch sonst nichts gestützt. Von P. Dr. Busch könnte man ebensogut annehmen, daß er in Elberfeld oder Frankfurt etwas aus Hülben, seiner "zweiten Heimat" (Wilhelm *Busch*: Pfarrer Dr. Wilhelm Busch. Hamburg 1926, S. 172) gebracht hätte, was dann erst in der Erinnerung der Tochter die Gestalt des mittlerweile überall zu hörenden "Lutherwortes" annahm. - Daß dergleichen selbst bei Jüngeren gar nichts Besonderes oder Ehrenrühriges ist, zeigt die amerikanische Gedächtnisforschung, s. Rolf *Degen*: Gedächtnis als Theater. In: Die Zeit Nr. 39, 24. Sept. 1993.

200 Eberhard *Busch*/Göttingen (Brief vom 15. März 1988); er fügt hinzu, er habe es sehr wahrscheinlich von seinem früh verstorbenen Vater Johannes *Busch*, also vor 1956, zuerst gehört. Anfangs, als mir die Beziehungen der weitbekannten Pastorenbrüder Wilhelm *Busch*/Essen (1897-1966) und Johannes *Busch*/Witten (1905-1956) zur Familie Kullen bewußt geworden waren (sie waren Brüder von Johanna *Stöffler* s. vor. Anm.), auch die Kirchenkampfs-Zusammenarbeit mit Gustav *Heinemann*, hatte ich vermutet, daß das "Lutherwort" auf solchen Wegen von Württemberg nach Norden gekommen sei. Doch meine vielfältigen Nachforschungen nach schriftlichen Belegen oder mündlichen Zeugnissen stießen ins Leere. Es ist ja auch gut möglich, daß Johannes *Busch* es erst etwa in Kreisen der Nachkriegs-Jugendarbeit gehört hat, vielleicht sogar direkt oder indirekt

Was also aus dem schwäbischen Pietismus in unser 20. Jahrhundert mündlich und schriftlich überliefert wurde, war das Eigene, waren die alten Aussprüche oder ihnen sehr Ähnliches. Das Pseudo-Luther-Wort vom Apfelbäumchen mit den ihm eigentümlichen, zu einem 'Treue-Wort' schlecht passenden Konnotationen war demgegenüber doch etwas Neuartiges. Daß nun allerdings zwischen Martin Luthers eigener Sicht des Verhältnisses von Parusiehoffnung und Berufsethos und der des württembergischen Altpietismus auch grundlegende Übereinstimmungen bestehen - trotz Chiliasmus und teilweise Apokatastasis[201], steht auf einem noch anderen Blatt. Was sie aber hier verbindet, trennt sie vermutlich gemeinsam von Pseudo-Luther.

c) Cicero - antikisierende Emblematik

In der als zweite aufgestellten Hypothese zur Herleitung des Pseudo-Luther-Wortes richtete Wilhelm Halfmann den Blick auf einen Vers aus der lateinischen Antike. Der bereits zitierte Sinnspruch[202] geht zurück auf einen Vers, den Cicero in einem seiner berühmtesten und verbreitetsten Werke, der auch als Schullektüre beliebten kleinen Abhandlung: Cato maior de senectute[203] zitiert.

---

von *Heinemann* oder *Lilje*. In Marburg 1950 war er übrigens auch teilweise dabei und predigte am Pfingstsonntag (28. Mai, 8.00 Uhr) in der Elisabethkirche, unmittelbar vor Liljes Vortrag (s. o. Anm. 73. 82).

201 S. Friedhelm *Groth*: Die "Wiederbringung aller Dinge" im württembergischen Pietismus. Göttingen 1984 = AGP 21.

202 S. o. S. 119.

203 Hier zitiert nach der zweisprachigen Edition Langewiesche-Brandt: Marcus Tullius *Cicero*: Cato maior de senectute. Cato der Ältere über das Alter. M. Einl., Übers. u. Anm. hg. v. Max *Faltner*, München 1982 = dtv 9186.

Im politischen Abseits denkt der alternde Cicero über die späte Lebensphase nach. Gegen die vier üblichen Vorurteile über das Alter - es verwehre uns die Tätigkeit, raube die Kräfte, lasse keine Sinnenfreude mehr zu und bedrücke mit dem Nahen des Todes - läßt er Cato seine Argumente vorbringen. Das Zitat steht bei der Widerlegung des ersten Vorurteils. Daß ein alter Mann sehr wohl noch etwas leisten könne, wird an vielen Beispielen aus Politik, Seefahrt, Kriegsführung, Rechtswesen, Dichtung und Philosophie bewiesen, dazu:

> "Doch, um von diesen höheren Studien jetzt gar nicht mehr zu reden: Ich kann euch auch die Namen einiger römischer Bauern aus dem Sabinerlande sagen, die mir als Nachbarn befreundet sind: Sie sind fast immer persönlich dabei, wenn eine wichtigere Arbeit auf dem Felde geschieht, ganz gleich, ob es sich um Saat, Ernte oder Lagerung des Ertrages handelt. Jedoch: Bei d i e s e n Arbeiten ist dies noch gar nicht einmal so erstaunlich - ist doch keiner so alt, daß er nicht mehr glaubt, noch ein weiteres Jahr leben zu können. Aber sie mühen sich ja in gleicher Weise mit solchen Arbeiten ab, die ihnen, wie sie genau wissen, überhaupt nichts mehr einbringen können:
>
> Pflanzt er doch Bäume, die nutzen erst künft'ger Zeit,
>
> wie unser Statius in seinen 'Synepheben' sagt.
> Jeder Bauer, mag er auch noch so alt sein, kann einem auf die Frage, für wen er pflanze, ohne Bedenken antworten: 'Den unsterblichen Göttern zuliebe, deren Wunsch es war, daß ich diesen meinen Besitz von den Vorfahren ererben, aber auch an meine Nachkommen weitergeben sollte.'"[204]

Von einem Weltende oder einer großen Verwandlung ist hier nicht die Rede, auch nicht einmal ausdrücklich vom

---

204 VII, 24-25 (S. 45). Der zitierte Vers stammt aus einer Komödie des den Griechen Menander nachahmenden Caecilius *Statius*, gest. 168 v. Chr.

individuellen Tod, sondern von einem Sicheinbinden in den von den unsterblichen Göttern gewollten Ablauf und in die Pflichten der Generationsfolge eines Geschlechts. Hier wird bis zuletzt beim Mitwirken nicht nur am jährlich wiederkehrenden Tun, sondern auch - dazu das Zitat - am längerfristig ausgerichteten Pflanzen, das die persönliche Existenz übergreift, ein Dienst zum Nutzen der Gesamtheit der Erbkette geleistet, und das gibt auch dem Alter Sinn[205].

Wie könnte man sich nun eine Verbindung zwischen diesem antiken Zitat und unserem Apfelbäumchenwort vorstellen? Erledigt hat sich der schon von Halfmann nur noch vage gefaßte Gedanke an eine "literarische Verbindung zwischen beiden", wenigstens was Luther betrifft[206]. Wahrscheinlicher ist ihm, das angebliche Lutherwort könnte "eine christliche Umbildung des lateinischen Spruches sein", auf jeden Fall sei "der Gedanke des Baumpflanzens in Hoffnung auf die Zukunft gemeinsamer Gedanke mit dem angeblichen Lutherwort"[207]. Nun, für ein heute dominierendes Verständnis dürfte das weithin zutreffen, für Cicero/Statius aber eigentlich nicht. Hier geht

---

205 Die andere Cicero-Stelle mit dem Zitat dieser Zeile bekräftigt und vertieft das nur noch. Solche sinnvolle Zukunftsleistung, dieses die eigene Lebensspanne übergreifende Bäumepflanzen des alten Bauern für die Nachkommen ist der stillschweigende Beweis der Natur selber für die Unsterblichkeit der Seele, so wie auch das dem Pflanzen vergleichbare Gesetzgeben und öffentliche Zukunftshandeln bei großen Männern (*Cicero*: Disputationes Tusculanae I, 31, abgedruckt in der Anm. 203 genannten Ausgabe S. 133; dort "prosint" statt des älteren "prosient" in Cato maior, s. o. Anm. 159).

206 Schon R. *Jauernig* (s. Anm. 157) antwortete auf *Halfmann*, daß die genannten Cicero-Zitate bei Luther nicht in Erscheinung getreten seien, eine auch nach dem Wegfall der Lutherzuschreibung noch nützliche und durch die bis jetzt vorliegenden Register bestätigte Auskunft.

207 *Halfmann* (s. Anm. 159).

es ja gar nicht um Hoffnungshandeln, sondern um ein Handeln in Loyalität, um die Erfüllung einer religiös-sittlichen Pflicht, und zwar in völliger Gewißheit des Nutzens für die Nachfahren, an deren künftiger Existenz auch nicht der geringste Zweifel ausgesprochen wird. Der Gedanke der Hoffnung ist hier eingetragen.

Reinhard Breymayer hat nun die Schwabenväter-Hypothese mit diesem antiken Zitat als einer Art Vorstufe ergänzt. Er konnte darauf hinweisen, daß der Korntaler Johannes Kullen als Lateinlehrer die Cicero-Stellen gekannt haben dürfte. Auch habe er in den "Stunden" gelegentlich Beispiele aus der Antike angeführt[208]. Ferner verweist Breymayer auf ein thematisch ähnliches, wenn auch nicht ausdrücklich mit den Cicero-Stellen verbundenes Emblem aus dem 1611 in Arnheim herausgekommenen Nucleus Emblematum von Gabriel Rollenhagen[209]. Es besteht aus dem Bild eines baumpflanzenden alten Mannes, der Überschrift POSTERITATI (Den Nachkommen) und einer Unterschrift mit Versen zur uneigennützigen Ehe und elterlichen Fürsorge[210].

---

208 *Breymayer* 1971 (s. Anm. 1), S. 93.

209 In den Untersuchungen von 1971 (aa0 S. 91-93) gibt *Breymayer* es wieder nach Arthur *Henkel*/Albrecht *Schöne*: Emblemata ... Stuttgart 1967, Sp. 160, dagegen in dem Aufsatz von 1988 zum emblematischen Hintergrund Bengels (s. Anm. 1, S. 295), nach der Rollenhagen-Neuausgabe Dortmund 1983, S. 80 f.

210 Die deutsche Übersetzung von 1988 (s. vor. Anm.): "Nicht für mich pflanze ich den Hain, sondern den Nachkommen das zu vergelten, was die Vorväter gegeben haben, habe ich dankbar beschlossen. Dies ist das Wesen reiner Ehe, deren einziges Ziel die Kinder und die Liebe zu den spätesten Nachfahren ist." - Ebenso unzulässigerweise wie *Halfmann* (s. o. Anm. 207) in Cicero, so trägt auch *Breymayer* hier (1988, s. vor. Anm., S. 294) in Rollenhagen den Gedanken der Hoffnung erst ein, angeregt auch durch Friedrich *Schillers* Vers: "Noch am Grabe pflanzte er - die Hofnung auf."

Von hier und den Cicero-Stellen aus eine Verbindung zu den pietistischen Aussprüchen aus Württemberg für möglich zu halten, fällt äußerst schwer. Nicht nur bleiben die denkbaren Vermittlungswege auch hier ungewiß bis unwahrscheinlich, auch inhaltlich paßt kaum etwas zueinander. In Korntal, Hülben und Mägerkingen ging es nicht um den alternden Menschen, nicht um Ehe- und Elternpflichten und nicht um die Sorge für die kommenden Generationen. Überhaupt, die Erwartung des individuellen Todes und seiner irdischen Folgen stand jetzt nicht zur Debatte, sondern allein das nahende Ereignis des Kommens von Antichrist und Gottessohn. Bliebe als stärkstes Verbindungsglied nur noch das Motiv des Baumpflanzens. Wir sahen aber bereits, daß es nur bei einem einzigen der Schwaben-Aussprüche vorkam, und auch da nicht alleine oder gar als sinnbildliche Besonderheit[211].

Bei den Schwabenvätern von einer Aktualisierung jenes antiken Zitats zu sprechen, vorgestellt als direkte Heranziehung oder auch durch das Medium der Tradition einer - solchen spezifischen - Baumemblematik, in der deswegen dann auch das Pseudo-Luther-Wort vom Apfelbäumchen "teilweise (...) 'wurzelt'"[212], ist nicht oder nur äußerst hypothetisch nachvollziehbar. Gleichwohl ist es verdienstvoll und seit Halfmanns Hinweis auch sehr angebracht, solchen Texten und Bildern nachzugehen. In der Gebrauchsgeschichte unseres Diktums in den letzten Jahrzehnten hat es nämlich genug interessante, aber auch diskutable und im Blick auf die Nennung des Namens Luther oft dubiose Ähnlichkeiten zu einschlägigen antiken, humanistischen und dann aufgeklärten Äußerungen und Einstellungen gegeben. Ja, auch im Blick auf die Herleitungshypothesen

---

211 Man müßte sonst ja wohl auch nach einer emblematischen Tradition des Dachziegels Ausschau halten.

212 *Breymayer*, 1988 (s. Anm. 1), S. 293.

ist es noch sinnvoll, solchen Bezügen weiter nachzugehen[213].

d) Jochanan ben Zakkai

Zunächst aber kam noch ein Vorschlag, das Apfelbäumchenwort auf eine Gestalt aus ganz anderen Zusammenhängen zurückzuführen. Schon Anfang 1959 hatte Kurt Hutten im Pfarrerblatt geschrieben:

> "Man hat auf ein Wort verwiesen, das von Rabbi Johanan ben Zakkai, einem Zeitgenossen des Apostels Paulus, stammt: 'Wenn du einen Setzling in der Hand hast und sie dir sagen würden: Siehe der Messias ist da - komm und setze den Setzling und hernach gehe hinaus und empfange ihn.' Die Ähnlichkeit mit dem Wort vom Apfelbäumchen ist groß. Aber da dieses Rabbizitat sehr alt und entlegen ist, ist es unwahrscheinlich, daß es als Vorlage für das Wort vom Apfelbäumchen diente."[214]

---

213 *Breymayer* wies 1971 z.B. auf die humanistische Bildung und vorauszusetzende Cicerokenntnis F. Chr. *Laukhards* hin, der - am Rande - auch für ihn noch in Frage kam als "der hypothetische Autor des Diktums" (s. Anm. 1), S. 93. Aber auch später noch mögliche Beziehungen des Apfelbäumchenwortes zu antiken Texten sind erwägenswert.

214 H.(*Hutten*), s. o. Anm. 160 (Die Spalte erschien am 1. Febr. 1959). Woher ihm dieser Hinweis auf die Stelle (aus der Rez. B der Abot des Rabbi Natan, C. 31, hg. v. S. Schechter, 1887, S. 67) kam, war nicht mehr festzustellen, zu vermuten ist ein uns unbekannter Leser (vgl. o. Anm. 184), der vielleicht darauf gestoßen war durch Adolf *Schlatter*: Jochanan Ben Zakkai, der Zeitgenosse der Apostel. Gütersloh 1899 = BFChTh 3. Jg. H. 4, S. (1-75) 45. Denkbar wäre auch eine Auswirkung des sich auf Schlatter beziehenden Aufsatzes von A. *Wiegand*: Jochanan ben Sakkai. In: Saat auf Hoffnung 42. 1905, S. (56-56) 64 (Hinweis von Karl Heinrich

Jochanan ben Zakkai, gest. ca. 80-85 n. Chr., Lehrer und Weiser in Jerusalem, gilt als Retter des Judentums nach der Zerstörung der Stadt und des Tempels im Jahre 70. Er soll vorher herausgelangt sein, in Verhandlungen mit den Römern die Erlaubnis für die Errichtung des Lehrhauses in Jabne erwirkt und dort Entscheidendes für die Bewahrung und weitere Gestaltung jüdischer Tradition und jüdischen Lebens geleistet haben. Wenngleich vieles zu ihm und unter seinem Namen Überliefertes legendarischen Charakter hat[215], weiß man doch, daß er nicht zu den sektiererischen apokalyptischen Scharfmachern gehörte und in der Frage der Messiaserwartung eine zurückhaltende und mäßigende Haltung eingenommen haben dürfte[216].

Dazu würde der Ausspruch also gut passen, was schon 1905 der mecklenburgische Pastor A. Wiegand gegenüber Adolf Schlatter festgestellt hat[217]. Schlatter hatte sowohl die Messiaserwartung des Jochanan ben Zakkai überschätzt

---

Rengstorf, Brief v. 6. Nov. 1981). Doch stimmt bei Hutten der Wortlaut (bis auf: "siehe der Christus! -") mit dem Schlatters überein, während Wiegand neu übersetzt hat. Ein Neuabdruck *Schlatters* kam übrigens erst in dem Sammelband: Synagoge und Kirche bis zum Barkochba-Aufstand. Stuttgart 1966, S. 175-236, heraus.

215 Jacob *Neusner*: Development of a Legend. Studies on the Traditions Concerning YOHANAN BEN ZAKKAI. Leiden 1970; Lewis M. *Barth*: Art. Jochanan ben Zakkaj. TRE 17 (1988), S. 89-91 ("Die Ergebnisse dieser Untersuchungen lassen vermuten, daß ein großer Teil der Jochanan-Tradition ... spät entstanden ist und seinen Ursprung im babylonischen Judentum des 3. Jh. haben dürfte. Auch die Zugehörigkeit Jochanans zu den Pharisäern ist historisch nicht gesichert", S. 90, 34-38).

216 Zur allgemeinen Einordnung s. auch Johann *Maier*: Das Judentum. Von der biblischen Zeit bis zur Moderne. 3. Aufl. Bindlach 1988, S. 221 f. 287-298.

217 S. o. Anm. 214, bei den dort genannten Stellen auch die folgenden Zitate.

als auch im Zusammenhang damit die Spitze des Satzes anderswo gefunden:

> "Stärker hatte Jochanan nicht aussprechen können, wie viel ihm an der Erhaltung und Mehrung des Baumwuchses in Palästina lag."

Das war in der Tat ein schon damals ernstes Problem[218], weswegen verständlicherweise diese einigermaßen gewagte Interpretation auch später noch in ganz anderen Zusammenhängen wiederholt wurde, nämlich im Zionismus und in der ökologischen Bewegung[219]. Doch nach Wiegand ist der Skopus des Jochanan-Satzes ein anderer, es scheint "daraus hervorzugehen, daß die messianische Verheißung für ihn keine große Bedeutung hatte und daß er die aufgeregte Volkshoffnung absichtlich dämpfen wollte".

Zum gleichen Ergebnis kam später auch Ernst Bammel, als er in seinem 1962 veröffentlichten Aufsatz auf das Zitat von Jochanan ben Zakkai zu sprechen kam, und nun also, wenn auch nicht als erster, mit Blick auf unser "Lutherzitat"[220]. Für ihn ist das Wort Jochanans nicht zu alt oder

---

218 *Maier* (s. Anm. 216), S. 291. Allerdings ist nicht ausgemacht, daß es sich in dem Ausspruch nur um das Pflanzen eines Baumes handeln kann und nicht ebensogut etwa um das eines Weinstockes.

219 Von Joseph *Klausner* (The Messianic Idea in Israel. London 1956, S. 396) meint Ernst *Bammel* (s. Anm. 1, S. 141), er habe dies von Schlatter übernommen. Kurt *Marti* (Tagebuch mit Bäumen. Darmstadt/Neuwied 1985, S. 102) tut es sogar ausdrücklich (im Eintrag zum 19. 8. 84).

220 *Bammel*: Das Wort vom Apfelbäumchen (s. Anm. 1, auch 15). Zwar nimmt er auf *Knolles* in "Luther" Ende 1959 abgedruckten Vortrag, der wohl die Schwabenväter-These, aber nicht die rabbinische Stelle nennt, Bezug, erwähnt jedoch nicht die schon Anfang des Jahres 1959 durch *Hutten* (s. o. Anm. 214) erfolgte Einführung Jochanans in die Debatte. Aus dem Pfarrerblatt erwähnt Bammel nur die frühen Suchanfragen (S. 140).

zu entlegen, sondern kommt durchaus als erstes Glied in einer Überlieferungskette bis hin zum Apfelbäumchenwort Pseudo-Luthers im 20. Jahrhunderts in Frage[221]. Die schwäbischen Pietisten stellen dann das Bindeglied dar, wobei Bammel es für möglich hält, daß sie "außer dem Endtermin auch das Wort zum Ende von Bengel bezogen"[222]. Wie freilich dieser von dem Jochanan-Zitat Kenntnis erhalten haben könnte, entzieht sich weithin dem Vorstellungsvermögen des Nichtfachmanns, schließlich urteilt Bammel selbst überaus vorsichtig. Zum Schluß meint er allerdings:

> "Aber es ist nicht nötig, eine literarische Beziehung anzunehmen; denn das Wort ist von sentenzhafter Kürze. Als solches kann es - dabei Veränderungen erfahrend - mündlich weitergegeben worden sein: auf den rätselhaften Wegen, auf denen gerade eine in eschatologicis interessierte Frömmigkeit sich gespeist und fortgepflanzt, jeweils neue Inhalte in sich eingesogen und umgeformt hat."[223]

Ganz ausschließen kann man das natürlich nicht, doch halte ich es für unvertretbar, damit zu rechnen. Zu den - ungelösten - Problemen eines Weges von den altpietistischen Aussprüchen bis hin zum modernen Pseudo-Luther-Wort kämen nämlich nun noch die Dunkelheiten dreier weiterer Strecken hinzu:

- von Bengel bis zu seinen Anhängern im folgenden Jahrhundert: Abgesehen davon, daß es ziemlich unwahrscheinlich ist, daß ein solches "Wort zum Ende" aus dem Munde Bengels sonst überall und bis heute unbekannt geblieben wäre, stand dieser auch in einer ganz anderen Situation als die späteren, zwei bis drei Generationen näher

---

221 AaO S. 146 f.
222 AaO S. 147.
223 Ebd.

am bewußten Termin lebenden Württemberger Pietisten. Bei deren Aussprüchen ist vielmehr eine im Vergleich zu Bengel eher stärkere Affinität zu dem Jochanan-Satz zu beobachten[224]. Doch eine eigene Kenntnis davon, an Bengel vorbei, wäre bei ihnen wohl noch unwahrscheinlicher. Ferner die Strecke

- von der jahrhundertelangen, in diesem Falle auch noch sehr schmalen jüdischen Überlieferung bis hin zu Bengel, für die es aber bislang keinen positiven Anhaltspunkt gibt, und schließlich
- von Jochanan ben Zakkai bis hin zur späteren rabbinischen, historisch zuverlässigeren Überlieferung: Die radikale Kritik hat mit vielem anderen Überlieferungsgut auch dieses Diktum selber zum Apokryphon erklärt[225].

Freilich, es machte auch wohl keinen großen Unterschied mehr, ob dieser letzte Wegabschnitt bis zurück zur Apostelzeit nun geschlossen wäre oder doch offenbliebe. Die Idee überhaupt schon, und sei sie noch so wenig beweisbar, das bekannteste 'Lutherwort' stamme irgendwie aus jüdischer Tradition, übt ihre eigene Faszination aus[226]. Doch - auch die anderen Wegstrecken sind ja nicht passierbar. Also

224 Absehen müßte man dann freilich für die Schwabenväter von Jochanan-Deutungen wie: "Skepsis gegenüber dem messianischen Eschatologismus überhaupt" (so *Bammel* aa0 S. 143), aber sicherlich auch von der extrem gegenteiligen: "Setze den Setzling, denn nun erst, da die messianische Zeit anbricht, lohnt das in Wahrheit: Nun wird er schnell und reichlich Frucht tragen!" (so Nikolaus *Walter*, s. Anm. 1, S. 35).

225 *Neusner* (s. Anm. 215), S. 128; *Barth* (Anm. 215), S. 90, 34 ff.

226 Das zeigt auch noch die Reflexion *Obermans* (s. o. Anm. 156), der das Apfelbäumchenwort merkwürdigerweise für echtes Luthergut hält und das Rabbi Jochanan zugeschriebene Wort für eine "direkte" Parallele dazu, die zu der Frage führe, was alles überhaupt Luther "von der jüdischen Tradition hätte lernen und bejahen können".

bleibt diese ganze Herleitungshypothese ein historisch keineswegs einleuchtendes Gedankenspiel.

Aber selbst als nur entferntere Parallele - ein kleiner Exkurs in die benachbarte Bedeutungsgeschichte ist hier angeraten - erweist sich der Blick auf das jüdische Setzling-Wort für später noch als nützlich, nämlich zum Vergleich und zum besseren Verstehen mancher gegenwärtiger Inanspruchnahme unseres 'Lutherzitats'. Über die zionistische Exegese Klausners im Gefolge Schlatters hinaus[227] begegnete das aus dem nichtkanonischen Talmud stammende Jochanan-ben-Zakkai-Wort noch in zwei charakteristischen Zusammenhängen jüdischer Geistigkeit und Lebensprägung.

Max Brod verwendet am Ende seiner Autobiographie das Zitat zur Charakterisierung des Kerns seines Denkens. Hier findet er das "'Diesseitswunder' mit seiner paradoxalen Verklammerung zweier Welten"[228] und Lebenshaltungen, die dem "edlen" und dem "unedlen Unglück" zugeordnet sind, ausgedrückt. Dem Talmudsatz stellt er darum die "Maxime Franz Kafkas" zur Seite:

> "Der Tod ist vor uns, etwa wie im Schulzimmer an der Wand ein Bild der Alexanderschlacht. Es kommt darauf an, durch unsere Taten noch in diesem Leben das Bild zu verdunkeln oder gar auszulöschen"[229].

Am wirksamsten wohl erscheint das Setzling-Wort im Zusammenhang eines neuen Feiertages im Jahrkreis jüdischen Lebens, dem "Neujahr der Bäume" im Februar,

---

227 S. o. Anm. 219.

228 Max *Brod*: Streitbares Leben. München 1960, S. 529.

229 AaO S. 530. Er selbst führt es dann so weiter: "Durch unsere *Taten* noch in diesem Leben das Bild des (zuletzt von Heidegger so allausschließlich gemalten) Todes und 'Sein-zum-Nichts' auszulöschen - das ergibt auch eine neue politische Haltung..."

das besonders die Jugend mit Bäumepflanzen begeht[230]. Nicht nur bei den Siedlern in Israel ist dieser "weniger religiös als naturschwärmerisch"[231] geprägte Brauch inzwischen fest verankert, er wird in der ganzen Welt begangen. In einem verbreiteten amerikanischen Unterrichtsbuch für die Lehrer an jüdischen Schulen wird ihm ein eigener Abschnitt gewidmet[232] und folgendes eingeprägt:

Der Baum, besonders der fruchtbringende, ist für Israel nicht eine Pflanze wie andere, er ist Symbol des Lebens, des Menschen, des Volkes. Das zeigen schon die beiden Bäume mitten im Garten Eden, auch das Gebot, Fruchtbäume selbst zu wichtigsten Kriegszwecken nicht zu fällen[233]. Dem aus der Wüste kommenden Volk bedeuten die Bäume Wasser, Speise und Schatten. Weil Gott sie länger leben läßt als die meisten Menschen und weil diese sie dennoch pflanzen und pflegen müssen, erkennen Juden in den Bäumen zugleich die bleibende Güte Gottes und die bleibenden Pflichten des Menschen. Nach einer Talmuderzählung spricht - ähnlich wie wir es bei Cicero sahen - ein Siebzigjähriger:

> "... just as I found the world fruitful when I was born, so I plant trees that later generations may eat thereof."

Und daraufhin wird das Fazit gezogen:

---

230 Jüdisches Fest, jüdischer Brauch. Hg. v. Friedrich *Thieberger* Königstein/Ts. 1979 (Nachdruck der 2. Aufl. von 1967), darin: Max *Grunwald*: Chamischa Assar bischevat (S. 385 f.).

231 Johann *Maier* (Brief v. 1. März 1988), er fügt noch hinzu: "Dieser zionistisch-säkulare Gebrauch hat nichts mehr mit der alten Erstlingsfruchtsymbolik zu tun."

232 Harry *Gersch*: When a Jew celebrates. (The Jewisch Values Series) New York: Behrman House, Inc. Revised 1986, S. 182-188 (Den Hinweis auf dies Buch verdanke ich Friseurmeister Carljohan *Molander*, Ulricehamn/Schweden).

233 5. Mose 20,19.

> "In fact, Jews consider the planting of trees so important that Rabbi Johanan ben Zakkai said: If you should be standing with a young tree in your hand when the Messiah arrives, first finish planting the tree, then go and greet the Messiah."[234]

Nach Erklärungen zum Zeitpunkt und zur (eingestandenermaßen schwachen) Traditionsrückbindung des beliebten Festes mit seinen Bräuchen wird es besonders als Gelegenheit gewürdigt, die Liebe zum Land Israel zu zeigen. Ein planmäßiges umfangreiches Baumpflanzen hat für Leben, Wirtschaft und politische Existenz im Lande eine grundlegende Bedeutung, verstärkt durch die symbolische wie reale Einbeziehung des Gedenkens an die Ermordeten durch den Wald mit 6 Millionen Bäumen an der Straße nach Jerusalem. Auch für diese amerikanischen Kinder ist so das Baumpflanzen ein übergreifendes Zeichen des Lebens, auch des Glaubens sowohl an die Zukunft und die Einheit des jüdischen Volkes[235] als auch übergreifend an den Bestand der ganzen Welt. So heißt es in einer zupackenden, der neutestamentlichen und kirchlichen Eschatologie allerdings recht fremden Zielgerichtetheit: "we celebrate the New Year of the Trees and our own belief in the future of the world", und davor:

---

234 *Gersch* (s. Anm. 232), S. 184.

235 Die Ambivalenz, aber auch Variabilität solcher politischer Inanspruchnahme der Baumsymbolik läßt eine spätere Meldung erkennen: "JUNGE OLIVENBÄUME als Zeichen des Friedens haben am jüdischen 'Fest der Bäume' in der arabisch besiedelten Davidstadt bei Jerusalem religiöse Juden und Palästinenser gemeinsam gepflanzt. Wie die israelische Presse berichtete, wollten die Mitglieder einer jüdischen religiösen Friedensgruppe, die die Setzlinge mitgebracht hatten, damit auch gegen die Zerstörung palästinensischer Baumpflanzungen durch jüdische Siedler protestieren." (epd 21. Jan. 1992).

> "To plant a tree is to say: I believe. I believe that we will overcome our problems. I believe that the world can and will get better. I believe that the day will come when, as the Bible says, everyone will be able to sit under his own fig tree and be unafraid. Those who fear that the world will end tomorrow or next year do not plant trees."[236]

Deutlicher läßt sich eigentlich nicht ausdrücken, daß Glaube und Naherwartung sich gegenseitig prinzipiell ausschlössen. Die Distanz zu christlicher Eschatologie, zumal der Luthers, ist beträchtlich.

e) Friedrich Christian Laukhard

Über die frühe Zuschreibung des Zitats in der Form:

> "UND WENN ICH WÜSSTE,
> DASS MORGEN DIE WELT
> ZU GRUNDE GINGE,
> PLANZTE ICH DOCH
> HEUTE NOCH EINEN BAUM."

an den Magister Friedrich Christian Laukhard (1757-1822) ist schon berichtet worden[237]. Unter den nach dem Urheber des Pseudo-Luther-Wortes vom Apfelbäumchen Fahndenden hatte zunächst Oskar Söhngen 1959 im Deutschen Pfarrerblatt auf diese Zuschreibung in Gerda Gollwitzers "Gartenlust" von 1956 hingewiesen. Da sie aber nicht belegt war, rief er die emeritierten Amtsbrüder zum Durchforsten des auch bis heute nicht ganz vergessenen, schockierenden wie interessanten "Hauptwerkes" Laukhards auf, nämlich seiner bis 1802 reichenden Selbstbiographie "Leben und Schicksale, von ihm selbst beschrieben"

---

236 *Gersch* (s. Anm. 232), S. 188.

237 S. o. S. 46 ff.; zum folgenden siehe generell auch die Anm. 40 ff.

(1792-1802)[238]. Söhngen wiederholte auf meine Umfrage hin noch einmal, für ihn sei das nach wie vor unerläßlich, und fügte hinzu: "Nach meinem Empfinden ist eine gewisse aufklärerisch-optimistische Komponente in dem Wort unüberhörbar"[239]. Inzwischen ist die Bitte an mindestens drei Orten mit und ohne Helfer erfüllt worden[240], allerdings mit eindeutig negativem Resultat.

Doch damit ist die Suche bei und zu Laukhard noch nicht abgeschlossen. Erwin Mülhaupt, der zur Zeit meiner Umfrage von 1976 noch von der schwäbischen Spur ausgegangen war und Laukhard unerwähnt gelassen hatte, ist dann in seinem Aufsatz von 1986 mit Nachdruck nur noch für die Weiterverfolgung dieser Spur eingetreten[241]. Er konnte nämlich zeigen, daß die Laukhard-Zuschreibung nicht erst 1956 bei Gerda Gollwitzer zu finden war, sondern schon 1948 in der ersten Auflage von Fritz

238 Also nicht eine der späteren gekürzten Ausgaben, sondern die ursprünglichen, über 2600 Seiten umfassenden Bände. Dieses kultur- und geistesgeschichtlich wichtige Werk ist unlängst verdienstvollerweise bei Zweitausendeins als Faksimile-Nachdruck erschienen, aber leider schon wieder vergriffen: Friedrich Christian *Laukhard*: Leben und Schicksale. Fünf Theile in drei Bänden. Nachwort und Materialien von Hans-Werner *Engels* und Andreas *Harms*. Frankfurt am Main 1987. Bibliographie im Anhang von Bd. III, S. 142-162. - Hauptsächlich mit den "politischen Romanen" der zweiten schriftstellerischen Phase befaßte sich jetzt Christoph *Weiß*: Friedrich Christian Laukhard (1757-1822) I-III. St. Ingbert 1992 (= Saarbrücker Beiträge zur Literaturwissenschaft 38). Einen wertvollen Forschungsbeitrag bedeutet nicht zuletzt seine ausführlich kommentierte - leider nicht numerierte - Bibliographie mit den Materialien in Bd. II.

239 Brief vom 3. Aug. 1976.

240 Außer von mir auch von *Mühlhaupt* (s. Anm. 1) und *Adam* (s. Anm. 1), S. 412, Anm. 10.

241 Zunächst: Fragebogen, eingeg. 7. 5. 1976; dann: *Mülhaupt* (s. Anm. 1), Sp. 4.

Casparis Buch "Fruchtbarer Garten"[242]. Und er konnte darauf hinweisen, daß damit die früheste namentliche Zuschreibung überhaupt also nicht Luther, sondern Laukhard gegolten habe[243]. In der Tat entsprach dies der Veröffentlichungslage noch bis 1986, läßt sich heute aber nicht mehr aufrechterhalten[244].

Dennoch bleibt die Suche auf dieser von Anfang an selbständigen Spur nach wie vor von erheblichem Interesse. Von Laukhard sind nämlich etwa 15000 Seiten, also mehr als das Fünffache seiner Autobiographie, im Druck erschienen[245]. Und nach dem, was Mülhaupt über die Sorgfalt des 1964 im Alter von 80 Jahren verstorbenen Caspari in Erfahrung gebracht hat, muß dieser das Wort, wenn er es nicht bei Laukhard selber gelesen hat, glaubhaft als von Laukhard stammend anderswo gelesen oder gehört haben. Inzwischen ist die Suche bei Laukhard weitergegangen[246],

242 S. o. Anm. 40; m.E. hat *Gollwitzer* das Zitat von *Caspari* übernommen und nur an einer Stelle, bei "unterginge" dem Usus angeglichen. Fr. *Schnack* übernahm es wohl dann so von ihr (s. o. Anm. 42 f.).

243 *Mülhaupt* aa0 Sp. 3.

244 S. o. Kap. 2.

245 Nach den Bibliographien (s.o. Anm. 238) sind es mindestens 40, also nicht "wenige" literarische Erzeugnisse, wie *Mülhaupt* (aa0 Sp. 4) zunächst meinte.

246 *Mülhaupt* (ebd) hat noch die "Beiträge und Berichtigungen zu Herrn D. Karl Friedrich Bahrdts Lebensbeschreibung" (1791) und "Vertraute Briefe eines alten Landpredigers" (1811), in der Bibliographie von Engels und Harms (s.o. Anm. 238) Nr. 8 und 39, durchgesehen, ich selbst "Leben und Thaten des Rheingrafen Carl Magnus" (1789; Nr. 17), die "Annalen der Universität zu Schilda" I-III (1798-1799; Nr. 19), "Eulerkappers Leben und Leiden" (1804; Nr. 33) und "Wilhelm Steins Abentheuer" I-II (1810, nach der Ausgabe 1814; Nr. 40). Die frühen von *Mülhaupt* gesuchten "Carmina et epigrammata quaedam selecta" (1780; Nr. 1) bleiben unauffindbar, sie enthielten vermutlich Studentikoses in

bislang erfolglos, aber auch nicht leicht abschließbar. Die Schwierigkeiten der Beschaffung und die der Einsichtnahme in die z.T. gar nicht oder nur selten in Bibliotheken nachweisbaren Schriften dieses Außenseiters sind auch für die Spezialisten außergewöhnlich hinderlich und zeitraubend. So halten gerade auch die Kenner, die bisher darauf nicht geachtet hatten, es für sinnvoll bis ausgesprochen wünschenswert, hier und auch im Umfeld wie bei der Leserschaft noch weiterzusuchen[247]. Warum man sich dem nicht verschließen sollte, das sei aus der Sicht Mülhaupts und mit seinen Worten erläutert:

> "Aber wer war denn dieser F. Chr. Laukhard? Antwort: geborener Pfälzer, Vertreter und Exponent eines theologisch und politisch verworrenen Zeitalters im ausgehenden 18. Jahrhundert, charakterschwach, aber trotz seinem abenteuerlichen Leben an den Universitäten und als Soldat bei Preußen, Franzosen und Emigranten nicht unbegabt, gewandt in allen Situationen, radikal aufgeklärt, bekannt durch seine freimütige skandalreiche Selbstbiographie. Die französischen und englischen Aufklärer und Deisten Voltaire und Hume waren ihm bekannt. Und gerade das Wort, das Caspari als Motto für seinen 'Fruchtbaren Garten' wählte, erinnert seinem Sinn und Inhalt nach unmittelbar an den berühmten Schluß der Voltaire-Schrift

---

lateinischer Sprache - daß man hier auf unser Diktum stoßen könnte, vergleichbar der Herkunft des apokryphen Lutherverses von Wein, Weib und Gesang (s.o. Anm. 12), halte ich auch wegen des Inhalts für unwahrscheinlich. Die "Sammlung erbaulicher Gedichte" einschließlich des "Zuchtspiegels für Theologen und Kirchenlehrer" (1798; Nr. 18) stammt nach *Weiß* (s. Anm. 238, Bd. II, S. 87 ff.) wahrscheinlich i.w. von Laukhards Freund Franz Heinrich *Bispink*.

247 So äußerten sich mir gegenüber Hans-Werner *Engels* und Christoph *Weiß* (s. Anm. 238), ferner auch Markus *Krause*, s. dessen Art. Laukhard, Friedrich Christian. NDB 13 (1982), S. 713-714.

'Candide' gegen den Leibnizischen Optimismus; denn sie schließt nach der Schilderung des glücklosen Lebens Candides mit der resignierten Aufforderung: 'Laßt uns in den Garten gehen und arbeiten!' Eben diese resignierende und doch nicht aufgebende Gesinnung drückt auch das Laukhardwort 'Und wenn ich wüßte...' aus. Laukhard ist gewiß keine Zierde der Theologie, auch kein imponierender Charakter, aber daß er in seiner revolutionären und blutrünstigen Zeit zwischen 1780 und 1810 mit dem Gedanken des Weltuntergangs konfrontiert war, kann man begreifen."[248]

Auch der Schriftsteller Friedrich Schnack hat sich, wie schon erwähnt, hartnäckig und mit Bestimmtheit für Laukhard ausgesprochen. Ob man allerdings, wie er meinte, ein solches Diktum vom Pflanzen auch deswegen schon bei Laukhard erwarten kann, weil dieser eine prototypisch gärtnerische Existenz geführt habe[249], ist höchst zweifelhaft. Wir wissen nichts von dergleichen, zu dem häufig unsteten Leben paßt es ohnehin schlecht und für die Phasen der relativen Stabilität sind keine wirklichen Besonderheiten in dieser Hinsicht erkennbar[250].

---

248 *Mülhaupt* (s. Anm. 1), Sp. 3-4. Zu *Voltaire* s. d. zweisprachige Ausgabe: Candide oder der Optimismus ... v. Jürgen von Stackelberg. München 1987 (= Goldmann Klassiker 7616), S. 188: "... mais il faut cultiver notre jardin."

249 Friedrich *Schnack* schien das für selbstverständlich oder erwiesen zu halten und als Begründung dann auch für ausreichend, s. o. Anm. 43.

250 In "Leben und Schicksale" gibt es nur eine einzige, aber wenig aufschlußreiche Stelle. Als ihm die für Kriegsdienste im Bereich des Subversiven vom Kronprinzen versprochene Anstellung von der Universität abgeschlagen war und er, mißglückt verheiratet in kleinsten Verhältnissen, sein Leben in Halle fristete, kam im Sommer 1799 Friedrich Wilhelm III. nun als König nach Halle, aber zu Überlegungen, sich noch einmal zu bemühen, meinte *Laukhard*: "ich mogte mich da

Aber wenn schon nicht in concreto, dann allgemein dürfte Laukhard wohl der Lebenshaltung am Ende des "Candide" sehr verbunden gewesen sein, dies sicherlich aber auch in Bezug gerade auf die inzwischen hinzugekommenen Hoffnungen und Enttäuschungen des Revolutionszeitalters. Ihm, der in mancher Hinsicht den Jakobinern nahestand, doch ihnen keineswegs zuzurechnen ist, war das zeitweise in Tausenden von Aktionen und Abbildungen allgegenwärtige nationale und auch Menschheits-Symbol des Freiheitsbaumes[251] vertraut, wenn es auch wohl nicht zu einem Herzensanliegen speziell wegen seiner bald neureligiösen Aufgeladenheit wurde. Zu Laukhard würde das Wort auch schon in der überhaupt religiös nicht weiter

---

nicht hinzu drängen, wo sich jederman drängte, blieb daher zu Hause und besorgte mein Blumenbeet" (s. Anm. 238, Bd. III, Teil V, S. 138). Man könnte hier eine Ähnlichkeit zur Situation am Schluß des "Candide" (Resignation mit Gartenarbeit) sehen, ob das Laukhard bewußt war? Man könnte sich auch eine Bildrede (Blumenbeet = Schreibtisch) denken, zumal er damals sehr produktiv war, doch auch das geheimnißt wohl noch zu viel hinein. Aus den späteren, uns großenteils unbekannten Jahren des Niedergangs wissen wir noch, daß zu der vorübergehend (1804-1811) verwalteten Landpfarrstelle in Veitsroth (Saar-Departement) auch das übliche Acker- und Gartenland gehörte, s. W(ilhelm) *Hoffmann*: Noch einmal Magister Lauckhard. In: Hessische Chronik 28. 1941, S. (118-148) 120.

251 Im III. Teil der Lebensbeschreibung (s. Anm. 238, Bd. II, S. 450) über das Bistum Speyer: "... und doch ist da der französische Freyheitsbaum ohne alle Mühe gepflanzt worden." Er gehörte bald zu den Bestandteilen eines revolutionär-religiösen Gegenkults. Dazu aus der Fülle der Jubiläumsliteratur nur: Hans-Christian und Elke *Harten*: Die Versöhnung mit der Natur. Gärten, Freiheitsbäume, republikanische Wälder, heilige Berge und Tugendparks in der französischen Revolution. Reinbeck bei Hamburg 1989; auch *Struss* (s. Anm. 106), S. 67 ff.

eingefärbten Fassung wie bei Caspari passen. Wenn man vom Zugrundegehen statt vom Untergehen der Welt spricht, fehlt eben doch ein gewohnter Anklang an christlich übliche Sprechweise. Und das "pflanzte ich doch heute noch einen Baum" enthält wohl eine Nuance mehr aufgeklärtes Freiheitspathos und Selbst- wie Naturbestimmungswollen als das - im Vergleich dazu - ein wenig zurückhaltender, u.U. sogar ergebener klingende "würde ich heute noch mein Apfelbäumchen pflanzen". Gleichwohl kann natürlich in anderem Zusammenhang auch die letztgenannte Formulierung Konnotationen und Funktionen der ersteren annehmen.

Was also die Laukhard-Zuschreibung aus sachlichen Gründen so bedenkenswert macht, ist die dadurch leichter mögliche Einordnung der modernen Züge bei einer Vielzahl von späteren Zitationen des "Lutherwortes", vor allem des emanzipatorischen Untertons, auch aufgrund einer Entleerung des Eschatologischen. Ein Protest klingt an, nicht nur gegen eine falsche Einstellung zum kommenden Ende, sondern gegen das Ende selber. Dieses Nichtakzeptieren kann sogar noch in der Resignation enthalten sein und das wenige im Scheitern noch mögliche Handeln prägen.

Im späteren Gebrauch des Apfelbäumchenwortes begegnet einiges davon in mancherlei Formen. Aber ob es schon in der Aufklärungszeit, bei dem deistisch geprägten Laukhard, den auch von der Formulierung bei Caspari vermittelten Ausdruck gefunden hat, ist noch nicht bewiesen. Die Suche wird wohl noch etwas andauern. Der als zuverlässiger Zitierer bezeugte Caspari ist hier vermutlich mehr der Vermittler eines Zitats als ein Protagonist genuin Laukhardschen Denkens. Er selbst ist als Naturwissenschaftler und Verfahrenstechniker leidenschaftlich mit einer großangelegten Praxis und Lehre der Gartenpflege in den natürlichen Kreisläufen befaßt und enthält sich der Ausflüge in die Geisteswissenschaft, wenngleich er anfangs u.a. auch "den Freunden der biologisch-dynamischen Wirtschaftsweise, der Schöpfung des 1925 verstorbenen Dr. Rudolf Steiner" dankt: "Ihr Arbeitskreis und die praktischen Erfolge ihrer Ideenwelt haben großen Anteil am Werden auch meiner Arbeit."[252] Worum es ihm geht, verbirgt sich im Praktischen, kommt aber zum Schluß noch zur Sprache, es ist vor allem die Gesundheit durch Sicheinfügen in die sinnerfüllte Beziehung zum übergreifenden Organismus. So paßt das "Laukhard"-Motto auch zu den letzten Sätzen:

> "Daß diese Ganzheit heute durch die Technik zerbrochen und damit die Mehrwirkung der Organismen steigend durch Schädlinge und Krankheit angetastet wird, scheint unabänderliches Schicksal des Menschengeschlechtes zu sein. In diesem Buch wurde gezeigt, wie trotz alledem aus naturgemäß geleiteter Gartenkultur ein neuer Sinn segensreich erwachsen und fruchtbar werden kann."[253]

Man kann also mit Grund annehmen, daß Caspari in vielem eher einem kosmischen Harmonie- oder gar Kreislaufdenken als der christlichen Endzeithoffnung nahestand. Was bevorsteht, ist nicht das Kommen des Herrn am Ende der Tage zu Gericht und Vollendung, sondern der Zerbruch des Organismus, die Bedrohung durch den biologischen Tod, vielleicht "unabänderliches Schicksal des Menschengeschlechtes", möglicherweise noch abzuwenden, mindestens aber den Versuch wert, das Leben durch neuen "Sinn" schaffendes Handeln gesund zu halten und - könnte man vermuten - auch im Rückgang noch wieder in höhere Zusammenhänge einzubringen. Insofern enthält das kraftvoll vorangestellte "doch" des Baumpflanzens in dem "Laukhard"-Motto auch ein Moment des Protestes, jedenfalls der Gegensteuerung. Und insofern paßt zu dieser

---

252 Fritz *Caspari*: Fruchtbarer Garten, zitiert nach der hier unveränderten 3. Aufl. Krailling bei München 1960, S. 4. Caspari war Pionier der Großkompostierung.

253 *Caspari* aa0 S. 335. Vgl. übrigens das "trotz alledem" mit der Brüsseler Formulierung G.B. *Hartmanns*, s. o. S. 103.

Denkwelt wohl auch ein wenig besser der Ausdruck "zu Grunde ginge" (innergeschichtlich, schicksalhaft fremd- oder selbstverschuldet) als die eher apokalyptische Rede vom Untergehen der Welt. Beide Formulierungsdetails könnten Caspari dann auch sachlich gut mit dem unorthodoxen Magister Laukhard verbinden oder immerhin seinem Bild von diesem entsprechen.

Möglich ist aber nun auch, daß Caspari eine genauere Kenntnis Laukhards, jedenfalls über eine gekürzte Fassung von dessen Lebensbeschreibung hinaus, nicht gehabt hat. Dann wäre es ausgeschlossen, daß er das Zitat bei ihm gelesen hätte, dagegen wahrscheinlich, daß er es schon mit dieser Zuschreibung anderswoher bezogen hat und - vielleicht unter Zufügung der Lebensdaten - weitergab. Das sich damit auftuende ganze Umfeld vor 1948, welches zeitlich unter Umständen sogar in die Nähe Laukhards hineinragen kann, kennenzulernen und aufzuhellen, dürfte wohl noch weit länger dauern als die Suche in Laukhards eigener schriftlicher Hinterlassenschaft. Es reichte von Erzählungen über den seltsamen, verkommenen Magister, die schon früh zur Mythenbildung führten[254], bis hin zu uns bekannten und unbekannten journalistischen Erwähnungen, trivialen Benutzungen und Andichtungen, aber auch literarischen Verwendungen[255].

---

254 S. die von Paul *Holzhausen* mitgeteilten Beispiele bis hin zum Professorentitel auf der Sterbeurkunde (Friedrich Christian Laukhardt. Aus dem Leben eines verschollenen Magisters. Berlin 1902 = Burschenschaftliche Bücherei Bd. 2 H. 4, S. 1-40, bes. 37-39).

255 Was z.B. Gustav *Freytag* (Bibliographie, s. Anm. 238, S. 156 = Abschnitt III Nr. 4) recht war, konnte vielen billig sein, auch über die der Forschung inzwischen bekannten Stimmen hinaus. Aber nicht einmal die bereits erkleckliche Zahl davon in den Literaturverzeichnissen von *Engels/Harms* und *Weiß* konnten gezielt auf das Caspari-Motto oder ähnliche Sätze hin durchgelesen werden.

Auf der Laukhard-Spur, deren schwierigstes Problem immer noch ist, wie wohl Caspari zu seiner Zitatfassung und der Laukhard-Unterschrift kam, mag also noch einiges möglich sein. Die Spanne erstreckt sich dabei zwischen einem glücklichen Fund bei Laukhard selbst (oder im früh über ihn Berichteten) und einer Caspari vor 1948 vielleicht bekanntgewordenen schriftlichen oder mündlichen Bemerkung irgendjemandes zu Laukhard. Dessen exemplarische Existenz wäre im letzten Falle dann entweder mit einem ad hoc erfundenen oder anderswo ähnlich vernommenen Satz, vielleicht sogar angeregt durch das gerade den Beginn seines schriftlichen Umlaufs erlebende "Lutherwort", charakterisiert worden.

Ja, es besteht sogar die Möglichkeit der Annahme eines banalen Hörfehlers: "Luther" und "Laukhard" liegen phonetisch gar nicht so weit auseinander. Es gibt ja die Geneigtheit, undeutlich Gehörtes irrtümlich dem zuzuordnen, mit dem man sich gerade beschäftigt hat, oder was einem aus früherer Zeit einfällt. Vielleicht ist es Caspari selber oder einem Gewährsmann so gegangen? Und wenn? Nun, selbst in einer solchen Fehlleistung und ihrer Reproduktion könnte sich eine Lebenshaltung und eine bestimmte geistesgeschichtliche Sicht zeigen. Und diese müßte dann auch nicht damit erledigt gewesen sein, daß Caspari von der zweiten Auflage an die Änderung der Motto-Unterschrift von Laukhard in Luther veranlaßte oder zuließ, worin Gerda Gollwitzer ihn später folgte.

Zu einer endgültigen Beurteilung der Laukhardhypothese kann es also noch nicht kommen. Nicht nur behält Mülhaupt recht mit seiner Feststellung: "Summa summarum, daß Luther das Wort vom Apfelbäumchen nie gesagt und geschrieben hat, kann man viel leichter beweisen als das Gegenteil bei Laukhard"[256]. Aber auch ein Ausschluß

256 *Mülhaupt* (s. Anm. 1) Sp. 4.

Laukhards ist nach heutigem Stand trotz inzwischen erweiterter Kenntnis noch nicht zu begründen, geschweige denn der Ausschluß auch anderer möglicher Urheber aus dessen Leserschaft oder unter seinen flüchtigen Verehrern in längerem oder kürzerem Abstand zu Caspari 1948. Warum soll es nicht auch ein Pseudo-Laukhard-Wort gegeben haben?

Wichtiger für uns aber als die Frage der Authentizität eines "Laukhard-Wortes" oder die Frage nach einer dem Magister vollständig gerecht werdenden Angemessenheit einer späteren Zuschreibung ist die nun noch deutlichere Erkenntnis, daß es schon sehr früh, nur vier Jahre nach unserm ersten, noch nicht öffentlichen Beleg von 1944, dieses anders formulierte Zitat gibt, das nicht eigentlich der christlichen Denkwelt angehört und, wie Mülhaupt es zugespitzt ausdrückt, "ja selbst mit Religion nichts zu tun hat"[257]. Ob das Caspari/Laukhard-Wort nun älter ist als das Pseudoluther-Wort oder etwas jünger - sollte es eine Verbindung zwischen beiden gegeben haben und sollten sie nicht, was wenig wahrscheinlich wäre, gänzlich unabhängig voneinander aufgekommen sein, dann wäre das eine die Abwandlung des anderen. Auch wenn nach der bisherigen Beleglage Laukhard oder einer Laukhardtradition in dieser Sache keine Priorität zugesprochen werden kann, ist doch festzuhalten: Ob also vom Ursprung her oder als Ergebnis, es ist schon früh ein etwas anderer Ausspruch in der Welt und dann auch bald mit dem Namen Luthers unterzeichnet worden, der entgegen der Annahme der Beteiligten doch weniger zu ihm paßt als zu Laukhard oder dem mit Laukhard Gemeinten, sei es Voltaires oder auch Rousseaus Einstellung oder noch eine andere.

---

257 *Mülhaupt* brieflich 17. März 1988.

6. Die These einer Neubildung: Pseudoluther, Luther und die Moderne

An dieser Stelle, wie angekündigt, unsere eigene Sicht der Entstehungsgeschichte zu erklären, ergibt sich aus praktischen Erwägungen. Es gehört zu dem Fazit aus dem Vorhergehenden hinzu.

Alle seit den 1950er Jahren angestellten Versuche, dem - nicht von Luther stammenden - Wort vom Apfelbäumchen anderswie auf die Spur zu kommen und seinen Ursprung anderswo zu finden, sind ohne Erfolg geblieben. Keine der Hypothesen konnte eindeutig verifiziert oder auch nur hinreichend wahrscheinlich gemacht werden. Zwar kamen bei der Suche mancherlei Anklänge und - wenngleich nur partielle - Parallelen ans Licht, welche durchaus für die Gebrauchs- und Bedeutungsgeschichte unseres Diktums vergleichend herangezogen zu werden verdienen. Insgesamt aber blieb jedesmal die Aufgabe unerfüllt, eine behauptete signifikant frühere Entstehung des erst kurz vor Mitte des 20. Jahrhunderts bezeugten Apfelbäumchenwortes zu beweisen, also dessen Herkunft über Vermutungen hinaus genauer zu bestimmen.

Desgleichen unterblieb es auch, die ebenfalls seit 1944, also von Anfang an dazugehörige, historisch aber unhaltbare Behauptung der Autorschaft Luthers schlüssig zu erklären. Am nächsten lag da merkwürdigerweise immer nur die Vermutung, daß ein weit früher als im 20. Jahrhundert entstandener Ausspruch dieser oder ähnlicher Art später irgendwann einmal dem Reformator zugeschrieben worden sei, und zwar wegen dessen hohen Ansehens und wegen vermeintlich oder tatsächlich naheliegender inhaltlicher Affinitäten. Doch weitere Reflexionen dazu wurden kaum mitgeteilt, außer bei Breymayer, der mit Knolle von

"Autorisierung" und hierbei auch von einer modernistisch verändernden, mißbräuchlichen "Aktualisierung" sprach, nämlich eines altschwäbischen, für ihn von Johannes Kullen stammenden Ausspruchs nun unter dem für Arbeitsamkeit und Furchtlosigkeit stehenden Namen Luthers im 20. Jahrhundert[258], eine Hypothese, die sich in ihrem Kern ebensowenig bewahrheiten ließ wie die anderen. Aber wer sagt denn, daß hier unbedingt einem schon älteren Ausspruch ein ebenfalls altes, nur stärker autorisierendes Etikett hinzugesetzt und dabei dann eine aktualisierende Umgestaltung vorgenommen worden sein muß?

Kaum einmal in die Überlegungen einbezogen wurde die andere Möglichkeit, daß erst in unserem Jahrhundert, nicht allzulange vor dem schriftlichen Auftauchen des "Zitats" vielleicht doch etwas ganz Eigenes, wesentlich Neues entstanden ist. Also, daß irgendjemand (allein?) den Satz vom Apfelbäumchen (mit einem Male oder schrittweise?) komplett erfunden, und zwar gleich als einen Luther-Ausspruch produziert haben könnte. Warum eigentlich nicht? Zugetraut wurde das gelegentlich schon von meinen Gesprächspartnern ganz bestimmten Kirchenleuten[259] oder öfters auch unbekannten Zeitgenossen.

Mir scheint in der Tat in dieser Richtung die Lösung zu liegen, wenn ich auch keinen Namen zu nennen vermag. Dem Gedanken an eine Neubildung des "Lutherwortes" im oder vor dem Zweiten Weltkrieg ernsthaft näherzutreten, führt allerdings auch noch nicht endgültig aus dem Bereich des Hypothetischen heraus. Welcher Pseudoluther (PsLuther, PsL) - und mit einem solchen müssen wir nun in Person rechnen - hinterließe denn wohl auch so etwas wie ein Eingeständnis oder gar ein Protokoll seiner kreativen

---

258 *Breymayer*: Untersuchungen (s. Anm. 1), S. 85-87.

259 S. o. S. 42. Neben Hanns *Lilje* wurde einmal auch Otto *Dibelius* genannt (so Johannes *Schreiber* in Erinnerung an Äußerungen seines Vaters, Brief v. 20. Mai 1976).

Tätigkeit, zumal wenn diese vielleicht zeugnishaft historisierend oder poetisierend ins Imaginative und Unbewußte hineinreichte? Engagiertem Denken ist das ja nicht fremd und es verträgt sich subjektiv ohne weiteres mit intellektueller Redlichkeit. Gab es nicht genug Gestalten im ersten wie zweiten Glied, die in bewegter Zeit, zumal in Kirchenkampf und Krieg, mit kräftigem prophetischen Geist sich aufs Reformatorische beriefen, war das nun im Einzelfalle immer historisch und sachlich stichhaltig oder weniger gut verbürgt? Oder auch solche, die mit verhaltenerem, vielleicht christlich-humanistischem Sinn nur an protestantischen Lebensmut erinnern wollten? Oder Leute ganz anderer Denkweise, aber mit Mut zum Zugriff auf Luther?

Also, sehr wohl auch die Vorstellbarkeit derartig naheliegender oder ähnlicher Entstehungsbedingungen, nicht allein die Erfolglosigkeit der bisherigen, meist weiter ausholenden Versuche einer Herleitung aus noch so interessanten älteren kirchen- und ideengeschichtlichen Traditionskomplexen, machen es erforderlich, den Blick vor allem auf die Zeit vor dem ersten Auftauchen des "Lutherwortes" vom Apfelbäumchen zu richten.

Es bedarf keiner langen Erörterung, daß ein PsLuther nicht ganz ex nihilo kreativ gewesen sein dürfte, sondern höchstwahrscheinlich bereits Vorhandenes eingebracht hat, hier also wirkliche oder vermeintliche Gedanken oder Gedankensplitter Luthers, ohne daß man freilich deshalb sagen dürfte, hier sei ein Lutherwort, ein ganzer Ausspruch von ihm irgendwie wiedergegeben worden. Auf unserer Suche nach solchen Elementen kämen wohl weniger ganze Sätze von Luther mit nur ähnlich erscheinendem Aussagegehalt in Betracht[260] als solche, bei denen mindestens

260 Etwa die von *Breymayer* (Untersuchungen, s. Anm. 1, S. 86) zitierte Predigtäußerung *Luthers* zu Lukas 12,35: "Man soll arbeitten, Alß wolt man Ewig leben, Und doch alßo gesynnet sein, Alß solten wir diße stund sterben." (WA 45, 384, 23 f.

= Viel fast nützlicher Punkt ausgezogen aus etlichen Predigten D. M. Luthers. 1537, früher entstanden); oder, worauf auch Reinhard *Schwarz* hinwies, aus Crucigers Sommerpostille 1544 zur Jubilate-Epistel 1. Petr. 2, 12-20: "Der gleichen wer im obern oder Herrn stande ist, der sol sich auch nicht hie nider legen und trachten, wie er nur nach seinen lüsten, in eitel freuden und ruge lebe (weil er es besser hat denn andere), als wolt er ewig hie bleiben, sondern also dencken: Er ist ja dis leben vergenglich, und muß eine Fart und wallen sein, bis wir zum rechten Vaterland komen, Aber weil Gott wil, das alhie ein iglicher mit seinem stand und befolnen Ampt den andern dienen sol, so wil ich thun, was mir auffgelegt ist, meinen unterthanen, Nachbaren, Weib und Kind trewlich dienen, weil [dieweil, solange] ich kan, Ob ich auch diese stunde davon müßte und alles, was auff Erden ist, lassen, Denn ob ich schon jtzt solt sterben, so weis ich (Gott lob), wo ich hin gehöre, da ich da heimen bin, Aber weil ich noch hie unterwegen reise, sol und wil ich thun, was zu dieser Bürgerschafft auff Erden gehöret, Und also bey jnen leben, wie dieses Orts Recht ist, auch bis in die stund, wenn ich sol uber die Schwelle tretten, auff das ich mit ehren davon fare und kein klage hinder mir lasse." (WA 21, 343,28-344,2; nach Pred. v. 27.4.1539). Man beachte, daß hier nicht wie bei PsL universaleschatologisch gesprochen wird, sondern im Blick auf die individuelle Sterbestunde. Hier geht es Luther zugleich um eine geduldige Wachsamkeit und nicht zuletzt eine Abschiedsbereitschaft, die denen, die das moderne Apfelbäumchenwort im Munde führen, sehr häufig ziemlich fremd ist. Umgekehrt verschwindet da, wo bei Luther vom allgemeinen Jüngsten Tage die Rede ist, oft jeglicher Gedanke an zwischenzeitliches Bauen, Pflanzen, Heiraten usw. oder tritt doch sehr zurück, weil sich dabei ohnehin kaum einer stören läßt, bis auf die sträflich weltflüchtigen Mönche. Bei Luther beherrscht da vielmehr der Gedanke der Vorfreude fast alles, und zwar der auf das ewige Leben, den Sieg über das Reich des Teufels und auf das Ende alles Leides, auch allen Leidens unter solchen, die mutwillig und rücksichtslos allein diesseitig leben wollen, vgl. dazu z.B. WA 22, 364,10 ff. (aus derselben Sammlung zu Phil. 3,17-21, Ep. 23 p. Trin.)

einige auffällige Wortanklänge vorliegen. Aber auch hier ist Vorsicht geboten. Bei der Suche danach ist man gelegentlich fast so weit gekommen, die Tätigkeit PsLuthers in die Nähe des beinahe nur noch Redaktionellen oder einer anderen Art bloßer Weitervermittlung zu bringen. So hat - vorübergehend - Theodor Mahlmann, ähnlich auch Reinhard Schwarz und andere auf das Vorkommen passender Ausdrücke und Bilder in bestimmten Luthertexten verwiesen, die also dann, allerdings einigermaßen ungenau erinnert und willkürlich kombiniert, dem daraus gebildeten Zitat quasi ursächlich zugrundeliegen könnten[261]. Doch ging man natürlich nicht so weit, deswegen von so etwas wie einem indirekten Lutherwort zu sprechen.

Gewarnt hat vor allem Erwin Mülhaupt vor pointillistischen Spielereien mit solchen Texten und ihren Wortähnlichkeiten, aus denen dann irgendwie das ganze Apfelbäumchenwort herausgesprungen sein soll. Dieses müsse vielmehr zunächst als ganzes in seiner Modernität ernstgenommen werden[262]. So haben er wie übrigens ja auch Schwarz und andere gerade in der hier erkennbaren Idee vom Weltuntergang einen Luther fremden Modernismus

---

und besonders die mancherlei Auslegungen des Evangeliums zum 2. Advent Luk. 21,25 ff. von der Wartburgpostille an, s. Kurt *Aland*: Hilfsbuch zum Lutherstudium. Gütersloh 3. Aufl. 1970, S.116.

261 *Mahlmann* (Brief v. 14. Dez. 1986) verwies vor allem auf WA TR II Nr. 2756 nach der gerade 1938 erschienenen Tischredenausgabe von Reinhard *Buchwald*: Luther im Gespräch, Stuttgart 1938, S. 88 f. (Neuaufl. 1983 = insel taschenbuch 670, S. 141 f.); *Schwarz* (Brief v. 4. Juni 1976) dachte an Suggeriertwerden durch ein Mißverständnis der Auslegung Luthers zum Gleichnis vom Feigenbaum Luk. 21,29 ff. (WA 52, 20,20 - 21,30, Veit Dietrichs Hauspostille 1544, Ev. 2. Adv.).

262 *Mülhaupt* mündlich u. Brief v. 2. Febr. 1988.

erkannt[263]. Das dürfte für viele Benutzer des Diktums zutreffen, doch in der Ausdrucksweise ist PsLuther immerhin dem Reformator etwas näher, denn jene Charakterisierung träfe nur auf das Substantiv 'Weltuntergang' zu, nicht ohne weiteres schon auf den ja verbalen Ausdruck im Wortlaut unseres "Zitats". Dessen erste Hälfte nämlich findet sich, was eigenartigerweise kaum jemals bemerkt worden ist[264], fast wörtlich schon in Luthers Bibelübersetzung von Psalm 46,3:

> "Darumb fürchten wir vns nicht / *wenn* gleich *die Welt vntergienge* / Vnd die Berge mitten ins Meer süncken."[265]

Wenn also PsLuther irgendetwas vom Luther in seinem Ohr eingebracht hat, dann gewiß dies, gerade auch die konjunktivische Form! Und diese Aussage des wohlbekannten "Reformationspsalms" verband er durch die starke Geste des vorangestellten "Und" zugleich mit der dritten Strophe des noch bekannteren "Lutherliedes", der antithetisch umgestaltenden christlichen Auslegung[266] eben jenes Psalms:

---

263 "Luther hat nicht die (moderne) Idee des 'Weltuntergangs', sondern des Jüngsten Tages" (Reinhard *Schwarz*, Brief v. 4. Juni 1976). Dem entspräche auch, daß der substantivische Begriff "eine erst im neueren dt. erwachsene komposition" ist (*Grimm*: Deutsches Wörterbuch 28, 1709).

264 R. *Breymayers* Hinweis (Untersuchungen s. Anm. 1, S. 86) blieb unveröffentlicht. Für Th. *Mahlmann* (Brief v. 21. Jan. 1988) machte diese Beobachtung alle bisherigen Vermutungen zu der Herkunft der einzelnen Worte des Konzessivsatzes überflüssig.

265 D. Martin *Luther*: Die gantze Heilige Schrifft Deutsch Wittenberg 1545 ... Hrsg. v. Hans Volz ... München/Darmstadt 1972, S. 1005 (Hervorhebungen hier und hernach beim Lied M.S.).

266 Wichmann *von Meding* (Ein feste Burg ist unser Gott. Luthers christliche Auslegung des Psalms 46. Zeitschrift f. Theol. u. Kirche 90. 1993, 25-56) hat das jetzt überzeugend klargestellt.

"*Und wenn die Welt* voll Teuffel wer / und wolt uns gar verschlingen / so fürchten wir uns nicht so sehr / Es sol uns doch gelingen /..."

Zwar kennen wir nicht genau den Wortlaut von PsLuther, doch vergleicht man den Vordersatz des bislang ältesten Beleges bei Lotz von 1944 ("Und wenn morgen die Welt unterginge..."[267]) mit diesen damals weit bekannten und jedem Protestanten in Fleisch und Blut übergegangenen Formulierungen Luthers, so kann man dem, der das neue "Lutherwort" gebildet hat, bescheinigen, daß er hier die gewünschte Nähe zu Luther, ja geradezu eine Verwechselbarkeit mühelos erreicht hat. Und dies, nochmals sei es bedacht, wohl ohne Bewußtsein einer noch so leise verändernden oder verfälschenden Tendenz, die das vollständige Wort dann allerdings auch schon im ersten Teil mit angenommen haben könnte.

Es ist ja schwer zu sagen, ob es PsLuther - verständlicherweise - nicht ganz klar war, wie wenig Luther beim christlich gelesenen Psalm 46 und schon gar bei dem Lied einfach an die allgemeine Bedrohung der Welt und des irdischen Lebens dachte, oder gar an den 'Untergang' des Abendlandes, eines irdischen 'Reiches' oder dergleichen.

Er bezieht sich bei seinem Vergleich textlich (S. 38 f.) mit Recht zunächst auf die Übersetzung von 1524 (unsere Stelle: "wenn gleich die erden eynfiele"), während für PsL natürlich nur die endgültige Fassung in Frage kommt. Diese könnte übrigens hier indirekt etwas von der christlichen Deutung des ursprünglich nur Jerusalem betreffenden Psalms in den Bibeltext zurückprojizieren. - Den Text des Liedes zitiere ich mit *von Meding* (ebd.) bewußt nicht nach den neueren Ausgaben, sondern nach dem Klug'schen Gesangbuch von 1533 (aaO S. 32 f. Anm. 52).

267 Also ohne: "ich wüßte, daß", s. o. S. 28.

Da machte sich Melanchthon größere Sorgen[268]. Luther sah vielmehr zuallererst die ekklesiologisch-eschatologische Spitze des Angriffs Satans gegen das Evangelium und Christi bedrängte Gemeinde. So sehr der Teufel auch das geschaffene Leben in allen seinen Erstreckungen bekämpft und Gott mit allen drei ordines oder "Ständen" (oeconomicus, politicus, ecclesiasticus) gegen ihn angeht[269], so sehr ist für Luther aber der geistliche Kampf um das Evangelium in der Kirche die unbestrittene Hauptsache und richten sich seine leidenschaftlichsten Trotz-Gesten gegen dessen anscheinend übermächtige, in apokalyptischen Dimensionen gesehenen Feinde[270]. Wer weiß, ob PsLuther einer von denen war, denen in der Kirchenkampfsnot oder sonstwie dieser Luther wichtiger geworden war als der des Allgemeinmenschlichen oder Nationalen. An der Formulierung beim ersten schriftlichen Zeugnis läßt sich dazu nichts näheres erkennen, aber vermuten, daß sich nach dem Empfinden von Karl Lotz 1944 wohl beides miteinander verbinden ließ.

Daß PsLuther noch andere Elemente aus Luther selbst 'entnommen' hat, ist nicht erkennbar. Wohl aber könnte ihm - als vermeintlich von Luther stammend oder zu Luther

---

268 Heinz *Scheible*: Die Anfänge der reformatorischen Geschichtsschreibung. Gütersloh 1966 (Texte zur Kirchen- und Theologiegeschichte 2), S. 16. 40 f.

269 WA 50, 652, 18-32 (Von den Konziliis und Kirchen 1539) u.ö.

270 W. *von Meding*: (s. o. Anm. 266) zeigt u.a., daß zur Antithetik des Liedes als christlicher Auslegung von Ps. 46 auch sein stark defensiver Charakter gehört. Es ist kein großmächtiges Kriegslied, eher dann schon ein Friedenslied, z.B. heißt es: "es streit für uns" (wie auch in: "Verleih uns Frieden gnädiglich") und nicht ohne weiteres: "ist mit uns" (Ps. 46, 8.12). - Hier besteht übrigens ein gewisser Unterschied zur schwedischen Fassung und ihrer Geschichte, der ich noch einmal nachgehen zu können hoffe.

passend! - auch ganz anderswo Gelesenes, Gehörtes oder Angeklungenes nahegelegen haben oder in der Erinnerung zusammengeflossen sein. Ob etwas aus dem Schwäbischen dabeigewesen wäre, muß offenbleiben. Wenn, dann am ehesten vielleicht noch die dort vorkommende Gegenüberstellung "morgen" - "heute"; weniger aber wohl das "ich wüßte", denn dieses findet sich gerade nicht in dem Würtemberger Ausspruch (1), bei dem auch einmal ein Baum vorkommt, und dann auch gerade nicht bei Lotz 1944, sondern erst auf der MBK-Spruchkarte nach dem Kriege[271]. Aber man muß auch mit Eigenanteilen von PsLuther rechnen, selbst mit noch vor-schriftlichen Anreicherungen durch andere.

Dagegen wohl von Anfang an dabei war aus dem zweiten Teil das "pflanzen"; es ist - sehr allgemein - vom Korntaler G. W. Hoffmann überliefert[272], könnte aber ebensogut aus dem sicherlich anderswo weit bekannteren Cato maior von Cicero[273] stammen, wenn - ja, wenn nicht überhaupt die ganze zweite Hälfte des Spruchs frei erfunden wurde, oder richtiger: einem vermeintlichen Luther nachempfunden.

Doch, wenn schon antike Bezüge, nach einem abgeklärten Blick auf die ruhige Generationenabfolge bei den alten sabinischen Bauern war den Deutschen im Jahrhundert der Weltkriege weniger zu Mute, als daß sie - fasziniert oder widerwillig - die Herausforderung des Katastrophischen

---

271 S. o. S. 28 u. S. 38. Die Figur, "morgen-heute" gibt es außerdem auch anderswo, z.B. bei E. *Swedenborg* (veröffentlicht erst 1858, s. u. Anm. 358).

272 S. o. S. 128.

273 S. o. S. 141 f. Freilich ist die Nähe *Luthers* zu *Cicero* hier nicht sehr groß, denn der Gedanke des Pflichtvollzugs in der Geschlechterfolge, zumal als Beweis für die Unsterblichkeit der Seele lag ihm ferner.

erlebten, wie es in den damals - auch mir noch erinnerlich - häufig zitierten Horaz-Zeilen widerhallt:

> Si fractus illabatur orbis,
> impavidum ferient ruinae[274].

---

274 *Horaz*, aus der Ode "Iustum et tenacem...", Carmina III, 3 (unsere hinzugefügte Übersetzung nach Kiessling/Heinze und: Quintus *Horatius* Flaccus: Oden und Epoden. Lat./Dt. Übers. u. hrsg. v. Bernhard Kytzler. Stuttgart 5. Aufl. 1990 = Reclam 9905, dort Lit.). - Darauf vor allem hat mich Karl Heinrich *Rengstorf* hingewiesen (Brief v. 6. Nov. 1981), später noch Th. *Mahlmann*, der auf H. G. *Reichert*: Lateinische Sentenzen. Wiesbaden 1948 hinwies, wo diese Horaz-Verse zu finden sind, nicht aber jene Cicero-Stelle, genauso wie übrigens bis heute im *Büchmann* (s. Anm. 16, S. 279). - Auch Dietrich *Bonhoeffer* im Tegeler Gefängnis zitierte am 23. Jan. 1944 das Horazwort (s. Anm. 24, S. 217; fehlerhaft aus dem Gedächtnis: "feriúnt"). - Ernst *Bammel* nähert sich der Stelle, wenn er sie auch nicht direkt meint. Er sieht das Apfelbäumchenwort im Kontext einer die Zeit bis "morgen", bis zum Weltuntergang noch, reflektierenden Geschichtsphilosophie und dann leidenschaftlich aufgenommen - wieso nicht vielleicht auch schon geprägt (das trotzige "wenn ..." findet sich ja schon in den ersten Belegen)? - von preußischem Pflichtdenken, verstanden "als Ruf zum trotzigen Beharren vor dem Abgrund des Grauens, als ein theologisches Gegenstück zu dem Gestus des Wachtmannes von Pompeji, der im Angesicht des Schreckens an dem Platz verharrt, auf den er gestellt war" (s. Anm. 1, S. 146 f.). Bammel verweist (Anm. 41) auch darauf, daß Ethelbert *Stauffer*, zu dessen Festgabe ja der Aufsatz 1962 gehörte, "damals [1948] das sinnverwandte Wort Cyprians: aufrecht zwischen Trümmern" zitierte. Für diesen Kirchenvater, zeigt Stauffer, waren Pest und Christenverfolgung schon Teil des Weltuntergangs, aber auch Zeichen des kommenden Reiches, darum: "'So lasset uns denn mit ungebrochenem Herzen angehen gegen diesen Ansturm des Todes und der Verheerung. Lasset uns aufrecht stehen zwischen den Trümmern der Menschenwelt und nicht am Boden liegen mit denen, die keine Hoffnung haben.' Rectum

"Wenn das Weltall zerborsten zusammenstürzt, werden die Trümmer einen Furchtlosen treffen." Nimmt man die in der bisherigen Literatur noch nicht beachtete frappante Nähe des Horaz-Verses zum Anfang des Apfelbäumchenwortes wahr, so muß man noch dringender als bislang schon in der Rede PsLuthers vom Untergehen der Welt, obschon eindeutig aus Luthers Übersetzung und Dichtung des für ihn ekklesiologischen Psalms 46 entnommen, doch auch eine erkennbare Widerspiegelung modernen, tragischen Lebensgefühls vermuten, wie es sich gerade in der Krisen-, Kriegs- und Vernichtungsangst jener Jahre zeigte. Freilich, PsLuther selber kann, aber muß nicht in diesem Zusammenhang eigentlich beheimatet oder gar dann einer von den zu allem entschlossenen Kämpfern gewesen sein. Doch gegen Unter- und Nebentöne ist man machtlos, zumal wenn vielleicht auch ein Teil des eigenen Lutherbildes dazu paßt. Der 'Weltuntergang' als moderne Idee und Angstquelle jedenfalls ist in unserem zum Teil Älteres mehr oder weniger bewußt aufgreifenden[275] Diktum unvermeidlich präsent. Und dies wurde von PsLuther zugelassen oder (mit) beabsichtigt, wofür, blickt man nun noch einmal auf die zweite Satzhälfte, einiges spricht.

Denn auch die Weise, wie das Verhalten angesichts des drohenden Untergangs im einzelnen beschrieben wird, spielt bei der Verifizierung oder Wahrscheinlichmachung

---

stare inter ruinas - das ist das Wort der Kirche in der Stunde des Höllentanzes." Christus und die Caesaren. Historische Skizzen. Hamburg 1948 [u. öfter], S. 279.

275 Theodor *Mahlmann* meinte (Brief v. 22. März 1993), man könne vor allem für die erste Hälfte womöglich von einer - gegenwartsbezogenen - "Kombination" von Horaz (Weltende), Cicero (Lebensende) und Ps 46,3/Luther (christliche Apokalyptik) ausgehen. Für einen Versuch, die Denkwelt oder die Assoziationsbreite PsL's systematisch zu erfassen, könnte das hilfreich sein, ist aber als historisch-genetischer Vorgang vielleicht doch nicht so leicht vorstellbar.

unserer Hypothese von der Neubildung eines "Lutherworts" im 20. Jahrhundert noch eine Rolle. Wäre nämlich nicht auch hier eine gewisse eigene Gestaltungskraft erkennbar, wie sie für die erste Satzhälfte gerade am Heranholen und Kombinieren von Formulierungen Luthers gezeigt werden kann, dann müßte die Annahme der Existenz eines PsLuthers vielleicht doch noch zurückgenommen oder dieser höchstens als eine quasi willenlose Vermittlungs- oder Kreuzungsstelle angesehen werden; und zwar inmitten von sich eigentlich selbst bewegenden und sich teilweise durchsetzendem, im Kern also konsistentem Traditionsgut, welches vielleicht erst im letzten Augenblick sich verfremdend inszeniert und dem Mißbrauch ausgeliefert hätte. Ich halte das für unwahrscheinlich.

Gibt es aber nicht doch noch ein weiteres, positives Argument für die Wahrscheinlichkeit eines eigenständig produktiven PsLuther? Beim Bilden seines "lutherschen" Vordersatzes konnten wir ihm ja schon fast auf die Finger - oder die Lippen - sehen. Gibt es auch noch in der zweiten Hälfte so etwas? Obwohl wir dort keinen derartigen Luther-"Vorlauf" haben? Läßt sich nicht irgendein Indiz dafür ausmachen, daß hier wirklich jemand bewußt oder halbbewußt etwas erfunden hat? Natürlich etwas vermeintlich Luthersches, aber eben doch erkennbar Neues? Das würde etwas sein, was sonst in keiner der herangezogenen 'Parallelen' aus Antike, Judentum, Barockemblematik, Pietismus und Aufklärung vorkam. Etwas, das PsLuther vielleicht auch als unklare Assoziation noch ganz anderswoher hätte, das er aber in diesen Zusammenhang doch selbst einbrachte, sich dadurch uns verratend?

Nun, es gibt ein solches neues, fremdes Element: es ist das "Apfelbäumchen"! Alles andere kann man ja vorher irgendwo finden, jedes einzelne Wort oder Partikelchen von "Und wenn" bis "pflanzen". Alles kommt irgendwo vor, manches mehrfach, sogar gelegentlich ein "Baum", doch nirgendwo das "Apfelbäumchen". Dieses Diminuitivum findet sich sofort schon in den ersten drei Belegen von 1944 bis 1947 (auf der Spruchkarte freilich mit "-lein")! Und noch etwas kommt hinzu: es ist sogleich da mit dem Namen Luther[276]!

Ich halte den Schluß also für zwingend, daß PsLuther diesen Ausdruck weder von Luther selbst, bei dem er nicht vorkommt, auch nicht mit "-lein", genommen haben kann, noch aus den bislang ins Spiel gebrachten älteren Teil-Parallelen, sondern daß er hier aus dem Eigenen gestaltet hat - im vermuteten Sinne Luthers selbstverständlich.

Ob dabei irgendwoher angeregt[277] oder nicht, die Vorstellung vom "Apfelbäumchen" im Garten Luthers ist ein Modernismus. Sie paßt schon atmosphärisch etwas zu dem aus dem 19. Jahrhundert überkommenen bürgerlichen Bild des Reformators. Dieses hatte, mit einem gewissen, aber so doch nicht vorhandenen Rückhalt an dem, was von Luthers Natursinn und Häuslichkeit bekannt ist, auch eine idylische, ja zuweilen sentimentale Seite[278]. Auswirkungen dieses

---

276 Bei Renate *Hagen* (s.o. Anm. 37), nicht ausdrücklich, aber ja nahegelegt.

277 Ich könnte mir ein Vorkommen des Ausdrucks in volkstümlicher Gebrauchsliteratur oder Schulbüchern denken, wurde aber noch nicht fündig. Th. *Mahlmann* (Brief v. 12. Mai 1993) fand z.B. bei Robert *Reinick* [1805-1852], in einer 1927 herausgekommenen Auswahlsammlung: Lieder, Märchen und Geschichten (Wiesbadener Volksbücher Nr. 213) einige Sprüche und Gedichte mit "Bäumchen" und "Apfel", aber nicht die Zusammenstellung.

278 Für die Literaturgeschichte s. z.B. Herbert *Wolf*: Martin Luther. Stuttgart 1980 (= Sammlung Metzler 193), S. 168: "Die im 19. Jh. vorherrschende bürgerlich-sentimentale Verbrämung L.s kennzeichnet auch weitgehend die von ihm inspirierte Literatur jener Zeit." In dem Jubiläumssymposion des Vereins für Reformationsgeschichte (*Luther in der Neuzeit*, hg. v. Bernd Moeller, Gütersloh 1983 =SVRG 192) brachten die Beiträge von Manfred *Karnick* über die literari-

Lutherbildes reichten bis weit ins 20. Jahrhundert, hin zu Frauen und Männern aller Kreise, Laien wie Theologen, Liberalen wie Konservativen, Kirchenkämpfern wie zurückhaltenderen Seelsorgern. Auch wenn Jugendbewegung und neue theologische Anstöße, dazu bessere Kenntnis des historischen Luthers den Kitsch und das Sentiment weithin zurückgedrängt hatten, blieb sein Bild dennoch von positiver Bewertung dieser Seite mitgeprägt. So wurde z.B. bis nach dem Zweiten Weltkrieg das zuerst 1917 erschienene Buch von Paul Scheurlen: "Luther unser Hausfreund" aufgelegt[279], welches theologisch solide und faktenreich die Zeit ab 1525 beschreibt und von herzlicher Liebe zu Luther zeugt. Der schöne Abschnitt über Luther als Naturfreund enthält auch einen Satz wie: "Des Schöpfers froh erquickt er [Luther] sich am stillen heimlichen Veilchen, denn 'wenn ein Mensch fröhlich ist, so erfreut ihn ein klein Bäumlein, ja ein schönes Blümlein oder Sträuchlein', während der Traurige 'keinen Baum recht ansehen' mag[280]". Um einiges entfernt von unserm Diktum und auch von dem Ausdruck "Apfelbäumchen" ist das zweifellos noch, doch das "klein Bäumlein" entfaltete wohl eine

---

sche und Walther *Killy* über die triviale Lutherrezeption zahlreiche erstaunliche bis abstoßende Beispiele.

279 Paul *Scheurlen*: Luther unser Hausfreund. Stuttgart 1947 (= 21.-25. Tausend), mit einer Fülle von Zitaten, leider ohne Fundortangaben.

280 Aa0 S. 107; der Nachweis dieser Zitatausschnitte ist mir auch mit Hilfe anderer noch nicht gelungen. Was den Sprachgebrauch betrifft, so kennt das Luther-Archiv noch weitere 7 Stellen mit diesem Diminutiv "Bäumlein", aber keine einzige mit "Bäumchen". Meistens ist übrigens "Bäumlein" bei Luther Bild für zu erziehende Knaben. Ferner kommt - in ebenso für unsere Frage nicht relevanten Zusammenhängen - der Ausdruck "Apfelbaum" vor, niemals aber ist "Apfelbäumlein" belegt, geschweige denn "Apfelbäumchen" (Brief Ulrich *Köpf* v. 23. Sept. 1993).

ähnliche Trostkraft wie der Scherenschnitt auf der Spruchkarte von 1947 und faszinierte sicherlich etwas mehr als das hier durchaus ja auch nicht verschwiegene Gegenbild[281].

Was das von PsLuther also aus solchen Reminiszenzen oder freierer Phantasie eingebrachte "Apfelbäumchen" ursprünglich ausdrücken sollte, läßt sich nicht mehr genau ausmachen. Es kann bloße Tröstung für eine (kirchlich?, weltpolitisch?, kosmisch?) aussichtslose Rest- und End-Existenz durch ein großes Vorbild sein. Es kann aber auch schon als ein trotz alledem positives Zukunftssignal gemeint gewesen sein. Beides ist uns ja bei den Auftauch- und Etablierungsvorgängen der ersten Jahre begegnet, mit Tendenz zum zweiten. Zu erinnern ist hier auch an das, was über die im Unterschied zu den einfach weiterarbeitenden Schwabenvätern nun doch deutliche Nicht-Alltäglichkeit und Besonderheit solchen Verhaltens, über die reizvolle Symbolkraft des Pflanzen gerade eines Baumes und gar eines Apfelbäumchens zu sagen war[282]. Und nun: die Lieblichkeit, Zartheit und Wehrlosigkeit solchen Vorgangs können angesichts der Grausamkeit der drohenden Untergangskatastrophe nicht nur das Ausmaß frommer - oder tragischer - Ergebenheit auf die Spitze treiben, sie können auch einem leisen und eben darin besonders hörbaren, wenn nicht gar schreienden Trotz gegen das Unheil Ausdruck verleihen. Was Theodor Knolle richtig gespürt hat und was wohl schon weiter gekommen war, als er es

281 Zur Natur-Korrespondenz von Anfechtung und Getrostheit vgl. im übrigen auch das schreckeinjagende "rauschende Blatt" (3. Mose 26,36) als Indiz für Gottes Zorn (WA 19,226, Der Prophet Jona ausgelegt 1526). Zu Luthers Bild der Natur: Albrecht *Peters*: "Ein Kirschkern kann uns wohl Mores lehren". In: *Frieden in der Schöpfung*. Hg. v. Gerhard Rau. Gütersloh 1981, S. 142-163.

282 S. o. S. 134.

benennen wollte oder zu sehen schien[283], nämlich der Gebrauch des "Lutherwortes" als Verheißung eines längerfristigen irdischen Weiterlebens - hier, beim Ausdruck "Apfelbäumchen" schwang es mit. Unverkennbar ist die Tendenz vom 'Treuewort' zum 'Hoffnungswort', zur Absage nicht nur gegen Faulheit oder Schwärmerei, sondern auch zum Widerstand gegen den Gedanken des Endes überhaupt, dem menschliches Handeln betont entgegengesetzt wird. Ob das schon bei PsLuther ganz so war, wissen wir nicht; es wäre aber gut möglich, würfe dann auch ein Licht auf sein Lutherbild.

Unberührt davon aber scheint mir festzustehen, daß PsLuther - ihm allein oder auch seinen Gesprächspartnern? - ein ausschlaggebendes Maß von Originalität zukommt. Mögen bei der Neubildung des PsLuther-Wortes nicht nur für den ersten, von Luther beeinflußten Teil, sondern auch für den zweiten irgendwelche Assoziationen im Hintergrund stehen oder Vorläufe sich anbieten[284], die Neugestaltungskräfte sind jedenfalls stärker und bedeutsamer als jedes mögliche Erbe. Man könnte darin eine dem modernen Konservativismus vergleichbare Attitüde sehen, eine Haltung, die nicht ungebrochen in Tradition lebt, sondern sie mehr oder weniger bewußt wahrnimmt und gestaltet. Als Resultat kann dabei durchaus auch etwas auf Fortschritt Gerichtetes herauskommen. Ob PsLuther nun von neuer

---

283 S. o. S. 79-81.

284 Wenn etwa doch PsL von *Laukhard* oder einem PsLaukhard abhängig wäre (s. o. S. 162 f.), dann läge vielleicht die mit der Zeit ja unverkennbar sich vom Kern des Religiösen emanzipierende Tendenz des Diktums auf rein diesseitige Zukunft noch deutlicher auch schon in seinem Ursprung. Aber nach dem Gezeigten ist die Originalität PsL's wohl doch ausschlaggebend. Entsprechendes würde gelten, wenn mögliche schwäbische Spurenelemente bei PsL wirklich als konstitutiv nachweisbar wären.

Kirchlichkeit geprägt ist oder eher zu einem freien Protestantismus oder ganz anderer Lebensauffassung gehört? Immerhin gibt die im noch so luthersch klingenden Wortlaut liegende Möglichkeit auch eines ziemlich religionsfernen Verständnisses einiges zu denken.

7. Das Allgemeingut: Zukunftswort, Optimismusformel und Lebenssymbol (seit den 1960er Jahren)

a) Das Hoffnungswort, sein Zurücktreten bei progressistischer Überbietung und seine neue Verwendbarkeit gegen Zukunftsängste

Nach der Erörterung der Fragen und Theorien zur Herkunft des Apfelbäumchenwortes wollen wir uns nun also wieder der Gebrauchsgeschichte zuwenden. Die Zeit der Wende von den fünfziger zu den sechziger Jahren bedeutete ja einen gewissen Einschnitt. Die gewählte Anordnung unserer Darstellung war angeraten, weil die sich hier nun bündelnde Spurensuche selber ein wichtiger Teil der Geschichte des Diktums ist. Es wurden damals schon verschiedene Hypothesen aufgestellt, zu denen bis heute nicht viel mehr hinzukam. Am bedeutsamsten aber war, daß den meisten ernsthaft historisch Nachfragenden um diese Zeit klar war: unser Apfelbäumchenwort stammt nicht von Luther. Auch wenn dies gar nicht gleich überallhin durchdrang und selbst von vielen, die es wußten, immer wieder praktisch ignoriert wurde, war doch eine neue Situation entstanden. Die alte Unbefangenheit einer schließlich manchmal sogar quasi kirchen- oder staatsoffiziellen Berufung auf Luther, von der Kirchenkampfs- und Kriegszeit bis hin zum Brüsseler Widerhall, ging für viele allmählich zu Ende. Dennoch brauchte und gebrauchte man das Wort weiter, vor allem die historisch unbekümmerte Mehrheit. Es hatte sich, einschließlich der Herkunftsbezeichnung, schon selbständig gemacht und war zum weithin bekannten und anerkannten Allgemeingut geworden.

Ein Blick in dessen verwickelte Geschichte von den sechziger bis zu den neunziger Jahren soll in diesem Kapitel noch versucht werden. Ursprünglich war beabsichtigt, es zu einer chronologischen Darstellung zu formen, und zwar in jahrzehnt- oder jahrfünftweise vorgehenden oder anderen, besser geeigneten Abschnitten. Doch stellte sich heraus, daß dies wegen der Komplexität des sehr reichhaltigen Materials, vor allem wegen der ständigen Überlappungen und vielen Parallelprozesse nur um den Preis eines ungebührlichen Anschwellens des Umfangs und häufiger Wiederholungen möglich gewesen wäre. So soll der Weg der exemplarischen Darstellung eingeschlagen werden, nicht ohne dabei eine gewisse Vollständigkeit des Typischen anzustreben und da, wo es erforderlich erscheint, auch auf bestimmte zeitlich erkennbare Schübe, Knotenpunkte und Wendungen aufmerksam zu machen. Der große Bereich der Verwendungen des Diktums im Alltäglichen und Privaten - wie der bereits erwähnte Reflex in den Todesanzeigen - wird nicht ausführlich für sich erörtert, sondern bei Gelegenheit mitbehandelt und im Schlußkapitel berücksichtigt.

Als Ausgangspunkt wichtig ist die Erinnerung daran, daß zu Beginn der 1960er Jahre längst und je länger, je mehr, das "Lutherwort" im kirchlichen und öffentlichen Leben kaum mehr als Ausdruck getreulichen Weiterarbeitens bei Gewißheit des Endes[285] verstanden wurde. Vielmehr hat

---

285 Überwiegend so noch möchte ich Karl *Barths* bittere Einschätzung des Abbruchs seiner Basler Lehrtradition durch die Nichtberufung Helmut Gollwitzers einordnen: "Ich verhülle mein Haupt und schäme mich der Vaterstadt und der angeblich freien Welt. Der liebe jüngste Tag ist wohl nicht mehr ferne, hätte Luther gesagt, immerhin mit der Ergänzung, daß vorläufig noch ein paar Bäumlein zu pflanzen seien." (Brief an Sohn Markus v. 11. Febr. 1962. In: Eberhard *Busch*: Karl Barths Lebenslauf. München 1948, S. 407 f.). Aber regt sich da nicht auch noch etwas mehr?

man es zunehmend herausgestellt als eine Bestärkung von Hoffnung aufs längere irdische Weiterleben, dessen Absehbarkeit ja zunächst auch zunahm, als wirksame Ermutigung auf einem wieder der Welt zugewandten Weg der Kirche wie als Aufforderung zur politischen Gestaltung und Mitarbeit, im Westen wie gelegentlich auch im Osten Deutschlands. Wie stark das auch bereits in der allerersten und der vorschriftlichen Phase angelegt war, kann man schwer sagen. Wenn wir uns in bezug auf PsLuther nicht geirrt haben, könnte es nach begründeter Vermutung - "Apfelbäumchen"! - auch schon bei ihm neben dem sonst womöglich zum Tragisch-Heroischen tendierenden Verständnis als 'Treuewort' auch schon das des 'Hoffnungswortes' gegeben haben. Daß dieses dann mit den Jahren zur Dominanz gekommen ist, dürfte feststehen. Jedenfalls konnte Bischof Halfmann vom für ihn 1958 gängigen Verständnis des angeblichen Lutherwortes aus ("Gedanke des Baumpflanzens in Hoffnung auf die Zukunft") schon den Vers von Cicero/Statius ein wenig verzeichnen[286].

Immer wieder gab und gibt es die Neigung, die erste Satzhälfte de facto zu verdrängen[287] oder ihre Aussage insgeheim zur Annahme einer nur vorübergehenden Bedrohung zu ermäßigen. Die zweite Satzhälfte wird dann als eine Art Verheißung aufgefaßt, nicht nur für die in bestimmten Situationen Weiterlebenden und Weiterwirkenden, sondern auch als eine Verheißung des irdischen Weiterlebens überhaupt, ohne Weltuntergang. Gerade wenn mancherorts der dunkle Hintergrund stets gesehen und er

286 S. o. S. 142, Anm. 207; ähnlich verfuhr *Breymayer*, s. Anm. 210. Den antiken Vers könnte man aber eher einen 'Sippen-Loyalitäts-Spruch' nennen.

287 *Breymayer* (Untersuchungen, s. Anm. 1, S. 95 f.) nennt es "ausklammern", als Merkmal des Optimismus bei Dietrich Bonhoeffer und des "Laissez faire" bei Ludwig Erhard.

bei Gelegenheit auch verbreitet immer wieder erschrocken erlebt wurde - die Beliebtheit des Apfelbäumchenwortes nach seiner öffentlichen Etablierung beruhte im wesentlichen doch auf jener weitgehenden Festlegung seines Charakters als so zu verstehendes 'Hoffnungswort'. Mit ihm wollte man nicht mehr allein treu und auch noch einiges verbessernd weitermachen bis zum Ende der altgewordenen Welt, worauf dann etwas ganz Neues folgen würde, so wie es der Vorfreude des wirklichen Luther entsprochen hätte und eigentlich auch weithin dem Wortlaut der alten Schwabensprüche[288]. Vielmehr wollte man mit dem Handeln gemäß diesem Wort nun eine neue irdische Perspektive setzen, im Grunde gegen das Ende, jedenfalls über alle Gedanken daran hinweg. Es wurde allmählich für viele geradezu zum Ausdruck für einen Optimismus, der Bedrohungen aktiv überwindet. Und bald war das Apfelbäumchen für manche sogar mehr als nur ein Zeichen für Rettung, es zeigte ihnen eine neue Welt an.

Zunächst aber war es in den sechziger Jahren zu einem deutlichen Rückgang im Gebrauch des Apfelbäumchenwortes gekommen. Der Anfall unserer Belege deutete darauf hin und auch Reinhard Breymayer und Kurt Hutten haben darauf aufmerksam gemacht. Die Ursachen dafür wurden verschieden gesehen. Breymayer meinte, "die seit der Kuba-Krise ... erhöhte Gefahr des Atomkrieges erlaubte es nicht mehr, die Katastrophe auszuklammern", und dann:

---

288 Allerdings, die - in sich zu diffenzierende - Eschatologie des Pietismus entfernte sich mit Spener von Luther (s. die Foschungen Johannes *Wallmanns*), und zwar in der Frage des Chiliasmus, der "Hoffnung" noch einer Zwischenzeit voll sichtbarer Besserung in Kirche und Welt. Zu "Besserung" bei Luther s. Heiko A. *Oberman*: Luther. Mensch zwischen Gott und Teufel. Berlin 1981, S. 80-86 und *ders.*: Martin Luther: Vorläufer der Reformation [1982]. In *ders.*: Die Reformation. Von Wittenberg nach Genf. Göttingen 1986, S. 162-188.

"Angesichts der 1966 eingetretenen Wirtschaftskrise in der Bundesrepublik war der Optimismus, wie er gerade auch in dem 'Luther'-Zitat zum Ausdruck kommt, plötzlich unzeitgemäß geworden."[289] Erst ein erneut positiver Blick in die Zukunft, wie er sich im utopischen Denken (Bloch, Studentenbewegung) und nicht zuletzt auch schon in neuer futurischer Eschatologie (Moltmann u.a.) zeige, gebe dem - für Breymayer ja ursprünglich schwäbischen - Apfelbäumchenwort neuen Raum. Dagegen halte ich eine reziproke Zuordnung von Optimismus und häufigerer Verwendung unseres Diktums für meistens eher zutreffend. Es wurde überflüssig, je mehr sich Hoffnungen erfüllten, Gefahren verringerten und fortschrittsgläubige Einstellungen sich verbreiteten. Man griff es erneut auf, als sich die Lage wieder verfinsterte. Der Mauerbau von 1961 wirkte ja zugleich stabilisierend und gerade der Ausgang der Kubakrise 1962 ließ Entspannung keimen. Auch wurden die innenpolitischen Veränderungen in Westdeutschland nach Adenauer und Erhard von mancherlei Hoffnungen begleitet. Erst das nächste Jahrzehnt mit seinem neuen Krisenbewußtsein ließ das Apfelbäumchen wieder erblühen.

Zusätzlich kann man sicherlich auch noch einige andere Ursachen für den vorübergehenden Konjunkturrückgang des Lutherwortes vermuten. So dürfte sein Neuheitsbonus von 1950 nun allmählich aufgebraucht gewesen sein. Vielleicht führten bei mehr als nur einigen auch schon die Zweifel an der Authentizität zur Zurückhaltung? Hinzu könnte gekommen sein, daß im Jahrzehnt des Konzils und der ökumenischen Euphorie mit dem wirklichen Luther auch der vermeintliche etwas zurücktrat. Andererseits erwuchs damals bei manchem Katholiken auch das Interesse an Luther, was sich aber wohl kaum spürbar auswirkte. Entscheidend blieb die erwähnte Veränderung der Grund-

289 Untersuchungen, 1971 (s. Anm. 1), S. 101. Die Rezession endete 1968.

stimmung, die gegenüber der Nachkriegszeit zu einem Funktionsverlust des Diktums führte.

Der aber nun erneute Klimawechsel in der ersten Hälfte der siebziger Jahre, die Erosion des utopischen Bewußtseins just zur Zeit seiner noch immer zunehmenden Vertiefung und gerade erst beginnender praktischer Umsetzung, war für Gesellschaft und Kirche, speziell auch für das theologische Denken eine neue, zuerst nur mühsam angenommene Herausforderung[290]. Für die Geschichte der Frequenz des Apfelbäumchenwortes, die manchmal etwas Seismologisches an sich hat, waren die Folgen aber bald erkennbar. Es zeigt sich, daß es nur zurückgetreten, nicht aber vergessen war. Über eine ja doch relativ kurze Zeitspanne hinweg war es vielen noch im Gedächtnis und auch manchem in Kirche, Schule und Alltagsleben auf den Lippen geblieben. Als dieser "Luther" wieder in Schwang kam, war es also ein alter Bekannter, an den man sich halten konnte.

Was geschah, hat Kurt Hutten mir so beschrieben:

> "Die Einschränkung im Gebrauch des Lutherworts in den 60er Jahren ist ebenso verständlich wie eine wieder stärkere Verwendung in den 70er Jahren. Beides steht in engem Zusammenhang mit dem Steigen oder Fallen der Kurve der Zukunftsangst und apokalyptischen Erwartung. In den 60er Jahren hatte sich die weltpolitische Lage entspannt, die Wirtschaft blühte und der Glaube an den wissenschaftlichen und technischen Fortschritt war ungebrochen. In den 70er Jahren öffnete die ökologische Krise jäh den Blick auf eine möglicherweise unabwendbare und schreckliche Weltkata-

290 Ausführlicher, als erste selbständige deutsche theologische Veröffentlichung zur ökologischen Frage: M. *Schloemann*: Wachstumstod und Eschatologie. Stuttgart 1973; *ders.*: Die Krise des utopischen Bewußtseins als Problem theologischer Ethik. In: Denkender Glaube. FS Carl Heinz Ratschow. Berlin, New York 1976, S. 276-292.

strophe. Der Meadows-Report "Grenzen des Wachstums" hatte sie für die Zeit zwischen 2020 und 2070 angesetzt, falls nicht rasche und radikale Korrekturen im Verhalten der Menschheit vorgenommen werden. Andere wie Prof. Paul Ehrlich oder ein Team von 30 britischen Wissenschaftlern hatten den Beginn der Katastrophe schon für 1990 bezw. 2000 angekündigt. Eine Flut von Büchern wurde veröffentlicht, die den Charakter wissenschaftlich begründeter ökologischer Apokalypsen hatten. Einige Titel: Das Buch des letzten Gerichts - Apokalypse auf Raten - Todeskandidat Erde - Ein Planet wird unbewohnbar - Das programmierte Chaos - Wettlauf mit dem Chaos - Bis der Krug bricht. In einer solchen apokalyptisch geladenen Situation hat auch das angebliche Lutherwort wieder eine Hochkonjunktur erreicht."[291]

In der Tat, der 1972 erschienene Bericht an den Club of Rome[292], zunächst noch häufig von rechts wie von links beargwöhnt, ja verhöhnt, aber 1973 mit den Friedenspreis des deutschen Buchhandels ausgezeichnet, bedeutet eine Epoche und wohl auch einen Qualitätssprung in der Verwendungsgeschichte des Apfelbäumchenwortes. Im wesentlichen als Hoffnungswort festgelegt, erfährt es nun eine ungeahnt aktuelle und weitreichende praktische Verwendbarkeit, weit über die unmittelbar ökologische Frage hinaus. Man gebrauchte es also zunächst kaum mehr als bloßes Trostwort beim Rückzug in eine Nische, vielmehr nach den mir vorliegenden vielerlei Zeugnissen der nächsten Jahre eher als Ermutigung beim Versuch des Gegensteuerns. Dessen Sinn in solchem Zusammenhang geriet erst sehr viel später wieder in Zweifel, aber jetzt,

---

291 K. *Hutten*, Brief v. 1. Okt. 1976. Man könnte noch weit mehr solche Titel aus jenen Jahren nennen.

292 Dennis *Meadows* u.a.: The Limits to Growth. New York 1972, dt. u.d.T. Die Grenzen des Wachstums. Stuttgart 1972, dazu inzwischen unübersehbare Folgeliteratur.

angesichts der sich plötzlich ängstigend bündelnden Weltprobleme erschloß das "Lutherwort" einen hoffnungsspendenden Motivationsschub. Dabei haben sich seine Bezüglichkeiten in den siebziger und achtziger Jahren so ausgeweitet und verschränkt, daß sie sich, wie gesagt, nicht mehr so leicht auf bestimmte Zeitabfolgen festlegen lassen.

b) Die ökologische Wörtlichkeit

Es stellte sich bald heraus, daß zwar manche jener von Kurt Hutten genannten Neuerscheinungen auf dem Buchmarkt zur Kategorie des apokalyptischen Theaterdonners gehörten, daß aber an der Sache doch etwas war. Es gab noch viele andere, und auch die seriösen Veröffentlichungen enthielten ernsteste Warnsignale. Hinzu kam die sinnliche Erfahrung des Ölpreisschocks vom Herbst 1973. Die gerade angelaufene Debatte über "Lebensqualität" schwenkte von den Vergrößerungs- und Verfeinerungsfragen hinüber zu den Existenzfragen. Der Untergang war mit einem Male vorstellbar geworden.

Für das PsLuther-Wort war das eine neue oder doch lange nicht mehr ähnlich beschreibbare Situation. Was man sich konkret unter dem Weltuntergang vorstellen konnte, wenn man sich nicht mit biblischen Aussagen begnügte, hatte sich wieder gewandelt. War es in der Entstehungs- und Auftauchzeit des Ausspruchs etwa der Untergang der Kirchenorganisation, der Nation, des Reiches oder des Abendlandes gewesen, so war die Atombombe ein wichtiger Schritt von solcher doch noch partiellen zur möglicherweise umfassenden Vernichtung. Nachdem sich aber das erste Erschrecken gelegt hatte und auch die grassierende Furcht vor einer unkontrollierbaren, oft laienhaft vorgestellten universalen Kettenreaktion gewichen war - auf sie mußte man noch 1958 in Brüssel bei der Werbung für die friedliche Kernkraft Rücksicht nehmen -, bildete bald die wachsende, einen vielfachen Overkill ermöglichende Sprengkopfzahl ein bleibendes Angstpotential, das aber zunächst wenig virulent wurde. Denn bis zum Ende der siebziger Jahre hatte ein - vor Breschnews SS 20 - gesichert erscheinendes atomares Gleichgewicht diese längst zur Unvorstellbarkeit und damit für viele zur Irrealität tendierenden Gefahren zurücktreten lassen. Nun aber kommt plötzlich eine neue Angst auf, und zwar vor einem noch ganz anderen Menschheitssterben, nämlich durch Ressourcenerschöpfung und viele andere Faktoren der Zerstörung von Lebensmöglichkeiten, verursacht letzten Endes durch die unablegbare menschliche Expansivität. Selbstvernichtung also, die gegenüber früheren Zeiten neue Vorstellungsform des Weltuntergangs im 20. Jahrhundert, ist nun nicht mehr nur atomar möglich, sie erscheint jetzt als ökologisch unausweichlich[293]. Auch dies wird allmählich sinnlich erfahrbar in Gegenden des Waldsterbens.

Schon 1972/73 war die neue Art und Intensität der Vorstellbarkeit des ökologischen Welt- oder wenigstens biosphärischen Erdunterganges so verbreitet, daß viele auf einmal wieder zum "Lutherwort" griffen, nun auch besonders wegen des in ihm enthaltenen positiven Stichworts: Wohl zum ersten Male kam es jetzt dazu, daß man die zweite Hälfte des Satzes wörtlich nahm, als Aufforderung zum nicht nur symbolischen Baumpflanzen. Der mir als frühester aus einer langen Reihe ähnlicher Aussagen bekannte Beleg findet sich in einer von der "Aktion Gemeinsinn" und dem Bundesinnenministerium unter Hans Dietrich Genscher massenhaft verbreiteten Broschüre und lautet, in einer für den Zweck gut passenden Variante:

---

293 Den Gedanken der Selbstvernichtung mit dem ökologischen Problem in Verbindung gebracht hatte von den unseren Zusammenhang betreffenden Autoren erstmals Fritz *Caspari* 1948, s. o. S. 160.

"Martin Luther hat einmal gesagt: 'Auch wenn ich wüßte, daß in drei Tagen die Welt unterginge, würde ich heute ein Bäumchen pflanzen.' Heute muß man jedem raten, so viele Bäume wie möglich zu pflanzen, damit die Welt nicht untergeht."[294]

Dem folgten bis heute viele ähnliche Appelle, begleitende Kommentare zu Pflanzaktionen, ökologische Symbolhandlungen, Schrifttafeln bei einschlägigen Ausstellungen usw. Wer in jenen ersten Jahren zu umweltethischen und ähnlichen Tagungen, Podien, Politikergesprächen und Gemeindeveranstaltungen unterwegs war, der konnte das in diesem Sinne begeistert wörtlich genommene "Lutherwort" immer wieder hören und lesen. Und die Akademieleute wie die neuen kirchlichen Umweltbeauftragten bestätigten, allgemeiner gewendet und vorsichtiger theologisch reflektiert: "Das bekannte Luther zugeschriebene Wort ... bekommt angesichts der bedrohlichen Umweltkrise neue Aktualität und Verbindlichkeit."[295]. Es ist nun also Hoffnungswort

---

294 *Planet in der Krise*. Ohne uns kein Umweltschutz. Hg. Aktion Gemeinsinn in Zusammenarbeit m.d. Bundesministerium des Inneren. Bonn-Bad Godesberg 1972, S. 11 (mir liegt noch vor die 3. Aufl. 1973, 100. bis 130. Tausend, hier S. 14). Der Text ist möglicherweise noch vor oder während des Herauskommens von "Die Grenzen des Wachstums" in deutscher Sprache entstanden. Er wurde später auch anderswo nachgedruckt, so in Verteilmaterial der Evang. Tagungsstätte Löwenstein (Helmut *Mayer*).

295 Klaus *Lubkoll*: Der Traum vom besseren Leben. Stuttgart 1974, S. 211. - Winfried *Hohlfeld*: Umweltkrise - Herausforderung der Kirche. Stuttgart 1974 stellte das (für ihn von Luther stammende) Wort dem Satz der Marquise von Pompadour: "Nach uns die Sintflut" gegenüber und erinnert daran, daß das 'Bäume-Anpflanzen' gegen die Sand- und Betonwüsten gerade heute zu den zukunftsträchtigsten Aufgaben gehöre (S. 153 f. Anm. 4). - Kurt *Oeser* sprach von dem stark an Luthers Apfelbäumchen erinnernden Bonhoeffersatz

und verbindliche Weisung zugleich, wenn auch unter "eschatologischem Vorbehalt". Von diesem freilich ist beim Umwechseln in kleinere Münzen und an der Basis meist nicht mehr viel zu merken. Der Vordersatz des Diktums wird eben auch jetzt wieder ausgeklammert oder oft sogar zur mit ziemlicher Sicherheit widerlegbaren Ausgangsannahme umgedeutet. Nun, wer wollte das nicht, Bäume pflanzen, "damit die Welt nicht untergeht"! Nur könnte man dann das Diktum, wenn man es wirklich wörtlich nehmen wollte, auch nicht mehr selber gebrauchen. Oder man müßte statt "morgen" tatsächlich "in drei Tagen" sagen und damit eine ausreichend lange Frist meinen oder es sonstwie verkürzend umändern in ein erfüllbares Zukunftsversprechen[296].

(s. o. S. 33 Anm. 25) sowie vom christologischen und vom eschatologischen Vorbehalt, doch sie "sollen uns nicht daran hindern, das Notwendige zur rechten Zeit zu tun" (Christliche Verantwortung für die Welt. In: Weltweite Hilfe. Nr. 5/1975, hg. v. Diakonischen Werk in Hessen und Nassau, S. 7). - Der Däne Ole *Jensen*: Unter dem Zwang des Wachstums. München 1977 (dän. 1976) ordnet das (für ihn fraglose) Lutherwort problembewußt aber so ein: "Das ist christliche Existenz: konstruktiv sorglos sein dürfen, wo wir nichts ändern können." (S. 130).

296 Der früher einmal von mir zitierte Fußballverantwortliche schob ja jeden Gedanken an einen Abstieg des Vereins elegant von sich weg: "Und wenn ihr [!] mir sagen würdet, morgen ginge die Welt unter, ich würde noch heute mein Apfelbäumchen pflanzen." Westdeutsche Allgemeine Zeitung. Ausgabe Bochum, 28. April 1975, vgl. *Schloemann* (s. Anm. 1), S. 10. - Nebenbei, in diesem Falle half es ja dem VfL auch, für noch 18 Jahre erst einmal.

c) Die politische Mobilisierungsparole

Hatte das Apfelbäumchenwort in den fünfziger Jahren schon zum zivilreligiösen Bestand gehört, so liegt es nahe, auch unter den neuen Bedingungen danach Ausschau zu halten - mutatis mutandis, versteht sich. Vorläufig läßt sich dazu sagen, daß solche quasi offiziellen Demonstrationen wie in Brüssel 1958 nicht mehr vorkamen, was sicherlich auch mit der fortschreitenden Pluralisierung der Gesellschaft zusammenhängt. Gleichwohl blieb eine gewisse öffentliche Abrufbarkeit erhalten und wurde auch in den neuen Zusammenhängen nicht nur von kirchlicher Seite befestigt. Wir sehen ebenso immer wieder Politiker und politisch Engagierte verschiedenster Richtungen, jetzt also auch mehr Sozialisten, neben und z.T. ganz abgesehen von der ökologischen Thematik auf den bekannten Satz zurückgreifen. Man möchte im Sinne seiner Zukunftsgerichtetheit, wie man sie versteht, bei Zuhörern und Lesern Ermutigung und Aktivierung erreichen, aber auch Stabilisierung von gefährdeter Ideologie bewirken oder ihre Transformierung.

Ein bewegendes Beispiel für das Letztgenannte stammt noch vom Ende der sechziger Jahre, und zwar von dem Schriftsteller Rudolf Hagelstange, der während und unmittelbar nach dem gewaltsamen Abbruch des "Prager Frühlings" 1968 im zehnten Kapitel seiner poetisch-satirischen Flugschrift in freien Versen[297] das Motiv des "Baumes aller Bäume" auf "den denaturierten und verratenen Sozialismus" anwendet und sich am Schluß "betrübt, aber

297 Rudolf *Hagelstange*: Der Krak in Prag. Ein Frühlingsmärchen. Hamburg 1969 (S. 49: "Entstanden im September und Oktober 1968 in Mljet, Jugoslawien") Den Hinweis verdanke ich, vermittelt durch R. Breymayer, Hans-Christoph *Hahn*: Wie können die christlichen Kirchen zur Bewältigung der Zukunft beitragen? In: Der Brüderbote Nr. 287. Mitteilungen aus der Brüdergemeine. Bad Boll 1973, S. (19-25) 25.

nicht hoffnungslos, unter Doctor Martin Luthers Apfelbäumchen" wiederfindet:

Sie hatten gelobt, eine Weltesche zu pflanzen,
schöner als Yggdrasil,
unter welcher die Völker der Erde
sich treffen würden im Gespräch,
den Baum aller Bäume, in dessen Schatten
der Pflüger ruht, der Werkmann, der Denker.
Der Schößling war gut, doch er fand
einen elenden Gärtner[298].

Dennoch, nach aller Enttäuschung bleibt weiter die Aufklärung gesucht, auch "die neue uralte Revolution des genasführten, geohrfeigten, mundtot gemachten Proletariats" und ein neuer Schößling "für ein sachliches, freies Gespräch"[299]. Er weiß zwar, daß die Dummheit überlebt und wir

weinen und immer vergebens hoffen
auf Frieden, Vernunft und Gerechtigkeit.

Dennoch: auf einen gewissen Schößling bezogen,
unter dem sich einige gutwillige Leute
treffen könnten, Rede und Antwort zu stehn,
wenn Frühling wird und lauere Lüfte wehn,
würde ich mit Martin Luther sagen:

Und sollte morgen die Welt untergehen, -
ich bestellte dennoch Garten und Haus
und setzte noch heute
ein Apfelbäumchen.[300]

---

298 *Hagelstange* (s. vor. Anm.), S. 45.
299 AaO. S. 48.
300 AaO. S. 49. - H.-Ch. *Hahn* (s. Anm. 297) zitiert 1973 aus Hagelstange und schreibt: "In jedem Fall aber gilt, was die 'Apfelbäumchentheologie' [!] meint. Rudolf Hagelstange hat sie so formuliert..." (S. 25). Mir freilich scheint Hagelstanges

Bald gab es auch Ideologiestabilisierung und Kraftschöpfen für einen anhaltenden und sich verschärfenden Klassenkampf. In den siebziger Jahren und oft auch danach noch konnte einem auffallen, wie öfters gerade im Umkreis radikalsozialistischen Denkens angesichts der Schwierigkeiten und Rückschläge auch beim Apfelbäumchenwort Zuflucht gesucht und neue Hoffnung geschöpft wurde. Ins Gespräch gebracht wurde es, etwa bei studentischen Diskussionen, gelegentlich von zugleich kirchlich Engagierten. Noch heute hört man den Nachhall solcher tröstenden Ermutigung auf manchen Kanzeln. Helmut Gollwitzer, der damals theologisch festlegte, ein Christ könne nur Sozialist sein, hat auf eine für ihn bezeichnende Weise damit argumentiert. So sprach er 1974, drei Jahre vor dem mörderischen 'deutschen Herbst', in einem heute unheimlich anmutenden Interview[301] von denjenigen, die

> "in den Kämpfen, die kommen werden, Partei ergreifen müssen und dadurch viel Schuld auf sich laden müssen. Die bedürfen dann des Trostes, aber darin sind vielleicht, so hoffe ich, wir Christen besser dran als die nichtchristlichen Sozialisten, weil wir, wie das berühmte Wort vom Apfelbäumchen sagt, bis zum letzten Atemzug glauben, daß es einen Sinn hat, etwas für die Zukunft zu tun."

Der Schriftsteller Peter-Paul Zahl dann, zu 15 Jahren Haft verurteilt und mit "Golle", den er persönlich noch nicht

---

Metaphorik 1968 ganz politisch gewesen zu sein. Die globale Zukunftsproblematik der 'Grenzen des Wachstums' und auch das neue 'Gespräch über Bäume' (s.o. Anm. 105) kamen als öffentliche Themen erst später auf.

301 Helmut *Gollwitzer*: Klassenkampf ist keine Illusion. In: Lutherische Monatshefte 13. 1974, S. 561-565, hier zitiert nach: *Ders.*: Forderungen der Umkehr. München 1976, S. (209-219) 213; vgl. auch: *Ders.*: Ich frage nach dem Sinn des Lebens. München 1974 (= Kaiser Traktat 11), S. 22 f.

kannte, brieflich verbunden, hat das mit einem Beitrag aus dem Gefängnis für die Gollwitzer-Festschrift gewürdigt:

> "Weil Menschen wie er so rar sind, brauchen wir ihn, (...) als Christ, der zeigt, was christlich sein könnte, als Mit-Denker, Mit-Leider, Mit-Menschen.
>
> Wenn alles vorbei ist, hier, möchte ich ganz gern mit ihm unterm Apfelbaum sitzen.
>
> Ob er gern einen guten Elsässer Wein trinkt?"[302]

Aber auch andere Sozialisten gebrauchten das 'Lutherwort', darunter - etwas überraschend - der schwedische Politiker Olof Palme. In einem Interview während der Oppositionszeit (1976-1982), als ihm Amtsmüdigkeit als Parteivorsitzender und Gedanken an Aufgaben bei den UN nachgesagt wurden, antwortete er auf die Frage, ob man von Frieden, Abrüstung und Solidarität sprechen könne, wenn doch die Welt so aussehe wie jetzt:

> "Ja, man kann und man muß. Der Zukunftsglaube schwindet. Nicht nur in unserm Land, sondern in ganz Westeuropa. Martin Luther sagte einmal: 'Wenn ich wüßte, daß die Welt morgen unterginge, würde ich gleichwohl meinen Apfelbaum pflanzen'. Das ist ein ausgezeichneter Gedanke. Gerade wenn die Welt auf dem Wege zu einem großen

---

302 Peter-Paul *Zahl*: Ein festes Herz unter steinernen Herzen. In: Richte unsere Füße auf den Weg des Friedens. Helmut Gollwitzer zum 70. Geburtstag. München 1979, S. (278-280) 280. Daß hier von unserm - vielleicht durch Gollwitzer vermittelten - Diktum im Hintergrund die Rede ist, erhellt auch Zahls große und aussagestarke Gedicht-Paraphrase "faustregel: 24 stunden für die freunde" (zu Dylan Thomas) über ein Folteropfer. Die immer variierten Zeilen aus der ersten Strophe: "und keineswegs leicht und jung unter dem apfelbaum wo wir alles gestanden" lauten in der vierten so: "leicht und jung unter dem apfelbaum gepflanzt am tag vor dem ende" [!], in: Peter-Paul *Zahl*: Schutzimpfung. Gedichte. Berlin 1975 (= Rotbuch 132), S. 43-48.

> Krieg ist, dann muß man vom Frieden sprechen. Gerade wenn die wirtschaftliche Entwicklung düster ist, dann soll man von Solidarität mit den Armen sprechen. Und gerade wenn der Zukunftsglaube zu schwinden scheint, muß man sagen, daß es eine Möglichkeit, daß es Hoffnung gibt."[303]

Ein besonders gutes Beispiel ist dies für das Verständnis des 'Lutherwortes' als Aufruf zum betonten, entschlossenen und konsequenten Gegensteuern. Ähnliche Gedanken, aber in den politischen Einzelheiten durchaus verschieden, hatte übrigens einige Wochen zuvor ein Leitartikel zum Jahresbeginn im Wirtschaftsteil der Frankfurter Allgemeinen Zeitung entwickelt, endend auch mit dem "Wort, das Luther zugeschrieben wird"[304].

Wie Olof Palme befand sich auch Helmut Kohl noch in der Opposition, aber schon im Vorfeld der 'Wende' von 1982, als er auf dem Hamburger CDU-Parteitag 1981 Martin Luther aufbot. Drei Wochen nach der großen Anti-Raketen-Demonstration im Bonner Hofgarten, die den Kanzler Helmut Schmidt entscheidend schwächte, sagte Kohl:

---

303 In: Vi Nr. 9, 28. Febr. 1980, S. (6-9)9, übersetzt a.d. Schwed. M. S. - Im Jahr nach der Ermordung erzählte mir Bo *Nylund* (Uppsala), *Palme* habe das Zitat von ihm gehört, "och skrattade glad" (und lachte erfreut). Vielleicht hatte der Kulturradikale dergleichen Sympathisches über Luther lange nicht mehr gehört, gilt doch der einstmals hoch angesehene Reformator heute als deutscher Finsterling und puritanischer Spaßverderber. Die Schwedische Kirche hat seit einiger Zeit und selbst 1993 bei ihrem Reformationsjubiläum ihre eigene reiche evangelisch-lutherische Geschichte und Theologie auf mancherlei Weise weitgehend verleugnet und sich lieber am Episkopalismus, u.a. auch an einem Wunschbild von Rom orientiert.

304 J. Jürgen *Jeske*: Und wenn die Welt unterginge. Wider die übertriebene Ängstlichkeit. In: Frankfurter Allgemeine Zeitung Nr. 5, 7. Jan. 1980.

"Die sogenannte Friedensbewegung, die jetzt - mit Recht - auch bei uns diskutiert wird, ist bei vielen ihrer Anhänger eine Eruption aus Tiefen der Verunsicherung, einer Zivilisationsmüdigkeit und des Unbehagens an der Technik, einer Daseinssorge und Zukunftsangst in einer Welt, die, meine Freunde, Gott und den Glauben als altmodisch abschaffen will. Wo sind bei vielen Hoffnung und Glaube geblieben, die Martin Luther einst sagen ließen: 'Wenn morgen die Welt untergeht, so will ich doch meinen Apfelbaum pflanzen und meine Schulden bezahlen'. Luthers Zeit war keine Idylle. Dürer hat in jenen Tagen die apokalyptischen Reiter in Holz geschnitten..."[305]

Ganz ähnlich sagt Kohl es zwei Jahre später in Worms, am 30. Oktober 1983 beim Festakt der Evangelischen Kirche in Deutschland zum Lutherjubiläum, nun freilich historisch vorsichtiger, aber für alle doch sofort assoziierbar:

"Und beispielhaft für jeden von uns bleibt seine Lebenszuversicht - die Bereitschaft, auf das Dasein im Diesseits bis zum letzten Augenblick gestaltend einzuwirken. Diese christliche Zuversicht Luthers steht gegen die aus Glaubensverlust entstandene Lebensangst in unserer Zeit, sie steht

---

305 Helmut *Kohl*: Mit der Jugend - Unser Land braucht eine neuen Anfang. Eröffnungsrede und Grundsatzrede des Vorsitzenden ... auf dem 30. CDU-Bundesparteitag vom 2.-5. November 1981 in Hamburg. Hg. CDU-Bundesgeschäftsstelle. Bonn [1981], S. 15, vgl. auch S. 26 ff; der "Schuldenzusatz" läßt auf vielleicht schwäbische Einflüsse bei der Vorbereitung schließen. Übrigens hat dann, wenige Wochen vor dem Regierungswechsel, Alfred *Dregger* vor der hessischen CDU jeden einzelnen mit Luthers Worten in die Pflicht genommen, "sein Apfelbäumchen zu pflanzen, auch wenn er der Ernte nicht gewiß sein kann" (Bericht von Gunter *Hofmann* in: Die Zeit Nr. 35, 27. Aug. 1982).

gegen Weltflucht, die von Zwangslagen und Entscheidungsnöten nichts wissen möchte."[306]

Bemerkenswert bei solchen politischen Verwendungen ganz verschiedener und z.T. in den Schlußfolgerungen konträrer Art ist das Zutrauen in die Fähigkeit des Diktums, aus Lähmung zu neuer Lebensgewißheit zu führen und vor allem aufgrunddessen zu neuem politischen, kämpferischen Handeln "bis zum letzten Augenblick" (Kohl) oder "bis zum letzten Atemzug" (Gollwitzer).

Der Unterschied der Ziele aber wird noch an einem sprachlichen Signal erkennbar, das für die Art des direkten oder indirekten Gebrauchs des vermeintlichen Luther-Diktums aufschlußreich ist. Kohl spricht zwar auch von Hoffnung, doch auch - betonter noch - von "Zuversicht" und "Lebenszuversicht". Das war damals für viele fortschrittliche Theologen geradezu ein Unwort, für sie der eigentliche Kontrastbegriff zu "Hoffnung". Er stand für Quietismus und Revolutionsverweigerung. Bloch selber hatte ja bei seinem Wechsel nach Tübingen programmatisch beide Begriffe voneinander abgesetzt[307], wogegen Moltmanns (Teil-)Rettungsversuch der Zuversicht kaum angekommen war[308]. Der "Atheismus im Christentum" machte sich breit. Vom biblischen Verständnis der Hoffnung, die

---

306 In: *Bilanz des Lutherjubiliäums* (s. Anm. 5), S. 55. - Um eine solche Entscheidungssituation handelte es sich vielleicht am 26. Okt. 1988 in Moskau, wo es dann allerdings weniger luthersch als wohl russisch hieß: "'Wir wollen junge Bäume setzen, damit ein Wald daraus wird', haben Gorbatschow und ich gemeinsam gesagt, der Satz gefällt mir auch." (Reportage des ZDF am 26. 10. 1988).

307 Ernst *Bloch*: Kann Hoffnung enttäuscht werden? In: Verfremdungen I. Frankfurt a.M. 1962, S. 211-219.

308 Jürgen *Moltmann*: Das "Prinzip Hoffnung" und die christliche Zuversicht. In: Evang. Theologie 23. 1963, S. 537-556.

ja 'aufruht'[309] und auf Gott gerichtet ist, hielt man nicht viel. Das hatte Nachwirkungen bis zum zwanzig Jahre später gefeierten Lutherjahr. So konnte man 1983 den Begriff "Zuversicht" bei Politikern eher hören als bei Kirchenleuten, die auf die neue Sprachregelung Rücksicht nehmen mußten. Bundespräsident Karl Carstens, dessen Reden in Nürnberg (24. Juni) und Worms (30. Oktober) sonst wegen seiner eigenen Lutherbelesenheit und der davon bestärkten Kritik an Tendenzen in der Kirche einige Beachtung fanden[310], begab sich mit seiner eigentlichen und auch sachgemäßen Spitze, nämlich daß christlicher Glaube im Sinne Luthers "vor allem Zuversicht und Vertrauen auf Gottes Gnade" sei[311], etwas ins westdeutsche Kirchenabseits. Die Wormser Vormittagspredigt von Helmut Hild über das Gottvertrauen (Hebr. 10,35) war textgemäß und eindrucksvoll, aber ohne das Stichwort "Zuversicht" ausgekommen[312]. Und das "Wort des Rates der EKD" hatte am Jahresbeginn zu den Zukunftszweifeln formuliert: "Gottesgewißheit führt hin zu Selbstgewißheit."[313] Der westliche Kirchentag von Hannover ("Umkehr zum Leben") im August klammerte vollends das ganze Luthergedenken und die Besinnung auf das Reformatorische und seine Glaubenszuversicht - bis auf Randerscheinungen - praktisch aus, man kann durchaus sagen, er verleugnete es fast demonstrativ.

Demgegenüber verstanden und gestalteten sich die an verschiedenen Orten aufeinander abgestimmten DDR-

---

309 Carl Heinz *Ratschow*: Atheismus im Christentum? Gütersloh. Eine Auseinandersetzung mit Ernst Bloch. Gütersloh 1970, S. 109, vgl. 15 ff.

310 *Bilanz des Lutherjubiläums* (s. Anm. 5), S. 27 ff. 48 ff.

311 AaO S. 53.

312 AaO S. 41-44.

313 AaO S. (10-12) 11.

Kirchentage des Sommers 1983[314] zugleich als kirchliche Lutherfeiern. Sie sammelten trotz der weit geringeren Zahl von Bewohnern und Kirchengliedern im Lande doppelt so viele Menschen wie in Hannover. Aus der im Westen nur beiläufig erwähnten, hier aber freudig bekannten Gesamt-Losung aus dem Kleinen Katechismus: "Gott über alle Dinge fürchten, lieben und vertrauen" wurde das in einer Diktatur elektrisierende: "Vertrauen wagen" abgeleitet. Da war denn auch das Wort vom Apfelbäumchen präsent. Es prangte, die ganze Rückseite füllend, auf dem Umschlag des für alle sieben Kirchentage gemeinsamen Einladungsprospekts.

Nun interessiert uns weniger das 1983 fast obligatorische, wie vielerorts auch im Westen, so auch hier häufige allgemeine Zitieren dieses nächstliegenden 'Lutherworts' in schwieriger Lage. In den Bereich der - stellvertretenden - politischen Mobilisierung fällt vielmehr sein Gebrauch da, wo es etwa auf die ja sensiblen und lange tabuisierten Umweltprobleme bezogen wurde, vielleicht auch - mir liegt kein zugespitztes Beispiel dafür vor - umfassend abrüstungspolitisch, zugleich auf die Ostblock-Raketen bezogen oder gar, ganz allgemein, aber hochbedeutsam, einfach auf "Veränderung". Bei mindestens zwei der Regionalkirchentage kam es zu demonstrativen Baumpflanzaktionen, so in Rostock (10.-12. Juni 1983)[315] und bei dem größten der Treffen, dem Kongreß in Dresden (7.-10. Juli 1983). Atemlos und dann mit viel Beifall begleiteter Höhepunkt der Hauptversammlung im "Großen Garten" war die vierte

314 AaO S. 179-214.

315 Im Bericht heißt es: "Der 'Abend der Begegnung' in der Halle und rings umher, die Baumpflanzaktion vor der Kongreßhalle waren Ausdruck dafür, wie Christen ihre Verantwortung in der Welt wahrnahmen." (AaO S. 184).

und letzte Station: "Vertrauen wagen verändert", die so eingeleitet wurde[316]:

Sprecherin:	Vertrauen wagen, das verändert!
Sprecher:	Viele Menschen glauben aber an keine Veränderung.
Sprecherin:	Martin Luther soll gesagt haben: Wenn morgen die Welt unterginge, so pflanzte ich noch heute mein Apfelbäumchen.
Sprecher:	Das ist Hoffnung und Vertrauen. Hoffnung und Vertrauen sind wie zwei Freunde.

Hier sind sie theologisch zusammengefügt, die Hoffnung und das Vertrauen, vielleicht auch ein wenig in Erinnerung an die umfassenden Begriffe von "Glaube" und "Zuversicht" am Anfang des Großen Katechismus Luthers zu verstehen. Zugleich und vor allem aber gibt die Kombination politisch zu denken. Dann zogen, bejubelt, die Kinder rosenschwingend ein, zusammen mit einem Pferdewagen und einem Baum darauf. Dies sei nun nicht Dr. Martin Luthers Apfelbäumchen, verkündete am Lautsprecher ein Kind, aber doch ein schöner Baum. Er war nämlich nur der Anfang eines Beitrags zur Stadtbegrünung, eines Geschenks von vielen Bäumen an die Stadt Dresden, wofür dann bei der anschließenden Kollekte gesammelt wurde. Bäume seien Zeichen der Hoffnung, hieß es dann, auch auf einen dauerhaften Frieden, daß sich die Dresdner Schreckensnacht vom 13. Februar 1945 nie wiederhole.

Denkt man an die Entwicklung der folgenden Jahre, an die langfristige Sprengkraft der ökologischen und mit den älteren Themen Frieden und Gerechtigkeit zusammengeführten Diskussionen, also auch an die spätere "Ökumenische Versammlung", wieder in Dresden (April 1989), dann kann man nachträglich noch die Reserve Otto Grotewohls von 1958 gegenüber dem subversiven Potential des

316 Privater Mitschnitt der Rundfunkübertragung.

Apfelbäumchenwortes verstehen. "Frühbürgerlicher" Fortschrittsglaube ja, aber wenn er den Sozialismus gefährdet? Die inzwischen im großen Stil angelaufene "Erberezeption" hatte es ja mit den verschiedensten trojanischen Pferden zu tun. Am gefährlichsten und schmerzlichsten aber wohl war die Rückwärtswendung der Friedenspropaganda. Jahrzehntelang im eigensten Sinne gefördert, ihr Wachsen im Westen begrüßt und auch mit verdeckten Mitteln unterstützt, kommt sie nun zurück und kehrt sich gegen ihre vermeintlich legitimiertesten Träger. Der gegenläufige Effekt ergibt sich immer stärker aus der unvermeidlich folgenden Allgemeinheit der Abrüstungsforderungen, aus der wachsenden Ablehnung der vormilitärischen Erziehung und aus dem Problem der Wehrdienstverweigerung, alles zunehmend artikuliert im Raum der Kirche. Durchschlagend wird hier dann vor allem die von der Bundessynode übrigens zunächst auffallend zögerlich vollzogene, ja nicht ungefährliche Verbindung und Bündelung mit den "konziliaren" Impulsen zur ökologischen und Gerechtigkeitsproblematik, die beide ebenfalls auf den eigenen Bereich bezogen werden[317].

So wäre jetzt eigentlich auch wieder Mißtrauen gegen das Apfelbäumchenwort angebracht gewesen, gerade auch wenn, was wenige dachten, dieses "Erbe" gar nicht von Luther stammte oder sonst aus der "Frühbürgerlichkeit" des 16. Jahrhunderts, vielmehr eben wegen seiner - ja dann eher - "spätbürgerlichen" Herkunft von PsLuther im 20. Jahrhundert. Vielleicht bei diesem, sicherlich aber bei vielen seiner Nachfolger im Gebrauch des PsLuther-Wortes hatten sich mittlerweile so viele verschiedene Inhalte damit verbinden lassen, vor allem allerhand Konterbande von höchst emanzipativer Diesseitigkeit, daß das noch so

317 Zur Geschichte des "Konziliaren Prozesses" s.: *Unterwegs in Sachen Zukunft*. Hg. v. Lothar Coenen. Stuttgart u. München 1990, S. 139 ff.

harmlose Symbol schwer unter politischer Kontrolle zu halten war, zumal wenn es so unangreifbar daherkam wie auf einem Pferdewagen, mit geschenkten Bäumen und rosenausteilenden Kindern.

Man denkt unwillkürlich an die andere, im Kirchlichen Jahrbuch nicht erwähnte, aber heute weit bekanntere Symbolhandlung bei dem auf Dresden noch folgenden Wittenberger Kirchentag vom 22.- 25. September 1983, nämlich Friedrich Schorlemmers Schmiedeaktion (Schwert zur Pflugschar) auf dem Lutherhof in Wittenberg, sicherlich das etwas konfliktträchtigere Signal. Der westliche Beobachter tut aber gut daran, sich mit nachträglichen Vergleichen hinsichtlich Akzeptanz und Effektivität zurückzuhalten. Beide Vorgänge gehören zum Gesamtbild.

Und nun, nicht nur der Vollständigkeit halber: Auch während und nach der Wende wurde das Apfelbäumchenwort im Osten Deutschlands gebraucht, kein Wunder, wie immer, wenn Zukunftserwartungen mit Krisen und Schwierigkeiten zusammentreffen. Zum gründlichen Suchen und Finden von Belegen dafür konnte es leider nicht mehr kommen, aber zwei interessante, jeweils typische, haben wir dennoch. Fast normal bereits wirkte es, daß nun auch ein FDP-Politiker, nämlich Hans Dietrich Genscher, sein Bäumchen pflanzte und damit ein Zukunftszeichen setzte. Es war natürlich in Halle, in Reichhardts Garten, bei Gelegenheit einer größeren Buchspende für die Universitäts- und Landesbibliothek, aus Beständen einer in Württemberg aufgelösten amerikanischen Garnison[318]. Aber hintersinnig: wie einst Willy Brandt im Kanzlerpark[319] pflanzt Genscher den Goetheschen, zweierlei vereinenden Gingko, doch dazu nun auch das "Lutherwort" zitierend. Der andere Beleg ist schon zwei Jahre älter, aus den ersten Monaten nach dem Mauerfall und vor der ersten und letzten

318 Hallesches Tageblatt, 5. März 1992.
319 S. o. S. 91 f. Anm. 107.

freien Volkskammerwahl vom 18. März 1990. In der Spalte "Im Gespräch" des Blattes "Potsdamer Kirche"[320] schreibt Lutz Borgmann, beginnend mit dem fast wieder erleichtert klingenden Satz: "Die Stimmung schlägt um!", irritiert nämlich vom Gebaren der Händler und äußerst kritisch gegen Marktwirtschaft, Währungsunion und schnelle Einheit. Dabei zitiert er aus dem Brief eines westdeutschen betont antikapitalistischen Pfarrers und schließt dann selbst:

> "Manchem wird dies zu 'links' klingen, und Sie werden uns böse Briefe schreiben. Aber hören Sie einmal genau hin: Schon gibt es beachtenswerte Unterschiede zwischen dem, was die Politiker sagen, und dem, was Wirtschaftsexperten auf uns zukommen sehen. Vielleicht sollten wir in diesen Riß noch heute unser 'Apfelbäumchen pflanzen' (auch wenn morgen die DDR unterginge). Das könnte uns ein wenig von der Angst nehmen."

Der DDR-Untergang ist mit dem Weltuntergang vergleichbar geworden. Man denkt unwillkürlich an Gregor Gysis erschütterte, aber mit Gelächter und Beifall quittierte Feststellung bei der nächtlichen Ratifizierung des Einigungsvertrages in der Volkskammer, man habe nun nichts anderes beschlossen als den Untergang der DDR. Was mit den beiden letzten Sätzen jenes Artikels genau gemeint war, läßt sich schwer sagen. Höchstwahrscheinlich gehörte der Autor zu denen, die eigentlich eine nicht untergegangene, nun demokratische, weiterhin irgendwie sozialistische DDR im Sinne hatten. Vielleicht wird hier im Zusammenstürzen noch einmal das Apfelbäumchen aufgeboten zur letzten, nur

---

320 Lutz *Borgmann*: Im Gespräch: Der "große" Bruder. In: Potsdamer Kirche Nr. 9, 4. März 1990, S. 2. Hierauf aufmerksam wurde ich durch: Ulrich H.J. *Körtner*: Die Utopie vor dem Weltgericht. Einen Baum pflanzen? Apokalyptische Angst in der DDR. In: Luth. Monatshefte 29. 1990, S. 249-250.

noch schwachen politischen Mobilisierung zugunsten eines 'dritten Weges', den es aber auch in Schweden, wohin damals mancher Gorbatschow-Anhänger blickte, niemals wirklich gegeben hat.

d) Vom umfassenden Friedenshoffnungszeichen zum religiösen Heilssymbol

Am Ende des Überblicks über Hauptbereiche und Schwerpunkte der Gebrauchsgeschichte des Apfelbäumchenwortes seit den sechziger Jahren ist noch auf eine auch bisher schon öfters zu bemerkende Linie oder Tendenz hinzuweisen. Die in der zweiten Hälfte des Diktums liegende oder vermutete besondere Sinnhaftigkeit des Bäumchenpflanzens scheint ein immer stärkeres Gewicht erhalten und sich gewissermaßen verselbständigt zu haben. Man war z.B. - selbst bei besserer historischer Informiertheit - manchmal sehr interessiert an der Frage, was der Baum oder das Pflanzvorhaben für Luther bedeutet haben könnte und wie es gerade dem entsprechend heute zu verwirklichen sei, begleitet oder auch abgesehen von dem Gedanken an das ökologische Wörtlichnehmen. Und so bekam die allgemeine religions- und kulturgeschichtliche Symbolkraft des Baumes ein auffälliges Eigengewicht. Der - auch praktische - Umgang damit wurde dann bei vielen zu einer Art religiösen, ja gelegentlich fast sakramentalen, aber oft auch zu einer eher weisheitlich-pädagogischen Angelegenheit.

Zusammenhängen dürfte das z.T. mit der rational schwer zu bewältigenden Komplexität der Bedrohungen, wie sie sich dann auch weithin in der Programmatik des "konziliaren Prozesses" (Gerechtigkeit, Friede, Schöpfung) widerspiegelte. Schon seit einiger Zeit hatte sich die Bündelung dieser und noch unabsehbar weiterer Weltprobleme im Reflex zu einem Angstsyndrom verdichtet, durchaus vergleichbar einer uns schon früher begegneten

Befindlichkeit, nur jetzt vielleicht noch verstärkt[321]. Unter ihm konnte man sprachlos werden und trotz viel Geschwätzigkeit immer weniger beim Wort Zuflucht suchen als eher schon bei Bildern und kultischen Akten.

Die Übergänge waren allerdings fließend. Bleiben wir zunächst noch beim Gedruckten. In der stark emotionalisierten Friedensdebatte der frühen achtziger Jahre gab es neben den Beispielen noch seriöser, doch ziemlich phantasiereicher Argumentation mit dem Apfelbäumchenwort und mit Luther[322] auch die penetrant agitpropartige Collage

---

321 S. dazu o. S. 101 ff.; ferner das Schwerpunktheft zum Thema Angst: Universitas 42. 1987. Heft 11 (Nr. 498); Erich *Wiedemann*: Die deutschen Ängste: ein Volk in Moll. Frankfurt/M., Berlin 1988; Gunda *Schneider-Flume*: Angst und Glaube. Zeitschr. f. Theol. u. Kirche 88. 1991, S. 478-495.

322 Siegfried *von Kortzfleisch*: Zwischen Apfelbäumchen und Bombe. In: Deutsches Allgemeines Sonntagsblatt Nr. 30, 25. Juli 1982, daraus: "Von Martin Luther wird ein legendäres 'Rezept' überliefert. 'Wenn morgen (...)' Er setzt alle seine Frömmigkeit dagegen [gegen die Bedrohung] - und eine gehörige Portion gelassenen Realismus (...) Luther hat (...) nicht gesagt: Ich laufe in den Wald (...) Er tut vielmehr, was anliegt. Er setzt dabei auf längere Fristen (...) Einen Baum pflanzen heißt: die Angst mit Hoffnung bekämpfen (...) Wenn Martin Luther heute lebte, gäbe er gewiß seine fromme Ergebenheit auf. Er würde vielleicht noch einen Baum pflanzen, er würde aber sicher auch eine 'Initiative' gründen". - Carl Friedrich *von Weizsäcker* sagte 1984 in Budapest vor dem LWB in seinem "Referat zur Friedensfrage", nach einem hilfreichen Blick auf das Verhältnis von Luthers Zwei-Regimenten-Lehre zur Naherwartung: "Die historisch unbelegte Aeusserung: 'Wenn morgen die Welt unterginge, würde ich heute ein Apfelbäumchen pflanzen' kann er höchstens so getan haben, dass er nicht von der heidnischen Furcht des Weltuntergangs, sondern von der christlichen Hoffnung des Jüngsten Tages sprach. Der Apfelbaum, das Symbol der paradiesischen Schöpfung, drückt dann die Hoffnung auf die

neue Schöpfung aus." (In: *Budapest 1984. "In Christus - Hoffnung für die Welt"*. Offizieller Bericht der Siebenten Vollversammlung des Lutherischen Weltbundes Budapest, Ungarn 27. Juli - 5. August 1984. Hg. v. Carl H. Mau. Stuttgart 1985 = LWB Report Nr. 19/20, S. 52-62, Zit. 58). Das Korreferat von Margareta *Grape-Lantz* (S. 84-89) hebt auf die Bedeutung der Basis beim Aufbrechen des Status quo (Ost-West und Nord-Süd) ab sowie auf den Auftrag der Christen, "der Menschheit etwas vom Mysterium des Reiches Gottes zu enthüllen" (S. 89). "Für mich ist Luthers Apfelbäumchen, das von Weizsäcker erwähnt, das zauberhafteste Bild hartnäckigen Volksprotests und -glaubens. Es macht tatsächlich etwas aus, was wir tun" (S. 88). "Wenn wir es wirklich wagten, an die Macht des Kreuzes zu glauben, würden wir es auch wagen, viel mehr Apfelbäumchen zu pflanzen" (S. 89). Sie versteht das Bäumchen also bedenkenlos als basisdemokratisch mobilisierendes Symbol der Rettung. *Weizsäckers* hypothetische Lutherdeutung ist in der ersten Hälfte ziemlich angemessen, doch im letzten Satz auch durch eigene naturphilosophische und -religiöse Vorstellungen mitgeprägt, die dann in einer weit von Luther wegführenden Weise verstanden oder benutzt werden können. Nun, auch für Luther hat unser Herrgott so manches (z.B. das Evangelium, das Kreuz, die Auferstehung, den Jüngsten Tag, das Ewige Leben) in seine Kreaturen und eben auch "jnn die bewme hin ein geschrieben nicht allein jnn die bucher" (WA 37, 616, 13 ff., Pred. Matth. 21,1 ff., 29. Nov. 1534), doch sind das nur unterstützende und mit genauen Bezugspunkten versehene Gleichnisse für ein im Wort und in der Schrift (auch oft durch Gleichnisse) verkündigtes und angekündigtes Gotteshandeln. So fährt er hier fort: "Auff das, so offt wir ansehen die beume jnn dem lentzen auffschlagen, das wir stets gedencken an diese gleichnis und an den tag des herrn." (Vgl. auch die Belege in: Erich *Wittenborn*: Luthers Predigt vom Jüngsten Tag. Theol. Diss. Bonn 1964, S. 133 ff.; Ulrich *Asendorf*: Die Theologie Martin Luthers nach seinen Predigten. Göttingen 1988, S. 141 ff.). Niemals jedoch spricht Luther an solchen Stellen von einem auf die Vorstellung von der neuen Schöpfung bezogenen Hoffnungshandeln (Pflanzen) mit dem

unter dem Motiv des Baumpflanzens in einer Situation der Bedrohung[323] und andererseits dann als Reaktion auf bewußtes Angstmachen einfach ein lakonisches, apotropäisch wirkendes Gegenanzitieren[324].

Von Baumpflanzaktionen war schon mehrfach die Rede. Dem m.W. ersten symbolisch gepflanzten Apfelbäumchen neben dem 1951 entstehenden Salzufler MBK-Haus[325] sind später noch zahlreiche gefolgt, oft mit bezeichnenden Begleitansprachen. Häufig ist die Pflanzaktion auf einen bestimmten Zweck orientiert, auf etwas neu Begonnenes oder in Erinnerung zu Rufendes, als begleitende Ermutigung oder Mahnung. Das Bäumchen wurde manchmal de facto als Talisman, womöglich als ein geistlicher, angesehen.

Oft aber, mit oder ohne stärkere Bindung an einen partiellen Zweck, wurde dem Pflanzen eine umfassendere Bedeutung gegeben und das Apfelbäumchen zu einem vieles

---

Ziel, das irdische Leben zu verlängern und vielleicht doch den Jüngsten Tag möglichst hinauszuschieben. In dieser Hinsicht waren wohl auch meine früheren Äußerungen dazu noch nicht deutlich genug (*Schloemann*, s. Anm. 1, S. 18-24).

323 André *Brie*: Wann soll man Bäume pflanzen? Wege zur Abrüstung. Berlin (Ost) 1984. Daß sich die Titelfrage nicht auf PsLuther oder ähnlich Bekanntes bezieht, sondern auf eine nur entfernt vergleichbare Anekdote eines Inders, wird erst auf S. 86 klar. Das im Kinderbuch-Verlag erschienene Buch des Stasi-Mitarbeiters und 1994 PDS-Wahlleiters wurde auch im Westen vertrieben.

324 Karin *Ziehe*: Leserbrief in: Der Spiegel Nr. 42, 12. Okt. 1981, S. 9. "Zu den Zukunftsvisionen des Herrn [Horst] Eberhard Richter möchte ich nur Martin Luther zitieren (hoffentlich richtig): ...". Es betraf die makabre Artikelserie: "Das geplante Inferno" über eine Ost-West-Verschwörung zur atomaren Global-Euthanasie.

325 S. o. S. 84.

integrierenden Sinnträger[326]. Große Öffentlichkeit erhielten dann die symbolischen Baumpflanzaktionen im Verlauf des "konziliaren Prozesses" mit dem Höhepunkt in Basel 1989. Vorbereitet und begleitet war das von mancherlei ähnlichen Ereignissen, Abbildungen und Betrachtungen, besonders in Deutschland. Beim Hamburger Kirchentag 1981 etwa ("Fürchte dich nicht") konnten 10000 Teilnehmer einen geschenkten Kastaniensetzling eigenhändig in einen Blumentopf pflanzen, ihm einen Namen geben und ihn mit nach Hause nehmen:

> "... Zeichen neuen Lebens, Zeichen der Hoffnung. Zehntausend Kastanien, überall in der Bundesrepublik verteilt, sie werden wachsen - und sichtbares Zeichen des Hamburger Kirchentags bleiben. An der Stirnwand der Halle stand das Wort von Martin Luther: 'Und wenn ...'"[327].

---

326 So z.B. verband man im Lutherjahr das große Ehemaligentreffen einer bekannten Alkohol-Klinik programmatisch mit dem "Martin-Luther-Wort" als einem "Signal der Hoffnung" für diese "Oase der Hoffnung" und seine Patienten, die in der Tat auf Hoffnung angewiesen sind. "Das Lutherwort beinhaltete tiefen, unerschütterlichen Glauben und gebe Kraft für die Zukunft", sagte der Bürgermeister und der Hausvater stellte es in die größeren Zusammenhänge: "Auch vor 500 Jahren (...) sei die Welt im Umbruch gewesen. Heute stelle sich die Frage, ob angesichts der Atomindustrie, des Rüstungswettlaufs und bei wirtschaftlichem Nullwachstum die Tür für eine neue Welt aufgeschlossen werde. Das Luther-Motto, das Hoffnung und Gottvertrauen beinhalte, habe damals wie heute Bestand." Am Ende wird berichtet: "Eindrucksvoll waren auch szenische Darstellungen über das Lutherwort (...) Nach der (...) Festversammlung im Zelt setzten die Teilnehmer das Luther-Wort in die Tat um und pflanzten einen Apfelbaum." Lippische Landeszeitung Nr. 130, 8. Juni 1983.

327 Michael *Schibilsky*: Jeder pflanzte einen Kastanienbaum. In: Unsere Kirche. Evang. Sonntagsblatt f. Westfalen u. Lippe Nr. 27, 5. Juli 1981.

Das Apfelbäumchen als Hoffnungs- und Lebenssymbol war schon vorher, beim Nürnberger Kirchentag von 1979 ("Zur Hoffnung berufen") allegorisch vertieft und in Verbindung mit der ikonographischen Tradition[328] gebracht worden. Das Emblem der ganzen Veranstaltung, ein dickes, geschundenes schwarzes Kreuz, aus dem ein kräftiger grüner Schoß erwächst, bezieht sich auf das Triumpfbogenkreuz von 1420 in der St. Lorenzkirche. Nach der Legende entstammte das Kreuzholz von Golgatha dem paradiesischen Lebensbaum. Und nun sprießen und wachsen aus dem Stamm, der auf dem Regenbogen steht, überall Zweige, Blattwerk, Früchte, den Crucifixus umgebend. Der Sieg des Lebens über den Tod, in Christus, auf dem Grunde der Treue Gottes - diese Botschaft und viele noch andere Bezüge zur Hoffnungsthematik des Kirchentages hatten die Teilnehmer Gelegenheit, staunend zu bedenken, geschickt unterstützt von einem Faltblatt der Nürnberger Kirche, in dem es dazu heißt: "Liebe, die sich hingibt, macht lebendig und sterblich zugleich. Sie läßt Leben und Hoffnung wachsen"[329]. Darunter wurde dann auch die bekannteste Veranstaltung dieses Kirchentages gehalten, das "Feierabendmahl". Teilnehmer berichteten, daß sie währenddessen der Aufblick zu diesem Lebensbaum-Kreuz beschäftigt habe und dabei die Worte des Vortrags von Johann Baptist Metz am gleichen Orte nachklangen:

> "... wird es überhaupt genug Zeit geben für diesen Weg der anthropologischen Revolution? (...) darum bin ich mir keinesfalls sicher, daß wir Zeit genug haben werden. Lassen Sie mich das immerhin noch mit einem Hinweis auf

---

328 S. dazu aus: *Lexikon der christlichen Ikonographie*. Rom 1968 ff. die Stichwörter "Baum, Bäume", "Kreuz", "Kreuzallegorie".

329 Ulrich *Kosfeld*/Bochum verdanke ich Einblick in die Materialien.

Martin Luther kommentieren - mit einem Hinweis auf jene berühmte Antwort, die er auf die Frage gab, was er denn täte, wenn er wüßte, daß am anderen Tage die Welt unterginge: 'Ich würde in meinem Garten einen Baum pflanzen.' Für mich ist das weder der Ausdruck schwächlicher Schicksalsergebenheit noch apokalyptisch gestimmter Schadenfreude; es ist wohl der Ausdruck der Kaltblütigkeit christlicher Hoffnung. Ohne sie werden wir freilich auch jene anthropologische Revolution nicht wagen, zu der uns Christen das Brot des Lebens erkräftigen will."[330]

Bei Metz steht das "Zitat" in der Form des Apophthegmas und stellt ein besonders klares Beispiel dafür dar, daß nicht entsprechend der Einstellung Luthers - und ähnlich der Schwabenväter - das Alltägliche weitergeführt, sondern ein bewußtes Zeichen gegen das Ende gesetzt worden sein soll.

Das Baumsymbol ist seinen Weg weitergegangen, den wir im einzelnen nicht nachzeichnen können. Aus dem Jahre 1987, als übrigens auch das Feuilleton und der Büchermarkt voll von Äußerungen zum Komplex Bäume und Wald(sterben) waren, nur drei Beispiele: Die "Symboldidaktik" in Schule und Kirche hatte sich des Themas angenommen[331]. Im protestantischen Feminismus vertiefte

---

330 Johann Baptist *Metz*: Brot des Überlebens. Das Abendmahl der Christen - Vorzeichen einer anthropologischen Revolution. In: *Forum Abendmahl*... hg. v. Georg Kugler. Gütersloh 1979 (= GTB 346), S. 15-29) 29. In diesem Band auch etwas vom Echo, z.B. Hans-Jürgen *Quest*: Volk ohne Traum? (S. 127-143) und eine Meditation zum Emblem von Gerhard *Fragner*, in der es heißt: "Der grüne Zweig, der herauswächst, ist viel kleiner als das Kreuz. Und doch leuchtet er mich an in seinen optimistischen Farben und klaren Umrissen. - Grün ist die Hoffnung!" (S. 215).

331 Regina *Thiele*: Lebensbäume. Symboldidaktischer Ansatz zum Thema Baumsterben. In: Religion heute Nr. 2, Juni 1987, S. 88-93. - Klemens *Schneider*: Das Leben entfalten - im Glauben wachsen. Mainz 1987. - Allerdings, bei Ursula

man sich in eine dialektische Konfrontation und Kombination der Symbole Kreuz und Baum des Lebens[332]. Speziell auf das Apfelbäumchenwort PsLuthers Bezug genommen wurde aber dann beim Kirchentag von Frankfurt/M. 1987 ("Seht welch ein Mensch"). Man stimmte nun einen ins Liederbuch aufgenommenen Song dazu an:

1. im angesicht von not und tod
   und allem was die welt bedroht

Früchtel: Mit der Bibel Symbole entdecken. Göttingen 1991 kommt dieser Komplex nicht vor.

332 Luise *Schottroff*, Dorothee *Sölle*, Bärbel *von Wartenberg-Potter*: Das Kreuz - Baum des Lebens. Stuttgart 1987, daraus *Sölle*: "Und das Leben wählen heißt, das Kreuz zu umarmen. Es heißt, das Kreuz, die Schwierigkeiten, die Erfolglosigkeit, die Angst, allein dazustehen, in Kauf zu nehmen. Wir haben euch nie einen Rosengarten versprochen, liebe Schwestern. Das Kreuz umarmen heißt heute, in den Widerstand hineinzuwachsen. Und das Kreuz wird grünen und blühen. Wir überlieben das Kreuz. Wir wachsen im Leiden. Wir *sind* der Baum des Lebens." (S. 20) Und: "... wir bewegen uns vom Ich zum Wir, vom Kreuz zum Baum." (S. 25). - Elga *Sorge* arbeitete auf ihre Weise an der Erneuerung "biophiler Symbole", unter denen der "matriarchale Lebensbaum" eine wichtige Rolle spielte. Gepriesen wurde Eva, die Adam, ihrem Heros, den Apfel als "Symbol matriarchaler Weisheit" gab (Religion und Frau. Stuttgart 1985, S. 94 ff. 128 ff.). - Zum Vergleich: Des mulmigen Tiefsinns entbehren bei Christine *Brückner* (Wenn du geredet hättest, Desdemona. Ungehaltene Reden ungehaltener Frauen. Hamburg 1983, S. 49) die fiktiven Worte Katharina Luthers an ihren Mann. Er mit seinen Weltuntergangsstimmungen soll sein Apfelbäumchen gefälligst alleine und eigenhändig pflanzen. Sie selber hält sich - praktisch, produktiv und emanzipativ - an ihre eigene, ja viel umfassendere Pflanzarbeit. Das Apfelbäumchengleichnis wird als Schreibtischprodukt abgetan, das Pflanzen aber lieber in concreto geübt, ständig in zugleich eschatologiekritischer Absicht.

pflanzen wir den apfelbaum, der unsre hoffnung trägt.
jeder apfelbaum als kleines zeichen steht
so lange diese erde sich noch dreht
behüten und beschützen wir jeden apfelbaum
denn jeder baum trägt einen traum
jeder baum trägt einen traum
jeder baum trägt einen traum.

2. im angesicht von lug und trug
und allem was schon längst genug
pflanzen wir den apfelbaum, der unsre hoffnung trägt...
3. im angesicht von neid und leid
in jeder noch so schweren zeit
pflanzen wir den apfelbaum, der unsre hoffnung trägt...[333]

Die Stimmung wirkt etwas schwebend und gedämpft, doch der optimistische Zug eines Handelns, das auch die schwersten Zeiten überwindet, ist erhalten. Man denkt an Adornos Charakterierung der Blochschen Hoffnung: "Optimismus mit Trauerflor kämpfend" in einer trivialen Fassung. Im übrigen läßt sich ja im "Kehrvers" der Terminus ad quem ("solange diese Erde sich noch dreht") genaugenommen durchaus als St. Nimmerleinstag verstehen. Die christliche Hoffnung, an die man bei einem Kirchentagslied mit Anspielung auf Luther ja wohl denken soll, wird auf beliebte, aber irreführende Weise einfach mit dem Traum gleichgesetzt; und beides tragen die Bäume.

Ein gutes Beispiel, trotz etwas verschwommener Metaphorik, ist dieses Lied dafür, wie bei starkem ökologischem Akzent doch die größere Fülle der Probleme zugleich präsent ist und die besungene Pflanzhandlung einen sym-

333 *Lieder für Kirchentage* aus Anlaß des 22. Deutschen Evangelischen Kirchentages in Frankfurt am Main vom 17.-21. Juni 1987, Nr. 105 (S. 112 f.), Text: Hans Jürgen *Netz*, Musik: Fritz *Baltruweit*.

bolischen Gesamtvollzug darstellt. Insofern ist es ähnlich dem schon 1983/84 entstandenen, aber individualethisch im Sinne des Verständnisses als 'Treuewort' und theologisch näher bei Luther angesiedelten, ihn aber ebenfalls nicht direkt beanspruchenden Lied von Manfred Siebald:

Und sollte morgen die Welt untergehn -
ich pflanzte heute noch ein Bäumchen ein,
bezahlte Schulden, da wo sie bestehn,
und wollt mit Gott und Welt im reinen sein.
  Solange mir noch Atem bleibt,
  will ich mich nicht zur Ruhe legen,
  mich mühen, daß das Bäumchen treibt
  und Gottes gute Schöpfung pflegen.
Und sollte morgen die Welt untergehn ...
  Noch habe ich Gelegenheit,
  mit meinen Worten, meinen Taten
  die Liebe und Gerechtigkeit,
  die ich noch schulde, zu erstatten.
Und sollte morgen die Welt untergehn...
  Ich wage nicht, mich vor der Zeit
  aus Gottes Arbeit fortzustehlen.
  Wer sich auf Gottes Himmel freut,
  darf nicht auf seiner Erde fehlen.
Und sollte morgen die Welt untergehn...
  Was ich hier tu, genügt noch nicht;
  erst Jesus wird die Welt verwandeln.
  Doch bis sein großer Tag anbricht,
  soll ich in seinem Namen handeln.
Und sollte morgen die Welt untergehn...[334]

Zum wirklichen Pflanzen unter Herbeirufung des Namens Luthers aber nun, und zwar demonstrativ, ja geradezu

---

334 Die auch auf Postern und Karten vertriebene erste Strophe davon hat schon Gottfried *Adam* (s. Anm. 1) zitiert. Der ganze Text findet sich im Textheft zur Kassette (Manfred *Siebald*: Kreuzschnabel. Hänssler Produktion MC Nr. 90050).

sakramental, kam es am nachpfingstlichen 21. Mai 1989 (Trinitatis) vor dem Münster zu Basel in der gottesdienstlichen Schlußfeier der Europäischen Ökumenischen Versammlung "Friede in Gerechtigkeit"[335], einer Hauptstation auf dem Wege zur Weltversammlung für "Gerechtigkeit, Friede und Bewahrung der Schöpfung" in Seoul 1990. Nach der einer Messe ähnlichen Gottesdienstordnung (Hauptteile: Introitus - Adoratio/Confessio - Evangelium - Sermo - Signum - Missio - Intercessio - Paternoster - Benedictio) wurde an zentraler Stelle das Signum, die "Symbolhandlung" vollzogen.

Pierre Kempf, ein Pastor der Kirche Augsburgischen Bekenntnisses von Elsaß und Lothringen, machte die Einführung und stellte die symbolischen Zusammenhänge her, mit Luther nun an der Spitze:

> "Nous allons planter un arbre. On demanda un jour à Martin Luther ce qu'il ferait s'il savait que la fin du monde serait pour le lendemain et il répondit: 'Je planterais un pommier'.
> Nous allons planter un arbre d'esperance..."

Dieser "Baum der Hoffnung", mit dessen erhofftem Wachsen sich die Hoffnung auf Ertrag dieser Versammlung verband, wurde nun auf das altkirchliche Baum-Kreuz bezogen,

> "gepflanzt auf einem blühenden Feld, wo die ganze Schöpfung, die Menschen, die Tiere und die Pflanzen in Frieden leben.

---

335 S. neben epd-dokumentation Nr. 24-25/89 auch den Berichtsband o. Anm. 317; ferner: *Der Heilige Geist kann auch schwimmen*. Mit den Ökumene-Schiffen von Rotterdam nach Basel ... Dokumentation ... hg. v. Trägerkreis "Ökumene-Schiff gegen den Strom", Nov. 1989 (Gemeindedienst für Weltmission Siegburg), sowie zur Schlußfeier typographisches Material, das ich P. Pierre *Kempf* (Metz) verdanke.

> Heute also pflanzen wir diesen Baum und wir beten für den Frieden auf der ganzen Erde, für uns selbst, die einen für die anderen und für die kommenden Generationen.
> Wir pflanzen einen Baum in Basel und wir beten, er möge das Zeichen sein unseres Engagements für den Frieden, die Gerechtigkeit und das Leben."[336]

Nach dem Hymnus "The Tree springs to life", in dem weitere alte und moderne Symbolik sich verdichtete[337], pflanzten zwei Männer eine jugendliche Linde auf einem Karren - der endgültige Platz lag anderswo -, zwölf Personen aus europäischen Ländern schütteten Erde von symbolischen Plätzen ihrer Heimat dazu und drei Kinder gossen den Baum mit Wasser aus der Rheinquelle, von einer Staffette geholt[338]. Das ganze geschah, wie der TV-Sprecher hervorhob und auch in der kirchlichen Nacharbeit positiv kommentiert wurde, "an der Stelle, an der Napoleon

---

336 Texte von Pierre *Kempf*, übers. M.S.

337 U.a. auch: Jesus als Gärtner, vgl. o. S. 47 f.

338 S. die Abbildung Nr. 25 in: *Gerechtigkeit und Frieden umarmen sich*. Hg. v. Peter Felber u. Xaver Pfister. Basel u. Zürich 1989; auch in: Michael *Strauß*: Ökumene auf dem Weg. Bielefeld 1991, S. 19. - Aus der Gegenrichtung waren zwei Schiffe von Rotterdam und Köln den Rhein hinaufgefahren, beladen mit Pilgern, dem Aachener Friedenskreuz von 1947 und einer Fülle von geschriebenen Botschaften und mitgegebenen Symbolen, darunter allein drei Apfelbäumchen, dazu in der Dokumentation: "Zeichen trotziger Hoffnung, die nicht resigniert bei allen tödlichen Bedrohungen, weil sie weiß, daß diese gefährdete Welt doch den Händen Gottes nicht entfallen kann und darum wahr bleibt, was Luther in den Satz faßt ...", S. 32. Wie berichtet wird, hat es bis dahin kaum ein kirchliches Großtreffen gegeben, das, auch in den anderen Veranstaltungen, von einem solchen Reichtum der Symbolgegenstände und -handlungen geprägt war, s. auch Jörg *Baumgarten*: Weg-Markierungen - Unterwegs zu einer erneuerten Spiritualität. In: Unterwegs ... (s. Anm. 317), S. 203 ff.

einen Freiheitsbaum gesetzt hatte", gerade 200 Jahre zuvor[339].

Unmittelbar nach dem Signum trat Carl Friedrich von Weizsäcker auf und vollzog die "Sendung":

> "Wir haben einen Baum gepflanzt. Der Baum ist ein Glied der Schöpfung, uns als Mitgeschöpf geschwisterlich verbunden (...)
> Freunde! (...) Wir wollen uns in einem Bund verpflichten, das zu tun, was wir hier gesagt haben. Nicht unsere schönen Worte sind wichtig, die wir soeben wieder sprechen. Handlungen sind wichtig, die Tag für Tag geschehen. Nüchternheit ist notwendig ..."[340].

In der Tat. Weizsäcker wies zugleich auf den Zielpunkt der Weltversammlung in Seoul 1990 hin, ursprünglich als das unüberhörbare "Friedenskonzil" gedacht, nun thematisch universalisiert, aber nicht geglückt und wenig beachtet, nicht nur wegen der inhaltlichen und auch technischen Überfrachtung, sondern auch wegen des sich beschleunigenden Zusammenbruchs des Sowjetimperiums und einer gewissen Entdämonisierung der USA. Basel blieb, wenigstens bei den Kirchen Europas, in etwas deutlicherer Erinnerung. Und damit verbindet sich für viele auch 'Luthers Apfelbäumchen' in seiner nun ganz ausgeweiteten Rolle zwischen etwa den Extremen von altkirchlicher Schöpfungs- und Christussymbolik und dem anti-eschatologischen Geist der Freiheitsbäume von 1789. Der Grund für seine Heranziehung und immer anspruchsvollere Anreicherung mit heilhafter Bedeutungsfülle liegt auf der

---

339 Frankfurter Allgemeine Zeitung Nr. 116, 22. Mai 1989; Hermann *Barth*: Die Erwartung - Bausteine aus der EKD. In: Unterwegs ... (s. Anm. 317), S. (173-180) 179. - Vgl. auch o. S. 158, zu Laukhard und dem Freiheitsbaum.

340 epd-dokumentation Nr. 25/89, S. 5. - Die Wirkung des feierlichen Aufrufs wurde empfindlich gestört durch einen Protestierenden am Mikrophon.

Hand, es ist seine Eignung und sein Bewährtsein als mobilisierendes Zeichen für diesseitige Zukunftshoffnung, für den Traum und die Praxis gemeinsamen irdischen Überlebens, durch alle Bedrohung hindurch, ja "im Angesicht von Not und Tod", aber mit Bestimmtheit gegen ein Weltende.

Doch kann unser "Lutherwort" das alles wirklich tragen? Zumal in einem Umfeld, in dem die Baumsymbolik immer stärker naturreligiös aufgeladen wird? Es läßt sich schon verstehen, daß man bereits in Gorleben und an der Frankfurter Startbahn West zwar Franziskus und Indianisches zu Hilfe nahm und Respekt vor der "Heiligkeit" der Bäume forderte[341], Luther aber kaum oder gar nicht bemühte. In der Tat gibt es zu seinem Schöpfungsglauben eine feine Grenze. Selbst aus der möglicherweise auch hier wieder[342] einmal heranziehbaren und naturreligiös umdeutbaren Bestimmung des 5. Mosebuches (Dt. 20, 19), daß bei einer Stadtbelagerung für Sturmmaterial keine fruchtbringenden Bäume gefällt werden dürften (aus Ernährungs-, nicht Umweltschutzgründen!), hat Luther weder Ökologisches noch Naturreligiöses herausgelesen, es geht ihm um die Zivilisierung des Kriegsrechts[343].

---

341 Hans-Eckehard *Bahr*, Heike und Gottfried *Mahlke*, Dorothee *Sölle*, Fulbert *Steffensky*: Franziskus in Gorleben. Frankfurt a.M. 1981 (= Fischer 4051), S. 124 ff.

342 Vgl. o. S. 90 Anm. 105 und S. 151 Anm. 233.

343 WA 14, 693,1 ff. (Deut. cum annot. 1525), daraus Z. 4: "... ut non ad vastandam terram, quae non peccavit, sed ad corripiendos impios bella gererent." Für Luther hilft die Bestimmung - abgesehen von ihrer Nützlichkeit - auch zur Dämpfung des barbarischen Kriegsfurors, wie er ebenso bei der soldatesken Vergewaltigung von Frauen und Mädchen auftritt. Sie fördert die maßvolle civilitas durch eine möglichst weitgehende (andere Bäume stehen frei) vernünftig-besonnene Schonung des nicht Kombattanten und am Konflikt unter Menschen und Völkern Unschuldigen. Zu der Bibelstelle vgl.:

Blickt man von hier aus auf das ganze Kapitel mit dem Wesentlichen der neueren Gebrauchsgeschichte des PsLutherwortes zurück, so ist deutlich, daß dessen Verständnis sich nicht näher auf den wirklichen Luther zubewegt, sondern sich eher weiter von ihm entfernt hat. So differenzierend auch die zahllosen Fälle der Verwendung des Wortes bei genauerer Betrachtung zu würdigen sind, insgesamt machen sich doch einige bei Luther so nicht zu findende Tendenzen geltend, die man schlagwortartig und bei vielen Benutzern sicherlich allzu pauschal, aber dennoch als anti-eschatologisch, synergistisch und naturreligiös bezeichnen könnte. Letzteres wäre dann also nicht im Sinne wohlverstandener frommer christlicher Naturzuwendung und Wirklichkeitsauffassung zu verstehen, sondern als Beeinträchtigung des Schöpfungsglaubens durch Wegfall des eschatologischen Vorbehalts, manchmal in bewußter oder unbewußter Nähe zu Kreislaufdenken und Holismus[344]. Festzuhalten ist jedenfalls, daß man in den vergangenen Jahren überwiegend nur die zweite Hälfte des Satzes angeschaut hat. Dabei wurde zunehmend das Bäumchen als kraftspendendes Hoffnungs- und Lebenssymbol, manchmal in der Nähe zu einem natürlichen Heilssymbol herausgestellt, zur Angstbegrenzung und vor allem zur Anstiftung eines leidenschaftlichen Handelns für das irdische Überleben, gegen ein Ende an.

Zum Thema Menschenrechte. Hg. v. Jörg Baur. Stuttgart 1977, darin Claus *Westermann* (S. 13) und Jörg *Baur* (S. 105).

344 Vgl. dagegen Carl Heinz *Ratschow*: "Der Herr regieret über die ganze Welt". In: Geschaffene und konstruierte Welt. Göttingen 1979 (= Im Lichte der Reformation. JEB 22), S. 49-68; Eberhard *Wölfel*: Die Welt als Schöpfung. München 1981 (= Theol. Existenz Heute 212); Hans Dieter *Mutschler*: Physik, Religion, New Age. Würzburg 1990.

8. Erübrigung oder bleibende Abrufbarkeit?

a) Das Zeichen des Endes

Auf die gegenwärtige Rolle des Apfelbäumchenwortes und den Umgang mit ihm ist zum Schluß noch ein Blick zu werfen und im Zusammenhang damit ein - naturgemäß vorläufig bleibendes - Fazit zu ziehen. Es geht also nicht nur um die nach dieser Entstehungs- und Gebrauchsgeschichte noch wieder einmal fällige Frage nach der Legitimität seiner Luther-Zuschreibung, sondern nicht zuletzt auch akut um die Frage seiner Präsenz, ob es heute überhaupt weitere Kreise interessiert oder nicht mehr, auch aus welchen Gründen dann, und inwiefern Luther und das Reformatorische davon betroffen sind.

Daß auch die im vorigen Kapitel beschriebene zweite Konjunktur des Diktums als Hoffnungswort nach den Höhepunkten der siebziger und achtziger Jahre inzwischen wieder abgeklungen ist, kann einem aufmerksamen Beobachter nicht verborgen geblieben sein, auch wenn die letzten Vorgänge noch schwer zu überschauen sind. Schon seit einiger Zeit gibt es Indizien für eine unbewußte oder bewußte Distanz gegenüber 'dem Lutherwort'.

Als Beispiel dafür sei ein Leitartikel der größten westdeutschen Morgenzeitung zum Reformationsfest 1983 zitiert, in dem es nach einem kritischen Blick auf die Wormser Jubiläumsreden von Bundespräsident Carstens und Bundeskanzler Kohl[345], aber auch auf Luthers Gottes- und Weltverhältnis heißt:

---

345 S. o. S. 196 ff.

"Andere mögen das ganz anders sehen. In Hannover, wo sich beim Kirchentag die von Kriegsangst geschüttelte junge Generation traf, war von Luther kaum die Rede. Kann man angesichts des drohenden Atomkriegs noch beruhigt sein Apfelbäumchen pflanzen?"[346]

In dieser Sicht gehört Luther auf die Seite einer Haltung falscher Selbstberuhigung. Dem - von ihm offenbar nicht zu trennenden - PsLuther-Apfelbäumchenwort eignet darum politische Unbrauchbarkeit und Veraltetheit. Kein Gedanke mehr an das mobilisierende Hoffnungs- und Lebenssymbol von Nürnberg 1979 und Hamburg 1981 oder an die DDR-Kirchen jetzt nebenan und was alledem in Basel 1989 noch folgte[347].

Der Stachel des Mißtrauens gegen das Diktum - und gegen Luther - sitzt schon tief. Niemand hat es mit so bitterem Sarkasmus und zugleich klassisch artikuliert wie Günter Kunert in seinem Gedicht: "Luther und der Baum":

Von Sintflut hat man gelesen:
Derlei wiederholt sich kaum.
Gewesen ist eben gewesen:
Luther pflanzt einen Baum.

Und rinnen die deutschen Flüsse
dahin als giftiger Schaum,
weißt du, was man tun müsse -
Luther pflanzt seinen Baum

und empfiehlt noch, Kinder zu machen,
gebrich's der Welt auch an Raum
für all die Armen und Schwachen:
er pflanzt mit Fleiß seinen Baum.

---

346 Ralf *Lehmann*: Luther-Feiern. In: Westd. Allg. Zeitung Nr. 253, 31. Okt. 1983.

347 S. o. S. 208 ff.

Und wäre wie Auschwitz die Erde,
er fände den friedlichen Saum
jenseits von Leid und Beschwerde
für sich und für seinen Baum.[348]

Zu dem wirklichen Luther paßt dies natürlich alles nicht, weder das Verschließen der Augen vor den Zeichen der Zeit, noch die Dispensierung der praktischen Vernunft, weder der bornierte Egoismus noch die fromme Selbstisolierung aus Leidensscheu oder aus makabrer Verblendetheit. Kunert dürfte hier aber weniger an eine historische Abfertigung gedacht haben als an einen Widerspruch gegen manches gegenwärtige Hantieren mit dem 'Lutherwort'. Benutzer aus ganz verschiedenen Richtungen trifft das Gedicht, die blinden Weitermacher wie die trotzigen Gegenangeher wie die Nischenhocker. Schädlich ist das Wort in jeder Hinsicht, weil es Illusionen[349] fördert, jedenfalls aber Segregation. Oder bleibt einfach gar nichts anderes übrig? Das letzte Urteil Kunerts bleibt vielleicht noch etwas in der Schwebe. Jedenfalls von einer geheimen

---

348 Günter *Kunert*: Gedichte. Auswahl v. F.J. Görtz. Nachw. v. U. Wittstock. Stuttgart 1987 (= Reclam Nr. 8380), S. 52, Erstdruck in Frankf. Allg. Zeitg. Nr. 115, 20. Mai 1985.

349 Als Gegenbild vgl. *Kunerts* Gedicht (FAZ Nr. 57, 9. März 1987):

Faust III:
Schlußvorstellung
Die Ideale abgetan:
Verdorrte Blätter
unbeschreiblich
raschelnd in der Erinnerung:
Grau teurer Freund
wird alle Utopie. Und
nie wieder grün
des Lebens abgeholzter
Baum.

Bewunderung Luthers wie einst bei Gottfried Benn[350] ist nichts zu spüren.

Die Schneise der Distanzierung gegenüber dem 'Lutherwort' verbreiterte sich auch sonst. Wie wir sahen, spielte es schon 1979/81 in Gorleben keine Rolle. Überhaupt die öffentliche, erschrocken die Fakten analysierende, aber auch literarisch sich erinnernde Beschäftigung mit den Themen Baum und Wald, wie sie besonders seit Mitte der achtziger Jahre zumal in Deutschland stattgefunden hat[351], auch manchmal als verklärendes Zufluchtnehmen beim Mythischen, kam meistens ohne das 'Lutherwort' aus. Auch dann die beißende und warnende Kritik von Günther Nenning am damit oft verbundenen Irrationalismus der "Öko-Barbaren" und ihrem "faschistoiden Scheiß"[352] erwähnt es erst gar nicht mehr. Aber Uta Ranke-Heinemann nahm es sich noch einmal vor, doch nur, um es mit kräftigen Worten weit von sich zu weisen[353]. Vielleicht ist

---

350 S.o. bei Anm. 49.

351 S. o. S. 88 ff.; zu erwähnen ist noch die spätere Artikelserie in Die Zeit: "Mein Wald" (ab 1992) sowie die Sendefolge im ZDF: "Von Bäumen und Menschen" (1992/93).

352 Günther *Nenning*: Ich bin der Wald. In: Die Zeit Nr. 24, 11. Juni 1993, auch in: *ders.*: Auf den Klippen des Chaos. Hamburg 1993, S. (212-220) 216.

353 Ein denkwürdiges Gespräch am Küchentisch *Ranke-Heinemanns* überliefert eine Portrait-Reportage in: Westdeutsche Allgemeine Zeitung Nr. 232, 5. Oktober 1985: "'Wenn die Erde sich retten will, dann muß sie sich vor den Menschen retten!' setzt Edmund Ranke düster an, aber das wischt sie beiseite: 'Auf meinen Mann dürfen Sie gar nicht hören!' Andererseits, sagt sie, findet sie den Satz: Wenn morgen die Welt unterginge, würde ich heute noch ein Apfelbäumchen pflanzen, total doof; und das Ehepaar Ranke streitet ein bißchen, ob es nun ein Bäumchen pflanzen würde oder nicht: 'Ich doch nicht!' sagt sie wild, 'ich will doch was auf die Beine stellen, und das Bäumchen bleibt doch nicht auf den Beinen!' Schließlich einigen sie sich darauf, daß Uta Ranke-

auch bezeichnend, daß das "Loccumer Brevier", ein reichhaltiges neues Florilegium meditativer Texte, darunter eine größere Gruppe zum Motivbereich Baum, um das einst vom Abt Hanns Lilje ja doch so hoch geschätzte vermeintliche Lutherzitat nun einen Bogen macht[354].

Allerdings, im Bereich des Privaten, des Alltäglichen, sogar gelegentlich im darauf bezogenen Showbusineß hörte und las man das Wort erst einmal weiter. Das Frankfurter Kirchentagslied von Apfelbaum und Hoffnungstraum (1987) verschwand zwar wieder aus den Liederbüchern der folgenden Kirchentage, aber der beliebte Sänger und Unterhalter Reinhard Mey kam mit einem "Album" heraus: "Mein Apfelbäumchen", vorgestellt auch in einer gleichnamigen ARD-Fernsehsendung vom 28. Oktober 1989[355]. Sie enthielt Lieder, Gedichte und Improvisiertes zum Thema "Kinder" und dem Abenteuer des Lebens mit ihnen. Am Schluß sagte Mey über die Zweifel, ob man als Vater immer alles richtig mache: "... ich versuche wenigstens, es mit Liebe so gut wie möglich falsch zu machen. Und dann finde ich Unterstützung in dem Ausspruch, den man Martin Luther zuschreibt: ...". Damit war also die Sendung eingerahmt, welche mit dem Titellied begann. Mey sang darin, sein Kind anredend, von den Widersprüchen der bedrohlichen Weltlage, in die es heute hineingeboren werde, und in der Schlußstrophe dann:

Heinemann, wenn sie wüßte, daß morgen die Welt unterginge, was an die Nerven kriegen würde..."

354 *Loccumer Brevier*. Hg. Loccumer Arbeitskreis für Meditation. 3. Aufl. München 1993, S. 190-203. Daß mangelnde Eignung oder Verbürgtheit nicht die alleinigen Gründe für das Fehlen sind, kann man beim Vergleich der sonstigen Texte vermuten.

355 Reinhard *Mey*: Mein Apfelbäumchen. CD bei INT intercord 896-004. - Die Sendung selber mit den hier noch zitierten Bemerkungen wurde privat mitgeschnitten.

Du bist ein Licht in ungewisser Zeit,
Ein Ausweg aus der Ausweglosigkeit,
...
Es sind in einer Welt, die ziel- und ratlos bleibt,
Die Kinder doch die einz'ge Hoffnung, die uns bleibt!

Kehrreim:

Wenn alle Hoffnungen verdorr'n,
Mit dir beginn' ich ganz von vorn,
Und Unerreichbares erreichen, ja, ich kann's!
Du bist das Apfelbäumchen, das ich pflanz'!

Großer Beifall quittierte solche Ermutigung. Gesendet wenige Tage vor dem Fall der Mauer, fiel die Wirkung der Einspielung dann zusammen mit einem weltgeschichtlichen Aufatmen. Und es dauerte nicht lange, bis in der Presse Anzeigen über die Geburt eines oder "unser[es] 4. Apfelbäumchen[s]" erschienen, mit Bezug auf Reinhard Mey und unser Diktum[356]. Also nunmehr nicht nur auf Todesanzeigen begegnet man - nach wie vor gelegentlich - dem Apfelbäumchenwort, auch bei Geburten von Kindern hat es sich ein wenig etabliert[357]. Kinder zu bekommen, gilt bei

356 Zwei Beispiele fand ich zufällig in der Westd. Allg. Zeitg. (Ausg. Bochum, 4. Jan. und 19. Juni 1990), sicherlich ist mit weiteren zu rechnen, auch in anderen Zeitungen; noch vom 19. Aug. 1993 erhielt ich eine sinnige einschlägige Anzeige eines norddeutschen Elternpaares aus Afrika.

357 Auch das weiterhin gefragte Gedicht von Manfred *Siebald* (s. o. Anm. 334) wird nun im Karten-Angebot 1993/94 des Kawohl Verlages/Wesel mit Ausdrucken für "Geburtstag" und sogar auch für "Hochzeit" geführt. - Übrigens auch ein neues, sonst recht brauchbares Lutherbuch deutet "die Ehe mit Käthe als das Apfelbäumchen, das Luther inmitten einer untergehenden Welt gepflanzt hat" (Albrecht *Beutel*: Martin Luther. München 1991 = Beck'sche Reihe 621, S. 100). Weniger sachkundige Leser könnten meinen, das hier angedeutete Diktum stamme auch von Luther. Doch das moderne Stich-

manchen geradezu als demonstrative Symbolhandlung, die allerdings verschieden deutbar ist. Wenn das Apfelbäumchenwort direkt oder indirekt dabei herangezogen wird, läßt sich schwer ausmachen, ob man damit überwiegend noch in der mächtigen 'Hoffnungswort'-Tradition steht oder eher auf alte oder ganz neue Weise ein 'Treuewort' im Sinn hat. Nicht alle wollen bei einem Säugling, gar wenn er "die einzige Hoffnung, die uns bleibt", sein soll, es mit sämtlichen Weltproblemen aufnehmen, die ja mit den politischen Umwälzungen nicht einfach verschwunden sind, im Gegenteil. Eine stärkere Privatisierung des Apfelbäumchenwortes scheint mir jedenfalls in der letzten Zeit unübersehbar zu sein. Wer es zustimmend gebraucht, blickt häufig vor allem auf seinen eigenen Lebenskreis[358].

---

wort "Apfelbäumchen" hat auch Konnotationen, die der Stimmungslage und den Absichten Luthers vom Juni 1525 nicht entsprechen. Er wollte gerade nichts Besonderes signalisieren, kein Hoffnungszeichen setzen, sondern sich nur noch zur Normalität der Gottesordnung bekennen, gegen deren Verächter (s. Heinrich *Bornkamm*: Martin Luther in der Mitte seines Lebens. Göttingen 1979, S. 354 ff.).

358 So auch der Bezug in der in vielen Zeitungen am 14. Jan. 1993 erschienenen Todesanzeige nach dem spektakulären Brand der alten Thyssen-Villa in Mülheim-Uhlenhorst am 11. Jan. 1993; noch deutlicher in einer anderen Anzeige mit der mir so bislang wohl noch nicht begegneten Formulierung: "Und wenn ich wüßte, daß ich morgen sterben muß, ..." (Frankf. Allg. Zeitg. Nr. 240, 4. Okt. 1993). In beiden Fällen fehlt, wie häufig jetzt, ein Hinweis auf Luther. Eine nur sachliche, individualeschatologische Teilparallele fand sich einmal in: Günther *Klempnauer*: Wenn ich nur noch einen Tag zu leben hätte. Aussagen von Jugendlichen gesammelt und ausgewertet. Stuttgart u. Berlin 1977, S. 198, hier allerdings durch die Frage veranlaßt und dann auch eingebettet in viele andere Vorsätze des Schülers für den letzten Tag, alles aber zugunsten anderer Menschen. - Übrigens, von Emanuel *Swedenborg* ist ein charakteristisch anderer Aus-

Aber gerade in diesem Bereich des Privaten und Privatesten gerät heute das Apfelbäumchenwort gelegentlich auch an seine Grenze, ja an einen möglichen Endpunkt seiner Verwendbarkeit. Das sich aufdrängende Negativum, welches in seiner ersten Hälfte ausgesprochen ist, wird übermächtig. Dagegen verliert der bislang oftmals als einzig wichtiger Gedanke oder Gestus erschienene freundliche Hauptsatz vom Pflanzen des Bäumchens zusehends seine Nachvollziehbarkeit. Als öffentliche Verheißung ist er für viele fade geworden. Höchstens als indirektes Warnsignal oder als persönliche Hilfe lebt er für sie noch weiter. Zivilreligiös hatte das Apfelbäumchen ja wohl eine gewisse politische Nachblüte erlebt, freilich im Vergleich zu den fünfziger Jahren mehr in den Gärtchen Opponierender, aber nun ist es auch da plötzlich welk geworden. Allein in den Ecken privater Frömmigkeit oder Weltanschauung scheint es noch einigermaßen ungestört zu gedeihen[359]. Aber selbst da nicht überall, wie etwa in dem berühmtgewordenen Tagebuch des dem Krebstod entgegengehenden Schweizer Juristen und Schriftstellers Peter Noll, wo es unter dem 28. Januar 1982 heißt:

> "Wenn ein Krebskranker im Endstadium sich noch alle Zähne schön polieren lässt oder sich das Rauchen abge-

---

spruch solcher Art überliefert. Als 81jähriger, vor der Abreise aus Amsterdam (24. April 1769), sagte er zu dem bewegten Johann Christian *Cuno*: "Glauben Sie mir, wenn ich wüßte, dass Gott mich morgen von der Welt zu sich holen wollte, möchte ich noch heute die Musikanten zu mir rufen lassen und mich zu guter Letzt noch einmal recht lustig in dieser Welt machen." Nach August *Scheler*: Aufzeichnungen eines Amsterdamer Bürgers über Swedenborg. Nebst Nachrichten über den Verfasser (Joh. Christ. Cuno). Hannover 1858, S. 155. - Man sieht, die Redefigur "morgen-heute" ist also keine Besonderheit der Schwabenväter gewesen.

359 Vgl. auch Hellmuth *Benesch* (s. o. bei Anm. 4).

wöhnt, so ist das genauso unsinnig oder tiefsinnig wie der Ausspruch von Luther: Selbst wenn ich wüsste, dass morgen die Welt unterginge, würde ich heute noch ein Apfelbäumchen pflanzen. Nur einer, der weiss, dass die Welt morgen *nicht* untergeht, oder nicht weiss, dass sie untergeht, kann so etwas sagen"[360].

Wie klarsichtig. Wie nüchtern, die Nebelvorhänge zerreißend. Wie nahe auch an Luther, obwohl Noll diesen noch für den Urheber des für ihn unsinnigen Ausspruchs hielt. Nicht daß er genau dessen Glauben teilte. Sein Erbe protestantischer Tradition verband der Bibelleser mit philosophischer Skepsis, bestand aber gerade als vom Kritischen Rationalismus Geschulter darauf, die beiden zwingendsten Vorstellungen des Denkens, den Tod und Gott, nicht zu verdrängen[361]. Was er jedoch an dem Diktum und wohl auch seinem Gebrauch bemerkt hatte und aufspießte, war das bloß demonstrative Ignorieren der Situation, die Selbsttäuschung mit einem tiefsinnigen Hoffnungswort oder einer stolzen, aber unsinnigen Handlung. Wohlgemerkt, er redete nicht der panischen Kapitulation das Wort, im Gegenteil, das ganze Buch zeugt von einem wachen, wohlbedachten, sorgfältig das Haus bestellenden und dabei ungemein menschen-, natur- und erlebnisoffenen Ausschreiten des verbliebenen Weges. Aber in vieler Hinsicht ähnelt diese Einstellung[362] mehr der nüchternen endzeitlichen Treue in der Gespanntheit gegenüber dem 'Ganz Anderen' als einem illusionären Nichtakzeptieren, das sich in häufig nur noch demonstrativer Hoffnungs-

360 Peter *Noll*: Diktate über Sterben & Tod mit Totenrede von Max Frisch. Zürich 1984, S. 66 ff.

361 AaO S. 33. 64 f.

362 "Die unwissenschaftliche Mischung zwischen transzendentaler Spekulation, Ewigkeitssucht und zeitlich konkretem moralischem Anspruch gefällt mir besonders an der Theologie" (AaO S. 162, 27. März 1982).

symbolik ausdrückt. Zwar kommen, wie Noll sah, die wenigsten ohne Selbstbetrug aus, doch für sein Teil mochte er das nicht. So wandte der Abschiednehmende sich auch kritisch gegen den "Lebenszwang", gegen die "Eigengesetzlichkeit" medizinischer Lebenserhaltung:

> "Ich möchte ja nicht die Unbeholfenen ohne Hilfe lassen und die Schwachen ohne Schutz, sondern nur: da es den Tod gibt, soll man seinen Umgang pflegen und nicht meinen, das Leben könne ihn beseitigen."[363]

Ein diese fundamentale Illusion nährender Gebrauch des 'Lutherwortes', von der wir schon manche Beispiele kennengelernt haben, läßt bei einen kritischen Geist, der an seine persönliche Grenze geführt ist, die Akzeptanz schwinden.

Solches und anderes Distanznehmen von dem Apfelbäumchenwort ist heute nicht ungewöhnlich, wenngleich die Beispiele nicht zu sehr verallgemeinert werden dürfen. Fiel doch gerade in die zweite Hälfte der achtziger Jahre noch einmal ein besonders wirksamer Schub der Erinnerung und Befestigung des Diktums, nämlich durch den 1985 zuerst erschienenen Langzeit-Bestseller Hoimar von Ditfurths: "So laßt uns denn ein Apfelbäumchen pflanzen. Es ist soweit."[364] In solcher Zuspitzung und durch die ungeheure Verbreitung des Buches erhielt das Apfelbäumchenwort große Eindringlichkeit und mit dem noch weit bekannteren Titel eine neue Sprichwörtlichkeit. Es kam dahin, daß ein

---

363 AaO S. 160, 22. März 1982. Woran sich *Noll* hier stößt, ist im Grunde wohl auch das idealistische "Kerngeheimnis" einer "Einheit von Leben und Tod zugunsten des Lebens", welche Albrecht *Peters* (Die Herausforderungen christlicher Gotteserkenntnis in der Gegenwart. In: Wer ist das - Gott? Hg. v. Helmut Burkhardt. Gießen 1982, S. [5-27] 15) als Faszinans vieler neuzeitlicher Theologie aufzeigte und auch im Gebrauch des Apfelbäumchenzitates erkannte (S. 17).

364 S. o. Anm. 3.

neues Zitatenlexikon nicht ganz unberechtigt es nun einfach gleich Ditfurth zugeordnet sein läßt[365].

Doch nach jenem Buch ist mit dem Diktum vieles nicht mehr so wie vorher. Schon bei von Ditfurth selber hat sich manches weiterentwickelt[366]. Vergeblich sucht man nun die Grundorientierung an diesseitiger Hoffnung, die den politischen und theologischen Gebrauch des Wortes lange überwiegend bestimmt hatte. Das vermeintliche Lutherwort[367] vom Apfelbäumchen ist für von Ditfurth eben nur der Schlußsatz, nicht aber eine Art "Leitgedanke"[368],

---

365 Johannes *John*: Reclams Zitaten-Lexikon. Durchges. u. erw. Aufl. Stuttgart 1993, S. 28. Erst danach wird auch noch die Lutherzuschreibung und Nichtnachweisbarkeit erwähnt. Dies hält der neue *Duden Band 12* (Zitate und Aussprüche. Mannheim usw. 1993, S. 491) zuerst fest und nennt dann G. *Benn* und H. *von Ditfurth*.

366 An dem früheren Buch *von Ditfurths*: Wir sind nicht nur von dieser Welt. Hamburg 1981 hatte Peter *Noll* (s. Anm. 360, S. 152 ff.) noch schönfärberischen Optimismus kritisiert, dazu auch Scheu vor der Nennung des Namens Gottes.

367 Die Luther-Herkunft wird im Text bei *von Ditfurth* vorbehaltlos behauptet (s. Anm. 3, S. 367). Nur vorne gegenüber dem Titelblatt der Leinenausgabe hat man das Zitat (in etwas anderer Textfassung) mit der Unterschrift "Martin Luther zugeschrieben" abgedruckt. Das blieb aber bei den Taschenbuchdrucken weg. Hier sieht man noch einmal die Nähe von "Zuschreibung" und unerlaubter Behauptung der Authentizität. Ganz anders als bei Formeln wie "angeblich von ..." kann das "zugeschrieben" oder gar die Rede von einem "Ausspruch, den man Martin Luther zuschreibt" (s. o. S. 224, Anm. 355) geradezu einen Expertenkonsens suggerieren.

368 So freilich Hans *Steuernagel*: Rez. in: Luth. Monatshefte 28. 1989, S. 231. - Günter *Altner* (Rez. in: Bild der Wissenschaft 1986, S. 113 f., Zit. S. 114) möchte "Ditfurth wohl so interpretieren, daß er hier gegenüber allen vergeblichen Ausweich-Strategien zu beharrlichen Schritten der Lebensbewahrung auffordert. Aber das bleibt unausgeführt." Eben.

durch den das Buch vielleicht doch noch irgendwie, und sei es als Herausforderung der Christen, mit "Bewahrung der Schöpfung" vor ihrem Untergang, also gegen das Ende an, zu tun hätte. Es umschreibt vielmehr allein die "Zuversicht" dessen, der begriffen hat, daß das Menschheitsende heute "mit völliger Gewißheit"[369] bevorsteht, aber dennoch "nicht das Nichts bedeutet"[370]. Wenn also das Ditfurthsche Buch einen inneren Leitgedanken hat, dann den, der es sogar ausdrücklich einrahmt und der zutreffender mit Luther formuliert ist, nämlich das "Stoßgebet": "Komm, lieber jüngster Tag", welches am Schluß des Buches eben nicht mehr - wie anfangs noch - "befremdlich anmutet"[371], sondern nun verstanden werden kann, wenn der illusionslose Anblick des bevorstehenden Endes "uns die Einsicht erschließt in die Wahrheit und den Sinn unserer Existenz"[372]. Ein geistiger Heilungsprozeß könnte noch in Gang gesetzt werden. Die mit der Einstellung auf das

---

369 *Von Ditfurth* (s. Anm. 3), S. 17. - Entsprechend dem ganzen Inhalt seines Buches und trotz der abgewogenen Freundlichkeiten von S. 366 pflichtet er vorbehaltlos - ohne freilich dessen moralischen Bewertungsmaßstab zu übernehmen - Ulrich *Horstmanns* (Das Untier. Wien 1983) "zentrale[r] Feststellung" bei, wir Heutigen seien "die Generation, die den Untergang der Art erleben und herbeiführen wird" (*von Ditfurth* aa0 S. 324 f.).

370 Aa0 S. 367. Er hält nachdrücklich an einem "transzendenten Fundament" der Welt (S. 360) fest und an dem, was philosophisch die "Lehre von der Unzerstörbarkeit unseres wahren Wesens durch den Tod" (*Schopenhauer*) will (S. 359), aber eben auch *Luther* mit seiner Herbeiwünschung des Jüngsten Tages und mit seiner durchaus unanschaulichen (S. 361, die dritte wichtige Bezugnahme auf Luther!) Gewißheit des "ewigen Leben[s]".

371 AaO S. 16. Zur Überlieferungsproblematik, aber auch Luthergemäßheit des Stoßgebets s. o. Anm. 13.

372 Aa0 S. 367, auch zum folgenden.

Jenseits verbundene Zuversicht ist jetzt zu fassen. Für diese "einzige Aufgabe" ist es nun - noch - Zeit, auch wenn der point of no return des Artentodes schon überschritten ist: Es ist soweit! Das und nichts anderes ist mit der Aufforderung, ein Apfelbäumchen zu pflanzen, bei von Ditfurth gemeint.

Man kann natürlich bemängeln, daß zwischen seiner philosophischen Geprägtheit und Luthers Eschatologie, speziell dessen Erwartung des Kommenden von außen, sich einige Unterschiede auftun[373]. Wichtiger erscheint mir aber für unseren Zusammenhang die Feststellung, daß mit von Ditfurth die Karriere des Apfelbäumchenwortes als Hoffnungsparole im Sinne einer Verheißung längerer diesseitiger Zukunft erst einmal beendet ist. Ditfurth schließt zwar theoretisch nicht ganz aus, daß der Schrecken noch eine Umkehr bewirken könnte, doch meint er eine geistige, deren physische Folgen aller Wahrscheinlichkeit nach zu spät kommen. Er will niemandem die Hoffnung nehmen, aber ihre Enttäuschung durch zuversichtliche Annahme unserer Rolle zwischen Geburt und Tod auffangen[374].

---

373 Günter *Altner* (s. Anm. 368) weist darauf hin, vernachlässigt aber die durchaus dazugehörigen apokalyptischen Natur- und Geschichtsdeutungen bei Luther.

374 Noch deutlicher einem innerweltlichen Utopismus abschwörend und vielleicht auch auf noch etwas mehr zeitlichen Spielraum setzend urteilt Hermann *Lübbe*: "Ich fasse das Plädoyer für den relativen politischen und kulturellen Vorzug der Vorstellungen drohenden Schreckens vor der Herrschaft von Heilsutopien zusammen: Erstens gewähren Schreckensvorstellungen, so lange wir noch sind, also noch nicht untergegangen sind, das Glück gegenwärtiger Erfahrung ihres Ausgebliebenseins; wir bleiben fähig, uns im Vorläufigen einzurichten - nach dem Muster des immer wieder irrtümlich Luther zugeschriebenen Satzes von der Fälligkeit, das Apfelbäumchen zu pflanzen - unbeschadet der bereits von fern

So hat die nochmalige große Publizität des Apfelbäumchenwortes durch von Ditfurth etwas Zweischneidiges an sich. Unter denen, die sich - zumal mündlich - dazu äußerten, gab es solche, die gutwillig praxisorientiert nicht genau hinsahen. Für sie blieb es bei ihrem gewohnten Verständnis von "Luthers hoffnungstheologischem Motto" oder "Luthers wohlbekanntem Prinzip". Der Ditfurthsche Buchtitel war ihnen nur Bestätigung ihres langfristig und immanent zukunftsorientierten Zitierens. Andere haben das Buch besser gelesen, konnten aber den philosophischen und gegenüber dem Religiösen offenen Wertungen nicht folgen. Den Ernst der Analyse erkannten sie, stimmten ihr zu oder lehnten sie ab, im Effekt aber mit der gleichen Folge für unser Diktum: Es ist unter der Hand jetzt zu einer Art allgemeinem Schlußwort geworden, ob man es nun akzeptiert oder nicht, und das Pflanzen des Apfelbäumchens zu einem Zeichen des Endes. Etwas, was man tut, wenn nichts mehr zu retten ist[375]. Öfters hört man jetzt sagen: "Da bleibt nur noch das Apfelbäumchen zu pflanzen!" Vergleichbar etwa einem dahingesagten "Da hilft nur noch beten" im Munde eines Atheisten, für den etwas aus ist.

---

her vernehmbaren Posaunen des jüngsten Gerichts; wir bilden schliesslich Widerstände aus gegen die Verheissung ideologischer Heilspropheten und konzentrieren uns auf Lageverbesserungen -: Wohlfahrt, Interessenausgleich und damit innere und äussere Sicherheit." (Die Schreckensutopien. Rückblick auf das Orwell-Jahr. In: Schweizer Monatshefte 66. 1986, S. 1043-1054, Zit. 1049 f.).

375 So in einer Buchbesprechung (zu Hans *Küng*: Projekt Weltethos. München 1990): "Die Welt läßt sich nicht in einem Freisemester retten (...) Wenn Küngs vier Hauptsätze schlüssig sind, sollten wir mit dem Pflanzen von Apfelbäumchen beginnen. Eine Welt, der das Heil von dieser theologischen Grundlagenforschung kommen soll, ist verloren." (Patrick *Bahners*: Der Vertreter des Herrn. Frankf. Allg. Zeitung Nr. 265, 13. Nov. 1990).

Und das "Es ist soweit" erinnert an das Tuscheln, das früher mancherorts den Pastor im schwarzen Rock begleitete, wenn er auf ein Haus zuging: "Ist es schon soweit?"

Das 'Lutherwort' als Todesbote also, das Apfelbäumchen darum indirekt als Symbol des Endes, der Resignation, nicht mehr der Hoffnung - so wird es in der Tat mittlerweile von vielen aufgefaßt. Und es wird auch manchmal schon - von verbliebenen Optimisten - eben deswegen abgelehnt. So richtet sich gegen von Ditfurths Fazit ein 1993 im selben Verlag erschienenes Buch von Wolfgang Pahl: "Umdenken statt Apfelbäumchen pflanzen. Plädoyer für ein evolutionäres Weltbild"[376]. Er sieht klare Chancen für die Zukunft:

> "Gewiß ist in unserer Lage Optimismus mühevoller als Resignation, *aber pessimistische Bücher brauchen wir nicht!* (...)
> Sinnloses Aufbegehren liegt mir fern. Solange wir aber Zweifel an der Ausweglosigkeit benennen können - und im vorliegenden Buch wird dieser Zweifel heftig betrieben! -, sollten wir Auswege versuchen, nicht aber Obst anpflanzen, das niemand mehr ernten wird."[377]

So überlegen und mit leichtem Spott kann Pahl sich äußern, weil er sich im Gefolge "ganzheitlicher Denker" wie z.B. Fritjof Capra und als Vertreter eines "harmonisierenden Weltbildes" weiß, das ein auf Naturwissenschaft, Philosophie und - ostasiatischer, nicht christlicher - Religion begründetes, neues "belastbares Paradigma" als Ausweg in die Zukunft liefern soll[378]. Am Schluß kommt er noch einmal auf unser Diktum:

> "Ebensowenig wie MARTIN LUTHER, wenngleich aus ganz anderen Gründe[n], ängstige ich mich vor einem

376 S. o. Anm. 3.
377 AaO S. 15 f. Hervorhebungen von Pahl.
378 AaO S. 13. 74-86.

Ende; im Gegensatz zu ihm treiben mich Unkenrufe aber nicht zur Gartenarbeit. Also: Vergessen wir die Apfelbäumchen - es gibt wichtigere, hoffnungsvollere und spannendere Aufgaben, die nur dann unlösbar werden, wenn wir vor ihnen kapitulieren!"[379]

Beabsichtigt oder nicht, in der Nähe von New Age wird mit dem Stichwort "Gartenarbeit" Luther zugleich in die Nähe - oder Ecke - des Voltaireschen resignierenden Aufklärers Candide gestellt. Unsinnig ist für Pahl die Rede vom Obstpflanzen aber nicht wegen eines sicheren und nahen Endes - wie für Peter Noll -, sondern weil die Welt-Dilemmata für ihn ja doch lösbar sind, wenn wir uns nur geistig anders orientieren, an seinem ganzheitlichen, ausgeweitet evolutionären Weltbild.

Das 'Lutherwort' wird also auch hier nicht im geringsten mehr als eine Ermutigung zum Handeln gegen das Ende an verstanden, sondern, wie bei von Ditfurth vorgebracht, als definitiv zum Ende selber gehörig. Nur eben: die Vorstellung vom Zugrundegehen in der Nische eines Gartens erübrigt sich für Pahl[380], ja sie verbietet sich, weil der erlösende große Paradigmenwechsel möglich und angesagt sei.

Wer auf solche Gespräche eingehen und theologisch klärend einwirken will, dabei auch mit vielleicht besseren Gründen gegen eine grob apokalyptische Panikmache argumentieren möchte, dem dürfte es wenig nützen, das 'Lutherwort' auf andere Weise wieder einzubringen oder,

---

379 AaO S. 365.

380 Daß mit der Metapher des Apfelbäumchenpflanzens bei von Ditfurth die letzte Frist zur Erkenntnis der Sterblichkeit und zum Sicheinstellen auf die Weiterexistenz des Ichs verbunden ist, berührt *Pahl* nicht, vielmehr: "Ewiges Leben lähmte die Evolution"; er glaubt an so etwas Eigenartiges wie Wiedergeburt im "unpersönlichen Sinne" und ahnt die ewige Wiederkehr mit "kosmischem 'Recycling'" (aa0 S. 372 f.).

wenn er denn wollte, es dadurch aus der Schußlinie zu nehmen, daß er es flugs entapokalyptisierend umfrisiert, so als wolle 'Luther' damit nur oder vor allem sagen, man könne über eine Nähe des Endes ja auch gar nichts wissen[381]. Luther wäre das ganz fremd, aber auch das moderne PsLutherwort hat solche Aussagespitze in der Regel nicht bei sich.

Aber alle jene Äußerungen für und wider das Apfelbäumchenwort zumal im Bannkreis weltbildorientierten Philosophierens und Suchens nach neuen religiösen Impulsen sind trotz aller universalen Perspektiven doch nur etwas Partielles im gegenwärtigen intellektuellen Diskurs. Hier sind stattdessen z.B. Soziologen längst von der Diskussion der "Risikogesellschaft" zu der einer "Gesellschaft des Verschwindens" übergegangen[382]. Und es kursiert der philosophische Essay von Gregory Fuller: "Das Ende. Von der

---

381 Hermann *Timm*: Vom Ozonloch gefordert. In: Ev. Kommentare 23. 1990, S. 37-39, als Beleg für das "heilige[n] Nichtwissen": "Luther soll (...) vom Apfelbäumchen gesprochen haben, das er noch heute abend pflanzen würde, wenn er wüßte, was er nicht wissen könne[!]: daß morgen früh die Welt untergeht." (S. 39). Nun, über Sinn und Grenze von Geschichte deutenden Glaubensaussagen kann und muß man wohl streiten, nicht aber darüber, daß Luther - abgesehen von dem Memento des "ihr wisset weder Tag noch Stunde" gegen Übereifrige - selbst durchgehend von einer auch sehr natur- und geschichtsbezogenen Naherwartung geprägt war. - Ähnlich großzügig übrigens baut *Timm* auf dem - so ja ebenfalls unhistorischen (s. o. Anm. 12) -: "Hier stehe ich, ich kann nicht anders" vom Reichstag zu Worms - nicht Speyer! - 1521 gewagte Sätze auf, bis hin zu dem an Walter *Flex* erinnernden, aber alles andere als reformatorischen: "Hilf dir selbst, so hilft dir Gott zur christenmenschlichen Doppelstellung ..." (Christentum im Angebot. In: Luth. Monatshefte 32. 1993, S. 22-25, Zit. 25).

382 Ulrich *Beck*: Risikogesellschaft. Auf dem Weg in eine andere Moderne. Frankfurt 1986; Stefan *Breuer*: Die Gesellschaft des

heiteren Hoffnungslosigkeit im Angesicht der ökologischen Katastrophe"[383]. Für ihn steht das baldige Menschheitsende ganz fest, denn der erforderliche "Super-Paradigmenwechsel hat sich als objektiv unmöglich erwiesen".[384] Es geht jetzt um das Sterbenlernen der Gattung, ohne Blasiertsein, ohne Misanthrophie (Horstmann) und ohne die Pose des mit der "Vernunftfiktion" doch scheiternden Spätaufklärers (Habermas)[385]. Verantwortungsethik (Jonas) ist sympathisch, aber die Wirklichkeit richtet sich nicht danach, Hoffnung (Bloch) bleibt menschliche Grundbefindlichkeit, aber sie macht den Endkampf nur verzweifelter, stattdessen gilt:

> "Nun naht die Zeit, wo wir der Hoffnung entsagen, damit unsere Seelen Frieden finden. Die Endzeit bricht an."[386]

Es geht nun um das "Prinzip Akzeptanz", "eine Art Ataraxie der Postmoderne", eine "heitere Hoffnungslosigkeit (...) aus begründeter Einsicht", was moralisch-ökologische Aktionen nicht ausschließt, heldenhaft scheiternd, "hemingwaygleich. Greenpeace und Robin Wood: die wahren Heiligen der letzten Tage." Man kann sich noch "für ein Weiterleben dieser Spezies auf Zeit einsetzen"[387], auch an sich selbst, die eigenen Kinder und vielleicht noch an die nächste Generation denken; dabei geht es vor allem um Würde:

> "Man akzeptiere den Untergang, doch man bestehe vor sich selbst, indem man alles tut, um Natur und Mensch zu retten. Es gibt nicht mehr viel zu erledigen. Die großen

---

Verschwindens. Von der Selbstzerstörung der technischen Zivilisation. Hamburg 1992.

383 [Zürich] 1993.

384 AaO S. 122, vgl. 70 f.

385 AaO S. 94 f. 11. 30.

386 AaO S. 101 ff. (Zit. 102).

387 AaO S. 97. 121. 123.

> Dinge sind getan. Die Rettung des kleinen Feuchtbiotops, die Abwehr einer geplanten Autobahn, das Pflanzen eines Baumes - diese Bescheidenheit wird von uns nicht verlangt, sie ergibt sich zwangsläufig, wenn man sich und die Natur achtet."[388]

Da ist es noch einmal, das Baumpflanzen, aber ohne Bezug auf Luther und auch nur als eins unter anderem und ohne einen mobilisierenden Symbolanspruch gegen die Enderwartung an, in alledem ganz ähnlich also wie bei den Schwabenvätern einstmals[389], freilich ohne deren Gewißheit der Ankunft des Heilands und seines Neuanfangs. Man bleibt endgültig auf sich gestellt:

> "Es geht gar nicht mehr um die Natur, es geht lediglich um die nackte Selbstachtung. (...)
> Das Ideal einer intersubjektiven Moral entschwindet auf Nimmerwiedersehen. Es gibt kein Recht mehr. Das Subjekt wird ganz auf sich selbst zurückgeworfen. Allein die individuelle, absurde Restmoral der Selbstachtung erlaubt uns, aus der erstarrten Untätigkeit auszubrechen und zu handeln. Diese armselige Restmoral kann man auch Heldenmoral nennen, da sie widersinnig Minimalakte vollbringt. Ebenso wäre der Begriff Idiotenmoral angebracht. Der in heiterer Gelassenheit handelnde Idiot wird zum Sinnbild einer - kurzlebigen - Zukunft."[390]

b) Der lutherische Lebensmut

Und Luther? Daß bei Gregory Fuller vom Baumpflanzen, aber nicht von Luther und dem Apfelbäumchen die Rede ist, ist verständlich, aber auch bezeichnend. Nicht nur, daß

---

388 AaO S. 124.
389 S. o. S. 125 ff.
390 *Fuller* (s. bei Anm. 383), S. 124-126.

seine Herkunft keine besondere Vertrautheit mit dem ja auch wesentlich deutschen Ausspruch vermuten läßt, er bewegt sich vor allem wie viele heute in einer sehr anderen geistigen Welt. Höchstens etwa die damit manchmal vielleicht verbunden gewesenen Horazischen Assoziationen - des in Trümmern sterbenden Helden[391] - könnten ihn interessieren. Andererseits, bei jemandem wie Wolfgang Pahl, der an Luther auch nicht interessiert ist, aber das Diktum durch von Ditfurth kennt, stößt es von vornherein auf Ablehnung, weil es ja nun auf die Rolle als Zeichen des Endes festgelegt erscheint. Dies und anderes zeigt: die vor nicht allzulanger Zeit nochmals heftige Konjunktur des mit Luther zusammengesehenen Apfelbäumchenwortes sinkt wieder in sich zusammen.

Zwar ist es nicht verschwunden, aber es begegnet nicht mehr besonders häufig. Immer öfter stoße ich jetzt auf Menschen, von denen ich es nicht gedacht hätte, daß sie das Diktum überhaupt nicht kennen. Sicherlich wirkt sich da zugleich allmählich die gewaltig fortgeschrittene allgemeine Luthervergessenheit aus, wozu auch der ökumenische Ansehensverlust des Reformators und die krisenhafte religiöse Selbstentäußerung zumal des lutherischen Protestantismus beiträgt. Wer jemanden namentlich zitiert, sei es historisch berechtigt oder nicht, empfindet ja oder erwartet wenigstens irgendwelchen Anklang, und wenn es nur zur vagen Autoritätsverstärkung durch eine bekannte Gestalt dienen soll. Aber selbst das greift heute bei Luther nicht mehr so gut. Demgegenüber dürfte das verbreiterte Wissen um die Unechtheit des 'Lutherwortes' nur eine vergleichsweise geringe Rolle bei seinem Rückzug spielen. Dergleichen hat die interessierte Zitierfreude ja auch in anderen Fällen selten ernsthaft beeinträchtigt. Wie auch immer, die

391 S. o. S. 173 f.

Abrufbarkeit des PsLuther-Apfelbäumchenwortes ist erheblich zurückgegangen.

Aber seine Freunde hat es noch. Man liest und hört es, mit und ohne Lutherzuschreibung, immer wieder, und zwar mit Beziehung zu eigentlich allen in seiner bisherigen Gebrauchsgeschichte vorgekommenen Verständnisweisen, je nachdem, wie man - für sich allein oder mit anderen - gesinnt ist und die Welt ansieht. Gleichwohl dürfte die Tendenz weg vom Allgemeingültigen, Öffentlichen und Zivilreligiösen hin zum Speziellen, Individuellen und Privaten anhalten. Auch dürfte der Schwerpunkt beim Gebrauch des Diktums jetzt nicht mehr so häufig bei der Artikulation einer Diesseitshoffnung liegen, die von der Annahme ausgeht, daß der point of no return der Gattung Mensch noch nicht verstrichen sei[392]. Noch seltener hört

---

392 So aber noch Friedrich *Schorlemmer*: Unsere Altlasten bleiben Volkseigentum. In: Das Plateau Nr. 17. 1. Juni 1993, S. (4-22) 22: "Aber auch sie [die westliche Welt] bedarf einer Perestroika, einer mittel- und längerfristig überlebensbewahrenden Umkehr. Wenn wir nicht zur Selbstbegrenzung kommen, werden wir bald die kritische Grenze unserer Überlebensfähigkeit - lokal und global - erreichen. Wir sind nicht am Ende der Geschichte, sondern wieder am Anfang. Unsere Unschuld haben wir verloren, und der ganze Planet ist von uns schon so 'berührt' worden, daß er seine Unschuld verloren hat: Unwiederbringlich stirbt täglich ein Teil, unumkehrbar sind viele bedrohliche Folgen unseres Tuns. Genau in dieser Situation gilt das ebenso unverbürgte wie berühmte Lutherwort: 'Und wenn ich wüßte, daß morgen die Welt unterginge, so würde ich noch heute ein Apfelbäumchen pflanzen.' Mein Bäumchen. Heute noch. Gerade ich. Trotzdem. Hier." - Dieses von dem bekanntesten heutigen Wittenberger rhetorisch gekonnt an den Schluß der Rede gesetzte Apfelbäumchenwort in Verbindung mit Wendungen, die deutlich auch an den tradierten 'Wormser' Standhaftigkeitsgestus erinnern müssen, hat wieder etwas auf Zukunft

man es als Ausdruck eines - zwar problembewußten, aber grundsätzlich ungebrochenen - Fortschrittsglaubens weitab von jeder Erwartung eines Endes oder wenigstens in Erwartung eines immerhin davor noch erreichbaren einigermaßen langfristigen Glückszustandes. Immer häufiger begegneten wir solchen Mitmenschen, die gänzlich fatalistisch gestimmt sind und dies höchstens durch Äußerungen eines wütenden oder stilleren Trotzes nur noch bestätigen, wobei sie dann auch einmal zu seinem solchen Diktum greifen können. So etwas weist auf einen möglicherweise ja auch von tragischer Zeit- und Lebensauffassung mitbestimmten Charakter des 'Lutherwortes' in seiner Frühzeit zurück[393].

Die meisten von denen aber, die jetzt das Apfelbäumchenwort als von Luther stammend oder zu ihm passend noch zustimmend zitieren, tun das in einer besonnenen, eher zurückgenommenen Weise. Es geht für sie vor allem um etwas Persönliches, das, was man mit dem Stichwort "Lebensmut" bezeichnen könnte, eine positive Einstellungsprägung, die nicht unverantwortlich sein will, aber einigermaßen unabhängig ist von diesen oder jenen Zukunftsperspektiven. Beispiele dafür gibt es erst einmal da, wo, wie auch früher schon gelegentlich, eine bestimmte menschliche Charakteranlage im Blick ist. So las man 1982 einmal auf einer Todesanzeige[394] den Sinnspruch, nun in einer weiteren der vielen Formulierungsversionen:

---

gerichtet Konfessorisches an sich, wie es uns etwa in den fünfziger Jahren begegnete. Vielleicht zeigt sich darin und im Kontext auch noch etwas vom späteren Hoffnungsdenken, ein nicht nur für diesen Autor wichtiger Inhalt des Reformatorischen, wie man es verstehen zu können glaubt, und der eigenen Präferenzen bei der Identifikation damit.

393 S. o. S. 174.

394 Frankfurter Rundschau Nr. 117, 22. Mai 1982.

"Und selbst wenn ich wüßte,
daß die Welt morgen unterginge,
ich würde doch heute noch
einen jungen Apfelbaum pflanzen.
Martin Luther"

und darunter über den Verstorbenen: Er

"gab uns mit seiner lebensbejahenden, glücklichen Art, mit größtem Lebensmut gerade in seinen schweren Zeiten, mit seiner Zuversicht und Liebe viel Halt."

In ähnlichem Sinne begegnet das Wort - zehn Jahre später - auch da, wo man nicht nur auf die Bewältigung schwerer Zeiten zurückblickt, sondern die Einsicht in die Unvermeidlichkeit des globalen Menschheitsendes voraussetzt. Herbert Gruhl, einer der tapfersten und achtenswertesten Vertreter der deutschen Ökologiebewegung, der lange mit warnenden Büchern und mit selbstlosem politischem Engagement aus dem Geiste einer Ethik der Verantwortung wirkte, war zum Schluß, wie er es in einem Interview ein Jahr vor seinem Tode ausdrückte, der Meinung, es gehe nun nur noch darum, "so viel Umstellung zu erreichen, daß die Frist menschlichen Lebens auf diesem Planeten noch etwas verlängert wird." Gefragt auch noch nach dem persönlichen Bereich, und ob so das Leben denn noch lebenswert sei, antwortete er:

"Ich habe meinen Lebensmut nicht verloren, wie ja meine intensive Tätigkeit beweist. Ich lebe so, als würde die Erde ewig weiterbestehen. Mir fällt da das wohl weiterhin unverbürgte Lutherwort mit dem Apfelbäumchen ein. Ich pflanze noch jedes Jahr ein paar Bäumchen ohne Rücksicht darauf, was daraus werden wird. Und meine Kinder leben auch mit großem Lebensmut, obwohl sie meine Meinung teilen. Vielleicht sind wir eine Familie, die sehr viel verträgt und sehr viel durchhalten kann. Ich will ja auch

> anderen Menschen den Lebensmut nicht nehmen, aber (...) Ich will mir und den anderen nichts vormachen (...)[395].

Ist dies nun also der in der Überschrift dieses Abschnittes als lutherisch bezeichnete Lebensmut? Wohl weniger, wenn es nur auf Charakteranlagen oder familiäre Belastbarkeit hinausliefe, obwohl auch dergleichen immerhin zu den guten Schöpfungsgaben des Katechismus gehört. Überdies läßt sich schwer sagen, inwieweit hier kirchliche Einstellungs-Traditionen aus der Oberlausitzer Bauernherkunft nachwirken[396]. So, wie das Diktum hier gebraucht wird, wäre es ebenso als ganz religionslose Maxime verstehbar. Allerdings hält es sich bemerkenswert fern nicht nur von jeglichem Spiel mit optimistischem Progressismus, sondern auch vom bloß zynisch pathetischen Verzieren eines katastrophensüchtigen Anthropofugalismus[397].

Doch das Stichwort "Lebensmut" im Zusammenhang mit dem Apfelbäumchenwort kommt auch theologisch und mit deutlicher Luther-Nähe vor. Es dient bei Oswald Bayer z.B. zur Unterscheidung der christlichen Sicht des ethischen Fortschreitens von der eines "metaphysischen" Fortschrittsgedankens in der Neuzeit, teilweise auch des pietistischen:

> "Luthers eigentümlicher Lebensmut - jenseits von Optimismus und Pessimismus -, wie er in der Taufe begründet ist, kommt in dem zwar nicht von ihm selbst stammenden, aber sein Verständnis durchaus treffenden Spruch zum Aus-

---

395 "Eine Umkehr ist nicht mehr möglich". Gespräch mit dem Ökologen Herbert *Gruhl*. In: Luth. Monatshefte 31. 1992, S. (306-309) 309.

396 Dazu *Gruhls* Erinnerungen: Überleben ist alles. München u. Berlin 1987, S. 39 f., vgl. 122 f.

397 Neben U. *Horstmann* (s. o. Anm. 369) wäre da auch Rigo *Baladur* (Gründe, warum es uns nicht geben darf. Essen 1991) zu nennen.

> druck: 'Wenn morgen die Welt unterginge, pflanzte ich heute noch ein Apfelbäumchen!'"[398]

Der Ausspruch steht damit zugleich für die Überwindung von geschichtsphilosophischer Ungeduld und Anmaßung, wie Bayer auch an anderen Stellen das Apfelbäumchenwort als Ausdruck von Luthers "eigentümliche[m] Lebensmut - jenseits von Optimismus und Pessimismus -" ausdeutet:

> "In dieser Verschränkung von Schöpfungsglauben und Hoffnung auf den Untergang der Welt als auf den endgültigen Sieg der Gnade [Hinweis auf Didache 10,6] werden Fragmente nicht gerundet, Verwerfungen nicht als notwendig begriffen, Widriges nicht als letztlich sinnvoll betrachtet. Schuld und Vergebung sind nicht weltimmanent verknüpft; Kontinuität wird allein von der Treue dessen erwartet, der das Werk seiner Hände nicht fahren läßt. Man ist dann dem Zwang entnommen, über sich und andere letzte Urteile zu sprechen oder die Weltgeschichte als das Weltgericht zu denken."[399]

Ähnlich verfuhr Inge Lønning in seinem Eröffnungsvortrag zum Gesamtthema des VII. Internationalen Kongresses für Lutherforschung in Oslo am 14. August 1988, wo es am Schluß hieß:

> "Die apokryphe Aussage vom Pflanzen eines Apfelbaumes im Garten am vorletzten Tag der Weltgeschichte mag - wie es sonst auch mit der geschichtlichen Herkunft dieser Aussage bestellt sein sollte - in ihrer eindringlichen Einfalt vermutlich am besten als eine Erinnerung an die Fremdheit Luthers und die grundlegende Andersartigkeit seines

---

398 Oswald *Bayer*: Aus Glauben leben. Über Rechtfertigung und Heiligung. Stuttgart 2., überarb. Aufl. 1990, S. 73.

399 O. *Bayer*: Systematische Theologie als Wissenschaft der Geschichte. [1982] In: *Ders.*: Autorität und Kritik. Tübingen 1991, S. (181-200) 199 f.; vgl. dort auch: Die offene Frage der Theodizee, S. (201-207) 206.

Gedankengebäudes aufgefaßt werden. Zwar könnte die Verhaltsweise des Baum pflanzenden Gärtners angesichts des erwarteten Weltendes als paradoxe, vielleicht sogar als eine heroisch-revolutionäre Haltung interpretiert werden. Sehr viel näher liegt jedoch - wenn man hypothetisch die Aussage aus dem Munde Luthers annehmen möchte - die Haltung der Gelassenheit als Interpretationsmöglichkeit. Dann würde das Apfelbäumchen im Luthergarten am Vorabend des Letzten Tages die Treue zur Welt verkünden, die aus der einfältigen Zuversicht zu Gott erwächst. Das Weltende und die Rettung dieser Welt können sowieso nur Sache Gottes sein; unsere Sache ist es, als Geschöpfe Gottes die Welt so lange dankbar auf ihre weitere Zukunft hin zu kultivieren, wie sie uns durch die gnädige Erhaltung Gottes noch anvertraut wird.

Von einer Rettung der Welt kann in dieser Perspektive nur providentia Dei et confusione hominum die Rede sein."[400]

Mit einem letzten Beispiel werden wir zugleich noch einmal an die Monate vor dem Ende des II. Weltkrieges erinnert. In seiner Würdigung des Leipziger Oberbürgermeisters und von den Verschwörern des 20. Juli 1944 als Reichskanzler vorgesehenen Carl Goerdeler beschreibt Uwe Siemon-Netto[401] dessen Verhalten in der Todeszelle als

"eminent lutherisch. Er schmiedete (...) [noch erhaltene] Pläne für eine Zukunft, von der er wußte, daß er sie nie erleben würde. 'Wenn ich wüßte, daß morgen die Welt untergeht, würde ich heute noch ein Apfelbäumchen

---

400 Inge *Lønning*: Verantwortung für die Welt. Luthers Absichten und Wirkungen. In: Lutherjahrbuch 57. 1990, S. (9-17) 17.

401 Uwe *Siemon-Netto*: Luther als Wegbereiter Hitlers? Zur Geschichte eines Vorurteils. M. e. Einf. v. Peter L. Berger. Gütersloh 1993, S. 113. Die Überprüfung - zumal angelsächsischer Kriegsklischees, aber auch lutherischen Verhaltens bis über die Wende in der DDR hinaus - orientiert sich an Franz *Laus* Interpretation von Luthers Zweireichelehre.

> pflanzen': So lautet das heute meistzitierte 'Lutherwort'. Es ist wohl apokryph (...) Aber es ist zutiefst lutherisch, weil es einerseits Luthers endzeitliche Erwartung artikuliert, andererseits aber auch seinen Glauben, daß der Mensch bis zum *eschaton* im Reich der Welt seine Pflicht zu tun hat - in einem Reich, dessen Bürger er ist: Der Volksmund hat mithin Luthers Zweireichelehre auf eine Kurzformel gebracht. Es ist fraglich, ob Goerdeler in den Widerstandsjahren und in seiner Todeszelle auch nur einen Gedanken auf diese Doktrin verschwendet hat; wohl aber hatte er das Ethos, das aus dieser Lehre fließt, internalisiert - und er hat es gelebt."

Solche und ähnliche Interpretationen - alle im Sinne der Katechismuserklärung zum 1. Glaubensartikel: "... und noch [!] erhält" - kommen der Haltung und Auffassung des Reformators zweifellos weit näher als die vieler anderer, welche sich mit unserem Diktum direkt oder indirekt auf ihn berufen wollten. Doch handelt es sich auch hier immer noch um eine Ausdeutung nicht Luthers, sondern Pseudoluthers, allerdings in der Richtung des Lebensmutes auch Luthers, nämlich im Ernstnehmen der ersten Satzhälfte, in der Betonung der Treue und geprägt durch oder offen für eine freudige Ewigkeitserwartung, mit der ja die meisten Benutzer des Wortes sonst wenig anfangen können oder der sie gar widerstreben, so wie vielleicht auch schon PsLuther mit seiner für unser Jahrhundert typischen Gebrochenheit von Traditionsrezeption.

c) Luther gemäß?

Wie man hier und auch sonst sehen kann, bedarf jedenfalls der bloße Wortlaut des Ausspruchs eigentlich immer einer deutenden Begleitung oder eines sonstwie durch die Person des Verwenders oder die Erwartungen der Rezipienten eingebrachten Vorverständnisses, um die Verbindung mit Luthers Naherwartungs-Eschatologie nicht zu verlieren oder erst zu gewinnen. Nach wie vor gilt aber für die Mehrzahl der Fälle jene frühe Beobachtung Theodor Knolles von der bei Luther stärkeren Sehnsucht nach dem Jüngsten Tage[402]. Später hat Oskar Söhngen das und auch den Zusammenhang mit Luthers - in Sachen Rechtfertigung synergismusfreier - Ethik noch pointierter zum Ausdruck gebracht:

> "M. E. widerspricht der Wortlaut [des Diktums] der Lutherschen Glut der Erwartung des Jüngsten Tages, dessen Kommen er mit Macht herbeisehnte. Diese Inbrunst aber lässt keinen Gedanken an ein - das apokalyptische Geschehen praktisch nivellierendes - Tun des Menschen zu."[403]

Das kommt der Sache nahe, wenngleich Luthers Gestimmtheit auch Schwankungen unterlag, wenngleich er mit seinem eigenen Tun meist unbefangen blieb oder er sogar mit seinen Reformvorstellungen auch manchmal vorsichtig etwas weiter ausgreifen konnte[404]. Das rechte christliche Tun - wie das Leiden - in der Liebe kommt für Luther aus dem Christusglauben. Gerade in seiner Befreitheit führt es jedoch kein Eigenleben neben der Parusiehoffnung oder gar demonstrativ gegen sie an[405], und sei es mit einem noch so zarten Symbol. Hier, bei verfälschter Hoffnung, läge die

---

402 S. o. S. 81.

403 Brief v. 3. Aug. 1976.

404 Z.B. in: Eine Predigt, daß man Kinder zur Schule halten solle (1530): "Villeicht, wo die wellt lenger stehet vnd Gott gnade gibt, das die fursten vnd Stedte dazu thun mügen der stifft vnd kloster guter..." (WA 30 II, 551, 3-5).

405 Zum - auch affektuellen - Zusammenhang von Ethik und Naherwartung bei Luther s. Reinhard *Schwarz*: Die Wahrheit der Geschichte im Verständnis der Wittenberger Reformation. In: ZThK 76. 1979, S. 159-190, ferner *Schloemann* (s. Anm. 1), S. 17 ff. und *ders.*: "Sie ist mir lieb, die werte Magd ..." In: Luther 58. 1978, S. 99-114.

Differenz, nicht bei der endzeitlichen Treue im geschöpflichen Nächsten- und Weltdienst. Ist aber das letztere gemeint, dann und nur dann ist man trotz der Zweifelhaftigkeit des Diktums Luther nahe. Dann kann damit in der Tat etwas von seiner Zweireichelehre auf eine Kurzformel gebracht sein.

Doch beim Durchgang durch die Geschichte des Apfelbäumchenwortes ist meistens nur der Kontrast deutlicher geworden, auch im Blick darauf, was alles sich mit seinem Hauptsatz, dem Pflanzentschluß, verbinden konnte, sowie im Blick auf den Vordersatz, wie nämlich das Ende teils einfach verdrängt, teils angestrengt bekämpft und schließlich nur noch hingenommen wird, meist ohne weitere Perspektive, schon gar nicht auf das Offenbarwerden des Reiches Gottes. Jedenfalls versteht man 'Weltuntergang', auch weit bis in christliche Kreise hinein, heute völlig profan.

Die bei unseren Überlegungen immer im Hintergrund präsente Frage, ob das Apfelbäumchenwort 'luthergemäß' sei, muß man also wohl, was den Wortlaut (nicht Sprachanklänge) und den überwiegenden Gebrauch betrifft, allgemein verneinen. Dennoch gilt das nicht für sämtliche Fälle, weil manche, die es benutzen und hören, sich auch noch etwas anderes dabei denken und sich dabei weniger von Luther entfernen als so viele andere in Kirche und Gesellschaft. Es wäre also, um gerecht zu sein, immer wieder Einzelfallanalyse geboten und zu fragen, ob das PsLuther-Wort im jeweiligen Kontext und in der jeweiligen Situation vielleicht doch einigermaßen seinem Namensgeber entsprechend gebraucht und auch verstanden wird. Das ist oft schwer zu beantworten, jedenfalls aber nicht ohne weiteres positiv, viel seltener, als es die Beteiligten in der Regel ungeprüft voraussetzen oder beanspruchen.

Schon den ersten dieser Einzelfälle, bei PsLuther selbst, kennen wir ja bislang gar nicht genau. Soviel aber ist deutlich: die verbreitete Meinung, das Wort sei doch "gut erfunden", läßt sich, wenn damit auf Luther gezielt ist, nicht halten. Ob der im 20. Jahrhundert aufgekommene Ausspruch unter Zuhilfenahme Lutherscher Formulierungselemente dem Reformator so anempfindend 'nachzusprechen' versucht worden ist, daß man dessen Einstellung und Auffassung gleich getroffen hat, entzieht sich zwar entstehungsgeschichtlich noch exakter Beantwortung, doch spricht der dann aufgetauchte und bis heute im Grunde so gebliebene Wortlaut weithin für sich, nämlich gegen eine Luthergemäßheit, bestätigt nicht zuletzt auch durch das Gefälle der Wirkungsgeschichte.

In der Regel, also wo nicht durch besonderen Kontext oder Erklärung anders festgelegt, brachte das Apfelbäumchenwort nicht eigentlich Luthers Eschatologie und Ethik zum Ausdruck, sondern mancherlei Anliegen deutlich zeitgenössischer Frömmigkeit oder sonstiger Lebensauffassung seit etwas vor der Mitte des 20. Jahrhunderts. Hier, auch im Auf und Ab der Herausforderungen gesellschaftlich-politischer Mentalitätsprägungen, spielte es zumal in Deutschland eine gewisse, manchmal auch beachtliche Rolle bei der Artikulation von recht verschiedenartigen Einstellungen im Kontext von Kriegs- und Nachkriegsbetroffenheit, Aufbaugeist, Reformdrängen und dann auch Krisenbewußtsein, Existenzangst und Resignation. Dieses Ergebnis unseres Durchgangs durch die Geschichte des Diktums dürfte auch Bestand haben, wenn sich - wider Erwarten, aber nicht ganz auszuschließen - irgendwann doch herausstellen sollte, daß von seinem Aufkommen durch Pseudoluther noch eine klar nachweisbare Spur ins 18. oder 19. Jahrhundert führte.

Unser Fazit kann selbstverständlich niemanden hindern, das Apfelbäumchenwort weiter zu gebrauchen. Was sollten auch Sprachregelungen oder Denkverbote, wenn es um Hilfe zum Lebensmut geht? Schon früher meinte ich, wer das Wort gebrauchen möchte, "der tue es getrost, er hüte sich nur ausdrücklich vor jenen drei heute naheliegenden

Mißverständnissen, dem blauäugigen Optimismus, dem nihilistischen Trotz und der chiliastischen Gesetzlichkeit"[406]; inzwischen müßte man noch einiges mehr nennen, etwa manche naturreligiöse Schwärmerei.

Insgesamt allerdings, zumal wegen der Nennung Martin Luthers, möchte ich heute zu noch größerer Vorsicht raten, und zwar nicht nur aus den hierfür eindeutigen historischen Gründen. Das sich jetzt bietende Gesamtbild erlaubt meines Erachtens nicht mehr, im Zusammenhang des Apfelbäumchenwortes noch vernebelnd oder augenzwinkernd mit dem Namen Luthers zu spielen. Auch das läßt sich natürlich nicht verbieten, nur muß man wissen, was man tut. Luther ist, ob man will oder nicht, keineswegs irgendjemand, sondern bei ihm und dem, was man für seine eigentliche Botschaft halten soll, steht immer das Reformatorische, das zentral Christliche, mit auf dem Spiel. Wer ihn heute für etwas Fremdes beansprucht, bewirkt de facto mehr als die Mutation einer bloß historischen Erinnerung. Im Rückblick auf die vielerlei Jubiläen, welche oftmals falsche Überformungen brachten, hat Gottfried Maron vor Verharmlosung solcher Vorgänge gewarnt und treffend gesagt: "Der Verlust Luthers beginnt vielmehr bereits mit seiner Beschlagnahme"[407].

Aber, könnte man einwenden, hat Luther nicht immer wieder so vieles vertragen und überstanden, daß ihm und der Kirche eine solche Kleinigkeit wie das unechte Apfelbäumchenzitat wirklich etwas anhaben könnte? Nun, ich fürchte, diesmal ist die Sache nicht so einfach. Es gibt noch einen Gesichtspunkt, der mich, für mein Teil, zur völligen Zurückhaltung gebracht hat. Er hängt mit den in den letzten Jahrzehnten völlig veränderten Bedingungen der 'Abrufbarkeit' Luthers zusammen. Diese ist ja mittlerweile so

---

406 *Schloemann* (s. Anm. 1) S. 24.

407 Gottfried *Maron*: Luther im Wandel der Zeit. In: Luth. Monatshefte 23. 1984, S. (124-131) 131.

eingeschränkt, daß man nicht mehr auf jene Breite der Kenntnis oder wenigstens auf ein halbwegs haltbares Minimum davon vertrauen kann, wodurch irgendwann alles zurechtgerückt würde. Wenn es denn schon so ist, daß man selbst unter evangelischen Christen bei "Luther", wenn überhaupt etwas Positives, dann fast nur noch diesen einen Satz assoziiert, dann möchte man doch etwas Echteres wünschen. Wenn nämlich als Hauptaussage reformatorischen Christentums im öffentlichen Bewußtsein bestenfalls nur noch dieser eine nicht authentische, vor allem aber auch wirkungs- und rezeptionsgeschichtlich belastete Gedanke zur Kenntnis genommen wird, dann ist es nötig und scheint auch an der Zeit zu sein, sich und andere lieber für das bei Luther selber entscheidende Minimum offenzuhalten. Für ihn ist dies zugleich als 'Mitte der Schrift'[408] das Wort vom Glauben an den - in jenem Diktum nicht vorkommenden - Herrn Christus und s e i n auch unser letztes, nötiges Tun und Lassen vergebendes, freies Handeln.

Ob dafür noch einmal ein neuer Pseudo-Luther ein griffiges Wort erfindet?

---

408 S. dazu M. *Schloemann*: Die zwei Wörter. Luthers Notabene zur "Mitte der Schrift". In: Luther. Zeitschrift der Luthergesellschaft 65. 1994, S. 108 ff.

Namenregister